목회트렌드연구소시리즈 02

목회트렌드
2024

글과길

목회트렌드연구소시리즈 02

목회트렌드 2024

지은이 김도인, 이경석, 박윤성, 이정일, 박양규, 박혜정, 김근중, 김지겸, 박종순

발행일 초판 1쇄 발행 2023년 10월 16일
발행인 김도인
펴낸곳 글과길

출판사 등록 제2020-000078호[2020.5.29.]
　　　　서울특별시 송파구 삼학사로 19길 5 3층
　　　　wordroad29@naver.com
편집 오현정
디자인 김석범
공급처 하늘유통
　　　　경기도 파주시 광탄면 분수리 350-3
　　　　전화 031—947-7777
　　　　팩스 0505-365-0691
ISBN 979-11-984685-0-5(003230)
값 20,000원

목회트렌드연구소시리즈 02

김도인 이경석 박윤성 이정일 박양규 박혜정 김근중 김지겸 박종순

목회트렌드 2024

PASTORAL MINISTRY TREND 2024

글과길

추천사

「목회트렌드 2024」의 발간을 축하합니다.

작년에 이은 목회트렌드연구소의 「목회트렌드 2024」 발간을 축복합니다. 세상은 숨 가쁘게 변화하고 있습니다. 이 변화의 트렌드를 읽는 것은 세상을 이해하고 세상의 복음화를 꿈꾸는 사람들이 첫째로 할 일입니다. 그래야 세계 복음화, 지역 복음화의 전략을 세울 수 있다고 생각합니다. 교회는 세계 복음화를 위해 주께서 꿈꾸시고 부르신 지역 공동체입니다. 나는 누구보다 지역교회 목회자들이 이 책을 읽게 되기를 기대합니다. 가끔 목회자나 설교자들의 설교에서 세상을 너무 모른다고 느낄 때가 많습니다. 신학자 바르트는 설교자들의 한 손에는 성경이, 한 손에는 신문이 있어야 한다고 했습니다. 신문은 그 시대, 그 지역의 창과 같은 역할을 합니다. 그 창으로 세상을 내다보고 우리는 말씀을 선포하는 것입니다. 아무쪼록 내년에도 「목회트렌드 2024」로 시대를 변화시키는 목회가 준비되기를 기대합니다. 우리의 목회가 준비되면 세상은 복음의 능력으로 변화의 전기를 맞게 될 것입니다.

이동원 목사 | 지구촌 목회리더십센터 대표

한국교회가 직면한 불편한 진실은 새로운 시대에 맞는 새로운 대안을 제시하지 못하고 있다는 것입니다. 상황을 입체적으로 설명하고 이해시켜 주는 자료와 소리들은 넘치지만 무엇이 그런 상황을 만들고 있고 어떻게 그 상황을 돌파할 수 있을지 속 시원한 답을 제시하지 못하고 있다는 말입니다. 통계와 분석은 더 정교해지고 있지만 정작 현장의 목소리는 힘을 잃어 가고 있습니다. 통계와 분석은 하나님의 일하심을 예측할 수 없습니다. 지금 이 시대에 필요한 것은 하나님께서 일하시는 방향을 흐름을 통해 통찰하고 분별하는 것입니다. 그리고 현장 목회자들의 막막함을 도와줄 구체적 대안이 절실합니다. 이런 때 출간되는 「목회트렌드 2024」는 목회자들에게 나무를 보여줄 뿐만 아니라 큰 숲도 함께 보여주는 책입니다. 하나님의 세계 경영인 시대의 흐름을 놓치지 않고 현장 친화적인 대안을 중심으로 풀어가는 글들은 목회자라면 절대로 놓치면 안 되는 목회 지침서입니다. 작년에 이어 올해도 출간되는 「목회트렌드 2024」는 한국교회의 방향을 설정하는 데 좋은 길잡이가 될 것이라 믿습니다. 앞으로도 한국교회를 위해 계속해서 힘써 주길 기대하며 목회트렌드연구소의 두 번째 책 출간을 진심으로 축하드리고 적극 추천합니다.

정성진 목사 | 크로스로드선교회 대표

「목회트렌드 2024」는 한국교회의 문제점을 보여주는 책입니다. 문제를 직시하고, 문제를 직면한다는 것은 고통스러운 일입니다. 하지만 문제를 인정하지 않고 문제에 직면하지 않으면 문제를 해결할 수가 없습니다. 이 책은 위로를 주는 책이 아닙니다. 우리를 불편하게 하는 책입니다. 우리를 아프게 찌르는 책입니다. 한국교회가 무슨 병에 걸렸는가를 진단하고 알려주는 책입니다. 의사에게 가장 중요한 것은 병을 진단하는 것입니다. 탁월한 의사는 병만 치료하지 않고 환자를 치료합니다. 곧 전인적인 치료를 하는 것이 탁월한 의사가 하는 일입니다. 이 책은 탁월한 의사처럼 문제를 진단하고 해결책을 제시합니다. 문제 속에 감추인 비전을 제시합니다. 이 책은 초고속으로 변하는 시대 속에서 변화를 거부하는 교회를 흔들어 변화를 추구하게 만듭니다. 시들은 교회를 소생시키고, 포기하려는 교회를 다시 시작하게 만드는 책입니다.

큰 교회와 작은 교회가 공생할 수 있는 길을 제시하는 책입니다. 이 책은 절망의 언덕 위에 희망의 집을 짓게 만들어 주는 책입니다. 이 책을 2024년을 맞이하는 한국교회와 이민교회 목회자들과 리더들에게 강력하게 추천하고 싶습니다.

강준민 목사 | L.A. 새생명비전교회 담임

다윗 왕조의 중추적 역할을 감당했던 잇사갈 자손 이백 명 지도자들의 두드러진 특징은 시세를 알고 이스라엘 민족 공동체가 그 시대에 마땅히 해야 할 일을 아는 자들이었다는 것입니다. 예수님은 시대를 알고 살라는 의미로 "너희가 날씨는 분별할 줄 알면서 시대의 표적은 분별할 수 없느냐"라고 말씀하신 적도 있습니다. 우리가 살고 있는 급변하는 현대와 미래를 가장 실감나게 표현한다면 무엇이라 말할 수 있을까요? 아마도 ICT의 시대, 혹은 AI와 ChatGPT 시대라고 해도 이의가 없을 것입니다. 미래는 하나님 손에 달려 있습니다. 미래 목회 역시 주님의 인도와 성령님의 역사하심에 달려 있음에 추호의 의심도 없습니다. 하지만 주님의 손에 달렸으니 기도와 말씀 사역만이 미래 목회의 대안이나 전부일 수 있을까요? 단언컨대 아닙니다. 시대를 알고 시대에 걸맞는 실제적 대안 사역이 필수일 것입니다. 「목회트렌드 2024」는 시대에 가장 바람직한 목회 대안을 제시함은 물론 최첨단 AI에 대한 전문적 식견이 부족하더라도 미래 목회의 다양한 아이디어와 목회 원리를 넉넉히 얻을 수 있는 안내서라고 확신합니다. '하나님을 기쁘시게, 사람을 존귀하게' 하려는 목회에 대해 거룩한 부담과 선한 고민을 안고 사는 분들에게 명쾌한 비전과 혜안을 줄 것이라 믿습니다. 팬데믹을 지나 앤데믹이 도래하였다고 하지만 미래에 대한 불확실성이 짙게 느껴지는 때에 목회자와 예비 목회자, 그리고 교회 내 오랜 신앙생활을 하신 분들의 필독서라 확신합니다. 반드시 일독하시길 권합니다.

고명진 목사 | 수원중앙침례교회 담임

Contents

교회와 목회는 하나님과 사람을 위한 서비스업이다

"사람을 상대로 하는 서비스업은 전인적이어야 한다."

재일 한국인 최초로 도쿄대학 정교수가 된 강상중 교수가 「고민하는 힘」에서 한 말이다. 사람을 상대로 한 서비스업은 전인적인 것이 중요하다는 말이다. 목회는 하나님을 위한 서비스업이다. 동시에 사람을 상대로 하는 서비스업이다. 이 말에 불편할 사람이 있을 것이다. 몇몇 정치인들이 교회를 서비스업이라고 대놓고 폄하한 일이 있었기 때문이다.[1] 그러나 이 말은 목회는 하나님을 잘 섬기고, 사람을 잘 섬겨야 하는 부르심이라는 뜻에서 하는 말이다. 2024년도를 계획하는 목회자, 세상을 섬겨야 하는 교회는 세상과 사람에게 전인적인 서비스를 해야 함을 잊지 말자.

시대에 맞지 않는 교회의 행태와 세상을 무시하는 듯한 태도는 교회가 전인적이지 못함을 보여준다. 얼마 전, 뉴욕의 한 대형 한인교회에서 '하나님을 잘 믿어 물질의 복을 받으라'는 설교가 전해졌다고 한다. 이런 모습은 전혀 전인적이지 않다. 교회의 예배는 하나님을 향한 전인적 서비스여야 한다. 그리고 목회자는 나눔과 섬김으로 세상을 향해 전인적 서비스를 해야 한다. 목회자의 전인적 서비스는 시대와 대상, 그리고 상황에 따라 달라져야 한다. 그래서 '목회트렌드연구소'는 매년 출간되는 「목회트렌드」를 통해 교회, 목회자, 그리고 그리스도인들이 어떻게 세상을 향해 전인적 서비스를 할 수 있는지 살펴보고 그 길로 인도하려 한다.

교회의 세상 서비스는 양식 있게 해야 한다

2024년의 교회, 목회자, 그리고 그리스도인은 양식있는 서비스를 해야 한다. 특히, 세상을 향한 교회의 서비스는 양식이 있어야 한다. 그렇지 않으면 사람들은 눈길도 주지 않을 것이다. 양식이란 '뛰어난 식견이나 건전한 판단'을 뜻한다. 한마디로 교회가 의식 있고 분별력 있게 세상을 섬겨야 한다는 말이다. 교회가 의식 있고 분별력 있게 서비스하면 사람들에게 사랑과 존경을 받게 된다. 교회가 양식 있는 서비스를 하면 교회는 세상의 귀감이 될 것이다. 그러면 세상은 교회의 존재 가치를 발견하고 교회가 반드시 존재해야 하는 기관임을 확신하게 될 것이다.

프랑스 철학자 앙리 르페브르는 "현대 문명사회는 '양식'을 잃어버렸다"고 말했다. 그는 양식이 사라진 곳에 오롯이 남게 된 것은 주체할 수 없는 욕망과 쾌락의 감각뿐이라고 지적한다. 혹시 교회도 양식을 잃어버리고 욕망과 쾌락만 추구하고 있는 것은 아닐까? 이 질문을 마음에 품고 교회의 세상에 대한 서비스는 양식 있어야 하고, 목회 역시 양식 있게 해야 함을 기억하자.

교회는 세상을 전인적으로 서비스해야 한다

교회는 팬데믹 이전으로 돌아가기를 추구하면 안 된다. 오히려 초대교회의 모습으로 돌아가려고 해야 한다. 초대교회의 모습으로 돌아간다는 것은 교회가 전인적이어야 한다는 말이다. 다시 말하지만 교회가 전인적이면 세상으로부터 사랑받고 존경받는다. 전인적 교회는 인간의 세 가지 심적 心的 요소인 '지성, 감정, 의지'를 균형 있게 갖추어 인격적으로 서비스하는 교회다. 한국교회는 반지성적이다. 한국교회는 영성을 지나치게 강조한다. 하지만 교회는 지성, 감성, 의지 역시 갖춘 전인적 모습이어야 한다.

교회의 포지셔닝 positioning 또한 중요하다. 포지셔닝은 어떤 제품이 소비자들의 마음속에 인식되고 있는 모습을 의미하는 마케팅 용어다. 2024년의 교회는 교회다운 모습으로 포지셔닝해야 한다. 교회가 제대로 포지셔닝하지 못한다면 결과는 처참할 것이다. 미국의 〈U.S. News & World Report〉가 2만 4천 명의 미국 내 유력인사를 대상으로 실시한 주요기관의 도덕적 권위에 따른 영향력 순위 결과를 보자. 이 조사에서 가톨릭 교회 및 종교 기관들의 영향력은 최하위를 차지했다. 반면 도덕적 권위를 묻는 이 설문에서 노동조합 66% 은 가장 높은 지지를 받았다. 그 뒤를 이어 텔레비전 65%, 대법원 65%, 백악관 54%, 상원 43%, 하원 36%, 잡지 20%, 공화당 8%, 종교기관 5% 순이었다.[2] 목회데이터연구소가 2020년 6월 엠브레인 트렌드모니터를 통해 실시한 '종교(인) 및 종교인 과세 관련 인식조사'를 분석한 결과에 따르면 기독교인은 '거리를 두고 싶은 32.2%', '이중적인 30.3%', '사기꾼 같은 29.1%'과 같은 부정적 이미지를 갖고 있었다. 매우 절망적인 결과다. 교회는 하나님의 교회다운 포지셔닝을 해야 한다. 전인적 교회로 포지셔닝해야 한다는 말이다. 그럴 때 팬데믹의 충격으로부터 최악의 상황을 맞은 교회가 2024년에는 새로운 도전의 기회, 부흥의 발판을 마련할 수 있을 것이다.

클루지해야 한다

'클루지'는 세계적인 인지과학자인 개리 마커스가 쓴 책의 제목이다. 클루지 kluge 란 어떤 문제에 대해 서툴거나 세련되지 않은, 그러나 놀라울 만큼 효과적인 해결책이다. 때로는 인생을 방해하는 '과거의 유물'을 '클루저'라고 한다.[3] 팬데믹으로 많은 것을 잃은 교회는 2024년 과거의 유물을 보내고 새로운 해를 맞이해야 한다. 지금까지 교회의 클루저가 '새로운 도전'을 막는 것이었다면, 이제는 서툴고 세련되지 않지만 끊임없이 말씀을 붙들고 기도함으로 새롭게 도전해야 한다. 만약 교회가 갖은 핑계와 합리화로 '새로운 것에 도전하는 것은 위험해', '실패는 나쁜 것이야'라는 태도를 취한다면 혁신적 미래를 열 수는 없다. 교회는 이런 문제를 극복하고 시대에 맞게 새로운 도전에 나서야 한다. 클루지 kluge 는 '영리한'을 뜻하는 독일어 단어 '클루그 klug'에서 파생됐다.[4] 교회에 클루지가 필요한 이유가 있다. 현대 교회의 여러 도구들은 앞서가는 세상의 것들에 비교하면 세련되거나 탁월하지 못하게 보인다. 비록 세련되거나 탁월하지 않을지라도 도전하면 어떤 새로운 결과가 나온다. 도전하지 않으면 무조건 실패지만, 도전하면 새로운 부흥을 하나님으로부터 선물로 받을 수 있다는 말이다.

이 책의 구성

이 책은 전체 2부로 구성되어 있다. 1부는 '목회트렌드 회고 및 전망'으로, 2023년의 변화를 회고하고 2024년에 대한 전망을 세 가지 주제로 풀어냈다. 세상의 변화, 교회의 현상황, 그리고 목회 사역 전망이 그것이다. 2024년을 계획할 때 시대의 변화를 통찰하며 흐름을 잡는 데 도움을 얻을 수 있으리라 생각한다. 2부에서는 2024년의 목회트렌드를 생각해 보며 변화하는 상황 속에 교회가 어떤 방향을 추구해야 하는지를 다룬다. 특히 2024년도에 교회가 고려해야 할 방향성을 알파벳 C로 시작되는 네 가지 단어로 정리했다. 첫째는 Church Brand 브랜드 교회, 둘째는 Content Church 콘텐츠 교회, 셋째는 Connected Church, 즉 소통하는 교회, 그리고 넷째는 Creative Church 창의적 교회이다. 목회 현장과 시대의 변화를 주목하며 2024년을 계획하며 준비하는 목회자들이, 또 교회가 어떤 방향성을 가져야 할지 깊이 고민하고 토론해야 할 주제들이라고 생각한다. 모쪼록 여기에서 다루고 있는 내용들에 대해 더 깊이 연구하고 발전시켜 교회와 목회가 더 성장하고 성숙하는 발판으로 삼아주었으면 하는 마음이 간절하다.

교회는 세상의 빛이자 소금이다. 2024년 교회는 먼저 세상의 소금으로 드러나야 한다. 세상의 소금으로 세상을 위해 녹아질 때, 하나님께서는 세상에 영광의 빛을 비출 수 있는 기회를 교회에게 다시 주실 것이라 믿는다.

1부
목회트렌드
회고 및 전망

1장. 세상, 불길한 징조 앞에 서다

2장. 교회, 시계 제로 상태에 서다

3장. 목회 사역, 소망의 인내로 서다

1장
세상, 불길한 징조 앞에 서다

이 시대, 열어야 할 문

우리는 지금 두려움과 기대감이 공존하는 표정으로 한 문 앞에 서 있다. 어떤 미래가 펼쳐질지 생각하느라 머릿속은 컴퓨터처럼 분주하다. 희망과 절망이 교차하는 순간, 숨은 점점 가빠지고 손에는 물기가 잡힌다. 사실 이미 결정은 내려졌다. 이젠 다만 결과를 받아들여야 할 뿐이다. 이제 굳게 닫혀 있는 육중한 문에 손을 뻗는다. 이 문을 열면 어떤 미래가 기다리고 있을까?

옛날 한 나라에 포악하고 야만적 왕이 살고 있었다. 그의 강력한 왕권은 누구도 거역할 수 없는 힘을 상징했다. 그 나라에는 매우 특이한 사법 제도가 진행되는 공공 원형경기장이 있었다. 누구든 왕이 관심 가질 만큼 중대한 죄로 기소되면 바로 그 원형경기장에서 운명이 결정되었다. 방법은 이러했다. 원형경기장 중앙에는 사방이 막힌 구조물이 놓여있다. 그리고 그 구조물에는 똑같이 생긴 두 개의 문이 나란히 있다. 죄인은 두 문을 향해 걸어가 원하는 하나의 문 앞에 선다. 그리고 그 문을 스스로 열면 된다. 문을 선택하는 데는 어떤 암시도 주어지지 않는다. 하나의 문을 열면 굶주린 호랑이가 튀어나온다. 그 호랑이는 포획된 것 중 가장 사납고 난폭한 것이다. 만약 그가 다른 쪽 문을 열면, 죄인의 나이와 신분에 가장 어울리는 미녀가 걸어 나온다. 그리고 그녀와의 결혼식이 그곳에서 바로 진행된다. 이 사법 제도는 아주 인기가 많았다.

이 굉장한 심판의 날이 되면 많은 사람이 몰려들었다. 피의 참극을 보게 될지 축복의 결혼식을 보게 될지는 누구도 알 수 없었다. 그리고 누구도 이 제도의 부당함을 제기할 수 없었다. 기소된 사람이 스스로 운명을 결정한다고 믿었기 때문이다. 그런데 왕이 가장 사랑하는 하나뿐인 공주가 신분 낮은 젊은이와 사랑에 빠졌다. 이 사실을 알게 된 왕은 원형경기장의 심판으로 이 문제를 해결하기로 결정한다. 이제 공주를 사랑한 죄로 원형경기장에 선 젊은이는 두 개의 문 중 하나를 선택해야 한다. 원형경기장에 선 젊은이는 그 문을 향해 걸어가기 전, 관례대로 왕에게 인사하기 위해 돌아섰다. 그때 왕 옆에 창백한 얼굴로 앉아있는 공주와 눈이 마주쳤다. 젊은이는 예상대로 공주가 문의 비밀을 알고 있음을 눈치챈다. 그리고 눈빛으로 짧지만 간절한 요청을 보낸다. 젊은이의 애절한 눈빛을 읽은 공주는 아무도 모르게 빠르지만 정확히 손을 움직인다. 젊은이는 이제 뒤돌아서서 한치의 망설임 없이 오른쪽 문으로 향한다. 그리고 자신 있게 문을 열어 제쳤다.[5]

목사의 아들로 태어난 미국 작가 프랭크 R. 스톡턴은 복잡한 인간 본성을 꿰뚫어 볼 요량으로 열린 결말을 특징으로 하는 다양한 단편소설을 발표했다. 그중에서도 가장 유명하고 논쟁적인 작품은 <미녀일까, 호랑이일까?>이다. 이 이야기는 야속하게도 여기서 끝난다. 문에서 나온 것은 미녀일까, 호랑이일까? 사실 이 소설은 인간의 복잡 미묘한 감정과 그에 따른 선택 과정을 생각해 보도록 이끄는 내용을 담고 있다. 하지만 곧 닥칠 상황에 대해 무지한 상태에서 문을 열어야 한다는 점에서 지금 우리의 상황과 닮아 있다.

2023년 4월 11일, 윤석열 대통령은 마침내 엔데믹을 선언했다. 3년 동안 우리의 삶을 변화의 소용돌이 속으로 밀어 넣었던 팬데믹이 종료되었음을 공식화하는 사건이었다. 팬데믹을 통과하며 우리는 급변하는 세상 앞에서 바짝 긴장했고 허둥거렸다. 팬데믹이 엔데믹으로 전환되고 있는 지금, 우리는 진정한 포스트 코로나 시대, 즉 새로운 시대와 새로운 세상을 맞고 있다. 우리가 이제부터 맞게 될 새로운 세상은 우리가 선택한 것이 아니다. 그냥 주어진 것이다. 이럴 수는 없다고, 억울하다고 어디다 하소연할 수도 없다. 우리는 이미 문 앞에 서 있고 그 문을 등지고 도망할 수는 없다. 그렇다고 겁먹을 것도 없다. 우리는 소설 속의 가련한 주인공이 아니기 때문이다. 세상이라는 이름의 공주가 주는 사인이 신뢰할 만한 것인지, 또 어디로 우리를 인도할지 알 수 없다고 푸념할 필요도 없다. 어떤 경우이든 우리를 보호하고 인도하시는 하나님은 임마누엘 하신다. 하지만 우리가 열어야 할 문으로 무엇이 나올지는 알아야 한다. 적어도 추측이라도 해 보아야 한다. 그래야 우리가 할 수 있는 가장 적절한 대응을 할 수 있기 때문이다.

기술적 변화의 흐름

마침내 올 것이 오고야 말았다. 마이크로소프트의 창업자인 빌 게이츠는 이를 두고 '현시점에서 가장 중요한 혁신'이라며 '인터넷의 발명만큼 중대한 사건이 될 수 있다'고 강조했다. '세상을 바꿀 것'이라는 전망이다. 요란한 광고도, 어떠한 소문도 없이 2022년 11월 30일에 등장한 'ChatGPT' 이야기다. ChatGPT는 오픈AI OpenAI 라는 연구기업에서 개발한 GPT-3 Generative Pre-trained Transformer 3, 생성형 사전학습 트랜스포머3 모델을 기반으로 한 생성형 인공지능이다. 생성형 인공지능은 많은 양의 텍스트 데이터를 사용하여 사전 학습된 모델로, 다양한 자연어 처리 작업을 수행하는 인공지능을 말한다. 오픈AI의 직원들은 이 놀라운 인공지능이 이렇게 인기를 끌지는 몰랐다고 한다. 오픈AI의 공동 설립자 존 슐먼은 "ChatGPT가 직관적이며 사용하기 쉽기 때문에 어느 정도 인기를 얻을 수 있으리라고 예상했지만, 이 정도로 엄청난 인기를 누리게 될 줄은 몰랐다"라고 말한다.[6] ChatGPT는 출시 후 단 2개월 만에 실제 사용 가입자 1억 명을 돌파했다. 틱톡은 9개월, 인스타그램은 2년이 걸려 도달한 기록인 만큼 가히 혁명적 속도라고 할 수 있다.[7]

이렇게 빠른 가입자 속도를 기록한 것은 ChatGPT가 인간이 생성한 데이터를 학습해 인간이 요청하는 질문에 답변할 뿐만 아니라 다양한 방식으로 응용이 가능함을 보여주었기 때문이다. 2023년 3월 16일, 오픈AI에 10억 달러를 투자한 마이크로소프트는 업그레이드된

'ChatGPT 4'를 적용한 'MS 365 코파일럿 Copilot'이라는 제품을 공개했다. 이 제품은 채팅으로 요청만 하면 보고서나 기획서를 만드는 것은 물론 데이터 정리와 그래프로 시각화까지 척척 해 주는 만능 제품이다. 보고서를 위해 밤샘 작업하던 회사원들은 기대와 함께 충격에 휩싸일 수밖에 없었다. ChatGPT를 적용한 인공지능 도구들은 불과 수개월 만에 폭발적으로 증가해 초스피드로 발전하는 기술 사회의 힘을 보여주었다. 예를 들어 ChatGPT를 사용하면 동영상 제작에 서툰 비전문가도 손쉽게 대본을 쓰고 영상을 만들어 낼 수 있다. ChatGPT로 만들어 낸 대본대로 순식간에 영상을 만들어주는 인공지능 도구들은 검색을 해 보면 쉽게 찾아 사용해 볼 수 있다.

ChatGPT의 등장은 인공지능이 유토피아와 디스토피아를 동시에 가져올 수 있음을 보여주었다. 2019년에 출간된 「에이트」에서 이지성 작가는 인공지능이 기존의 많은 직업을 대체할 것이라고 경고했다.[8] 그는 인공지능이 대체할 수 없는 인간 고유의 능력으로 창의성과 공감능력을 이야기했다. 그러나 그의 이야기는 더 이상 유효하지 않은 것으로 보인다. 인공지능이 창의적인 일에 있어서도 실력을 발휘하고 있기 때문이다. 2022년 9월, 미드저니 Midjourney 라는 인공지능 툴을 사용해 만든 이미지로 미국 콜로라도주립박람회에서 주최한 미술대회에서 1등을 차지해 논란이 된 사건이 있었다. 2023년 4월 17일에는 독일의 한 사진작가가 AI로 만든 이미지를 국제 사진전에 출품한 뒤 우승작으로 선정되자 뒤늦게 AI로 제작한 작품임을 밝히고 수상을 거부하는 일도 벌어졌다.[9] 이 사건들은 사실상 원작자가 밝히지 않는 이상 소위 전문가들도 AI와 인간의 작품을 구별할 수 없음을 보여주었다. 또한 이미 예술계에서 AI를 활용한 작품 활동이 광범위하게 진행되고 있음을 웅변적으로 보여준 사건이기도 하다. 더 이상 창의성이 인간 고유의 능력이라고 말하기가 어려워진 것이다.

이렇듯 ChatGPT는 기존의 모든 아날로그와 디지털 시스템을 송두리째 변화시킬 가공할 능력을 보여주고 있다. ChatGPT의 발전으로 미래에 적용되리라 예상했던 AI기술이 실제 기업에 적용되어 우리의 상상을 현실화하는 것이다. ChatGPT와 연결된 자율주행차, 드론, 그리고 무기에 이르기까지 그 쓰임새의 다양함은 앞으로 인류에게 큰 도움이자 도전으로 다가올 것이 명백해 보인다. 이를 증명이라도 하듯 지난 6월 2일, 미국의 폭스 뉴스와 영국의 일간지 <더 가디언>이 보도한 미 공군의 AI 드론 훈련 결과는 정말 충격적이다. AI 드론이 임무를 완수하기 위해 '공격 금지' 결정을 한 인간 조종자를 방해자로 판단하고 공격한 것이다. 미 공군은 훈련 자체를 부인했지만 언론과 전문가는 이것이 사실이라면 인류에 큰 위협이 될 수 있음을 우려했다. 에릭 슈미트 전 구글 CEO는 5월 24일 <월스트리트 저널> WSJ 이 주최한 행사에서 "가까운 미래에 AI가 많은 인간을 다치게 하거나 죽일 수도 있다"라고 말했다. 또한 잘못된 정보를 마치 사실인 양 아무 말 대잔치를 하거나 가짜뉴스도 얼마든지 만들어 낼 수 있는 ChatGPT의 현재 모습은 인공지능이 가져올 디스토피아의 한 면이라고 할 수 있다.

ChatGPT는 목회자들 사이에서도 인기가 높다. 목회데이터연구소에 따르면 목회자 2명 중 1명 47% 이 사용해 보았고, 특히 49세 이하의 젊은 목회자층에서 사용 비율 54% 이 더 높았다. 이는 대한상공회의소가 진행한 설문에서 일반 국민 3명 중 1명만 36% 사용해 본 것과 비교할 때 상당히 높은 비율이다. ChatGPT를 사용해 본 목회자 5명 중 1명은 목회나 설교에 이를 활용했다고 답했는데, 거의 대부분이 87% '설교 또는 강의를 위한 자료를 얻기 위해서' 사용하고 있었다. 지난 6월 9일 독일 바이에른주의 성바울교회에서는 ChatGPT로 준비된 내용을 AI 목사가 영상으로 설교하는 등 모든 예배 순서를 AI 목사들이 담당하는 예배가 드려졌다. 설교를 청취한 성도들은 '그의 설교엔 마음도 영혼도 없었다'며 기계적인 모습에 불쾌하다는 반응을 보였다고 한다. 하지만 일부 성도는 사진을 찍기도 하며 환호했다. 앞으로 인공지능은 데이터가 늘어갈수록 고도화될 수밖에 없기에 점차 이런 기계적 느낌은 사라지게 될 것이다. 이는 설교자의 ChatGPT 사용이 윤리적 문제를 넘어 목회자 정체성의 문제로 대두될 수 있음을 보여준다. 이미 기존 목회자 10명

중 8명은 앞으로 설교에 ChatGPT가 사용될 것이라고 전망하고 있다. 따라서 이에 대한 교단과 개인적 차원의 엄격한 기준뿐 아니라 영적 탁월함을 추구하기 위한 목회자 개개인의 깊이 있는 성찰이 간절하다.

경제적 변화의 흐름

'불확실성의 시대.' 팬데믹을 지나 엔데믹으로 들어선 지금을 가장 잘 설명해 주는 말이 아닐까 싶다. 토비아스 휘터는 「불확실성의 시대」라는 책에서 물리학자들이 공통적으로 인정하는 이론이 하나 있다고 말한다. 이론물리학자와 실험물리학자 사이에 '천재 보존의 법칙'이 적용된다는 이론이다. 농담 같고 우스꽝스러워 보이는 이 이론은 천재 이론가가 한 명 있으면, 명청한 실험가가 한 명 있고, 그 반대도 마찬가지라는 의미를 담고 있다.[10] 즉 '천재 보존의 법칙'은 한 사람이 천재 이론가이면서 똑똑한 실험가가 되기는 어렵다는 의미다. '팔방미인은 없다' 정도로 이해할 수 있을까? 그럼에도 불구하고 사람들은 팬데믹 상황에서 똑똑한 이론가이면서 동시에 똑똑한 실험가일 수도 있다고 자신했다. 「목회트렌드 2024」에서 우리는 팬데믹의 시작과 함께 경제침체를 피하기 위해 각국 정부, 특히 미국이 선도했던 제로금리 정책과 무제한 돈풀기 정책의 효과를 살펴보았다. 낮은 금리는 모든 자산을 우상향으로 밀어 올렸고 뜻하지 않은 유동성 파티에 어떤 사람은 벼락부자가, 또 어떤 사람은 벼락거지가 되었다.[11] 시중에 돈이 많이 풀리면 자산 가격은 올라갈 수밖에 없다는 단순한 경제이론을 무시하고 지금은 특수한 상황이라고 주장하는 어설픈 이론가를 자처했기 때문이다.

결국 팬데믹이라는 큰 그늘 속에 벌어진 이 생경한 사건으로 벼락거지가 되어 버린 이들은 영끌과 빚투로 뒤늦게 자산 시장에 올인했다. 이번엔 과감한 실험가가 되기로 결정한 것이다. 하지만 그것이 개미지옥이었음을 곧 알게 되었다. 2022년 3월, 미국 연방준비제도 FED 가 금리를 0.25% 포인트 올리면서 제로금리 시대가 마감된 것이다. 인플레이션을 잡기 위해 FED는 불과 1년여 만에 5% 포인트 이상의 금리인상을 단행했다. 2023년 9월 현재, 미국의 기준금리는 5.25-5.50% 포인트 구간에 있다. 2002년 이후 21년 만에 가장 높은 금리이다. 상황은 다시 과감한 실험가의 실패로 귀착되고 있는 것이다. 잠시 반등의 기미를 보이지만 이미 주식시장에선 큰 손실을 기록하고 있고, 불패 신화의 부동산은 점점 마음속 불안을 부채질하고 있다.[12] 여기에다가 올 초부터 언론을 장식하고 있는 전세사기 사건들은 서민들의 생존 기반마저 앗아가고 있으며 집값 상승의 기대 역시 무참히 짓밟고 있다.[13] 천재 보존의 법칙이 여기서 빛을 발하고 있는 것일까?

속으로 '이제는 됐다'라고 생각하는 사람들도 순식간에 공포에 떨게 만든 일이 터졌다. 2023년 3월 10일, 미국 은행 역사상 두 번째로 큰 규모의 파산사태가 일어난 것이다. 실리콘밸리에서 스타트업들의 은행이라고 불리던 실리콘밸리은행 SVB 이 파산했다. 실리콘밸리은행의 파산은 팬데믹의 명암을 극명하게 보여주는 것이고 앞으로 다가올 불길하고 불확실한 미래를 경고하는 사건이다. 팬데믹 상황에서 전 세계 투자자들의 관심을 받은 기업들은 소위 FAANG 페이스북, 아마존, 애플, 넷플릭스, 구글 이라고 불렸던 미국의 빅테크 기업들이다. 이들 5개 기업의 시가총액은 미국 국내총생산 GDP 의 13%를 점유하고 있을 정도다.

이들이 선도하고 있는 미국 주식시장은 실리콘밸리의 스타트업들로 통칭되는 기술기업들에게 많은 기회를 열어주었다. 실리콘밸리의 스타트업들은 유동성이 급증하던 때 투자자의 돈을 받으며 성장했다. 이들 스타트업들의 특징은 투자자로부터 받은 풍부한 현금을 보유하고 있다는 것이었다. 그들은 기술기업이기 때문에 대형 공장과 같은 인프라 투자가 적고 새로 시작하는 기업이기 때문에 시장에서 벌어들이는 수익도 아직 크지 않다. 따라서 그들은 은행에서 돈을 빌려 선투자를 하고 여기서 생산한 제품을 팔아 이익을 확대해 가는 전통적 방식을 취하지 않았다. 이런 특성들은 그들의 은행을 자처한 실리콘밸리은행에게는 큰 취약점이었다. 주요 고객이 주로 현금 부자인 스타트업이니 역설적으로 스타트업들의 수익률이 오를수록 은행에 쌓여 가는 현금을 빌려줄 곳이 마땅히 없었던 것이다. 현금을 어떻게든 굴려야 할 실리콘밸리은행은 대출을 늘리는 대신 미국 국채, 그것도 장기채에 투자했다. 저금리가 계속될 때는 초우량 자산인 미국채에 투자한 것이 아주 영리한 방법이었다. 하지만 인플레이션을 막기 위해 FED가 금리를 올리기 시작하자 상황은 급반전되었다. 실리콘밸리은행이 보유한 장기채권의 가격이 폭락했다. 이는 은행 보유 자산의 가치 하락을 의미했다. 엎친 데 덮친 격으로 금리인상으로 현금이 필요해진 스타트업들의 현금 인출이 이어졌다. 울며 겨자 먹기로 실리콘밸리은행이 보유했던 장기 국채를 팔아 현금을 확보해야 하는 상황이 온 것이다. 금리인상으로 가격이 떨어지고 있는 국채를 말이다. 이는 곧 은행의 대규모 손실을 의미했다. 은행이 채권 투자에서 큰 손실을 입었다는 소문에 주가는 폭락했다. 이런 은행의 상황을 눈치챈 고객들이 대규모 현금인출을 계속하자 더 이상 버티지 못한 실리콘밸리은행은 결국 파산하고 말았다.

이 사건이 금융권 전체에 충격을 줄 것이라는 우려에 미국 정부는 실리콘밸리은행에 예치한 고객 돈을 한도와 상관없이 전액 보증하는 대책을 마련했다. 이런 발 빠른 움직임으로 이후 몇 개의 은행이 연쇄적으로 파산을 맞기도 했지만 위기는 넘긴 것으로 보인다. 이 사건에서 보듯 금리인상의 여파가 유동성의 감소와 위기로 이끌고 이는 결국 신용파괴 원리를 작동시킨다.[14] 이런 관점에서 이 사건은 지속적인 금리인상을 지켜보고 있는 우리에게 위기를 느끼게 하기에 충분하다.

2017년부터 시중에는 경제위기 10년 주기설이 회자되었고 많은 전문가는 다가올 위기를 예상했다. 2008년 미국의 서브프라임 모기지 사건으로 촉발된 금융위기로부터 10년이 되어 가는 시점이었다. 하지만 갑작스러운 팬데믹을 맞아 시작된 초저금리와 양적 완화 정책은 주기적으로 다가오는 경제위기를 치유하기보다는 그 규모를 더 키우는 결과를 가져왔다. 이를 반영하기라도 하듯 2022년 말부터 시중에는 다시 다가올 경제위기를 경고하는 책들이 쏟아져 나오고 있다.

경제위기에 대한 이런 우려는 우리나라의 부채 상황을 볼 때 더 심각하게 느껴진다. 한국의 국가 채무는 2011년 420.5조 원에서 2020년 846.9조 원으로 10년 새 두 배 증가했고, GDP 대비 국가 채무 비율은 30%에서 44%로 급증했다. 경제가 성장하는 속도를 훨씬 앞질러 부채가 늘어가고 있는 것이다. 가계 부채의 상황을 보면 더 아찔하다. 국제금융협회[15] 가 2023년 5월 29일 발표한 세계 부채 Global Debt 보고서에 따르면, 2023년 1분기 기준 세계 34개국의 국내총생산 GDP 대비 가계 부채 비율을 조사한 결과, 한국이 가장 높은 102.2%를 기록했다. 주목해야 할 것은 우리나라가 조사 대상 국가 중 유일하게 가계 부채가 경제 규모 GDP 를 넘어섰다는 것이다.[16] 여기에 지난 6월 <이코노미스트> 1689호 의 보도에 따르면 제2금융권을 중심으로 연체율이 모두 1%를 넘었고 특히 저축은행은 5%에 육박하는 연체율을 보이고 있다고 한다. 이는 2022년

대비 거의 100% 증가한 수치다. 또한 인터넷 은행을 중심으로 연체율이 지속적으로 높아지고 있어 1금융권도 긴장하고 있음을 보도했다. 지속되는 고금리하에서 고통을 겪고 있는 가계와 기업들이 상당히 많다는 것이다. 위기가 발생한다면 그 여파는 상당한 충격이 될 것이 뻔하다.

그럼 교회와 목회자들은 어떠한가? 목회데이터연구소가 지난 3월 7일에 발표한 기독교통계에 따르면 팬데믹 기간 중 급격한 침체를 보였던 많은 지표가 상당히 회복되고 있음을 보여준다. 현장 예배 회복률은 평균적으로 68%에 달했고, 장년들의 현장 예배 참석률은 85%를 기록했다. 특히 교회학교의 현장 예배 참석률이 71%로 1년 전에 비해 100% 증가했다. 그러나 소그룹, 전도, 성경공부, 제자훈련 등 대부분 사역 항목은 코로나 이전에 비해 50-60% 정도의 회복에 머무르고 있었다. 특히 헌금의 경우, 49명 이하의 소형 교회는 코로나 이전 대비 85% 수준이어서 중대형 교회의 평균인 91%에 비해 저조한 것으로 나타났다. 최현종 서울신학대학교 교수가 2017년에 학술지 「신학과 사회」를 통해 발표한 논문 '한국교회 재정구조 분석'을 보면 교회의 재정지출 항목 중 교회 유지 운영 38% 과 인건비 30% 가 상위 68% 를 차지한 것으로 나타난다. 이런 조사 결과로 미루어 볼 때 코로나 기간의 급격한 인플레이션을 고려한다면 코로나 이전 대비 15% 감소한 재정은 작은 교회들에게 있어 큰 경제적 어려움으로 다가올 것이 자명하다. 이는 목회 이중

직에 나서는 목회자가 증가할 수밖에 없는 구조로 가고 있는 현실을 투영하고 있다. 또한 부채위기로부터 촉발될 가능성이 높은 경제위기 상황에서 교회 역시 매우 취약한 형편임을 보여준다. 최윤식 박사는 이를 「앞으로 5년, 한국교회의 미래 시나리오」에서 이렇게 설명하고 있다.

> "금융위기가 발발하면 성도와 교회는 5개의 폭탄을 맞을 수 있다. 첫 번째 폭탄은 '기준금리 인상분'이다. 이미 1단계는 시작되었다. 한국교회와 성도들이 가진 빚은 역사상 유례없는 초저금리에서 빌린 돈이다. 두 번째 폭탄은 '추가 이자 부담'이다. 부채위기가 가중되면 금융권은 당신이 이 위기를 얼마나 잘 견딜 수 있는지를 재평가할 것이다. 금리는 당신이 빚을 낼 때보다 당연히 높아진다. 그만큼 추가 이자를 부담해야 한다. 세 번째 폭탄은 '금융권의 우량자산 매각 압력'이다. 2개의 폭탄이 터지면 금융권에도 불이 옮겨붙을 것이다. 네 번째 폭탄은 '기업 매출 및 순수익 하락, 개인의 급여 삭감 또는 실직'이다. 세 번째 폭탄까지 터지는 상황이 되면 실물경제는 싸늘하게 얼어붙는다. 다섯 번째 폭탄은 '신용등급 하락', '원금 분할 상환 도래', '자산 가치 하락'이다. 개인, 기업, 국가의 신용등급이 하락한다. 5개의 폭탄이 터지면 성도와 교회는 얼마나 견딜 수 있을까? 직관적으로도 오래 버티기 힘들다는 것을 알 수 있다."[17]

구체적인 부분에서 팬데믹이라는 특수 상황으로 현실과 다소 차이를 보이는 것도 있지만 경제위기를 전망하는 관점에서 상당히 가능성이 높은 시나리오라 생각된다. 하지만 모두가 예상하는 일은 실제로 일어나지 않는다는 격언도 있다. 그러므로 앞으로 펼쳐지게 될 상황에 관심을 두고 차분히 좀 더 지켜봐야 할 것이다. 이런 위기에 대한 전망이 단지 기우일 뿐이면 바랄 것이 없겠으나 문을 열면 금새라도 호랑이가 튀어나올 것만 같아 걱정스러운 것은 사실이다.

그럼 이런 경제위기가 전망되는 상황에서 목회자가 할 수 있는 일은 무엇일까? 최우선적으로 관심을 쏟아야 할 것은 부채를 관리하는 것이다. 이미 갑작스레 높아진 금리 때문에 교회 재정 운영에 큰 압박을 받는 형편일 수 있다. 더 이상 할 수 있는 것이 없다고 생각할지도 모르겠다. 하지만 현재의 재정 상황에 경제위기를 상정하고 어떻게 하는 것이 최선일지 교회 구성원들과 미리 의논하는 게 필요하다. 그래서 가장 현실적인 대안을 찾아보도록 하자. 그리고 이런 현실적 문제를 함께 기도할 수 있는 기회로 전환하면 좋을 것이다. 이것이 중요하다. 경제위기는 교회에게만 다가오고 있는 것이 아니다. 모든 사람에게 큰 충격으로 다가오는 위협이다. 지금부터 교회가 이를 두고 함께 기도하기 시작한다면 공동체 구성원들에게 새로운 영적 돌파구를 제공할 수 있을 것이다. 그리고 지난 경제위기 상황을 복기하는 시간을 갖는 것도 중요하다. 2008년의 경제위기나 1997년의 IMF 사태 등에 대해 찾아보고 공부하는 것도 좋을 것이다. 특히 이때 목회를 하셨던 선배 목회자들의 경험을 들어보는 것도 지혜로운 방법이라고 할 수 있다. 이는 2024년의 목회를 계획할 때 꼭 기억해야 할 일이다.

사회적 변화의 흐름

지올 팍 _{Zior Park} 의 'Christian'이라는 노래를 아시는가? 경쾌하게 들리는 이 노래는 젊은 세대들에게 큰 인기를 끌었다. 중독성 있는 리듬과 멜로디, 그리고 다소 그로테스크한 분위기의 뮤직비디오도 한몫한 듯하다. 한때 유튜브 쇼츠에 너무나 많이 나와 지나친 바이럴 마케팅[18] 이라고 원성을 살 만큼 논란이 일기도 했다. 하지만 노래의 가사가 자못 충격적이다. 노래 가사의 일부는 다음과 같다.

> But Sunday morning is coming   근데 일요일 아침이 다가오고 있네
>
> I gotta go to church   나 이제 교회 가야 해
>
> I'm still fu***ng Christian   난 여전히 ** 크리스천이야
>
> Though I'm wearing new 'Christian'   지금은 새 크리스챤(디올)을 입고 있지만 말야
>
> You should check my algorithm   내 알고리즘을 확인해 봐
>
> It's not much different from the old me   옛날의 나와 그리 다르지 않지

중간에 나오는 'I'm still fu***ng Christian'은 후렴으로 반복되는 가사다. F로 시작되는 단어가 뭔지 짐작이 되시는가? 머릿속에 떠오르

는 영어의 대표적인 그 비속어가 맞다. 미국 영화나 드라마에서 질 나쁜 사람들이 나와서 항상 내뱉는 비속어다. 이 가사 때문에 <국민일보>를 비롯해 여러 크리스천 유튜버와 목회자들이 이 노래에 대해 다양한 감상과 해석을 내놓았다. 하지만 F로 시작되는 이 비속어는 네이버 영어사전에서 찾아보면 부사로 사용될 때 '대단히, 지독히', 그리고 형용사로 사용될 때 '지독한, 지긋지긋한, 완전한'이라는 뜻을 갖는다. 그러니 놀란 가슴을 진정시키고 이 문장을 다시 해석해 보면 '난 여전히 완전한 _{비속어} 크리스천이야'라고 아주 거칠게 말하는 것이다. 하지만 이런 비속어를 섞어 반복하니 듣기는 영 불편할 수밖에 없다.

처음 이 곡을 들었을 때 '이제 이렇게 대놓고 크리스천에 대해 욕을 하나?'라는 생각에 기분이 좋지 않았다. 그래서 검색해 확인해 보니 영어로 된 이 곡을 부른 가수는 박지원이라는 28세의 토종 한국인이었다. 더구나 그는 이 가사처럼 자신을 독실한 크리스천으로 소개하고 있다. 첫 번째 반전이다. 그에게는 이 곡을 직접 작사·작곡하게 된 스토리가 있었다. 그에게는 목사 아들인 친구가 있다. 그런데 그 친구가 어느날 커밍아웃을 한 것이다. 너무 놀란 그는 그에게 물었다. "목사님 아들인 네가 동성애자라고? 너 크리스천 맞아?" 그랬더니 그 친구의 답은 "나야 완전 크리스천이지"였다. 두 번째 반전이다. 그는 이 이야기에 충격을 받았다고 한다. 그리고 이런 이율배반적인 모습이 어디에나 있음을 깨닫고 세상의 그런 이중적인 모습을 고발하고자 하는 의도로 이 노래를 만들었다고 한다. 이 노래에 담긴 사람의 위선, 그리고 이율배반적 모습에 대한 비판은 비단 교회만을 향하고 있는 것이 아니라는 것이다. 지금의 세태를 꼬집고 있는 것이다. 지금은 지독한 이율배반의 시대다.

이렇듯 MZ세대로 대표되는 요즘 청년들의 온라인 언어를 들여다보면 세상이 어떻게 돌아가고 있는지 살펴볼 수 있다. 각종 SNS와 인터넷 세상에서 떠도는 말들은 현 세태를 잘 반영하고 있기 때문이다. 세태를 반영하는 말을 통해 요즘 세상이 어떻게 돌아가고 있는지, 또 사람들이 어떤 생각과 마음을 갖고 있는지 확인해 보자.

'내돈내산.' 이 산은 어디에 있는 산일까? 네이버 지식백과에서는 내돈내산을 다음과 같이 설명한다.

'내 돈 주고 내가 산 제품'이라는 뜻의 신조어로, 보통 소셜네트워크서비스(SNS)나 유튜브에서 본인의 돈으로 직접 구입한 제품에 대한 리뷰를 올릴 때 사용하는 말이다. 이는 특정 업체로부터 협찬이나 일정 비용을 받고 작성하는 리뷰를 가장한 광고가 아님을 강조할 때 일반적으로 사용된다.'

요즘에는 밥 먹으러 식당에 가더라도 아무 곳에나 들어가지 않는다. 모바일 검색을 통해 사전 조사를 한 후 별점을 확인하고 후기를 읽어 본

후에 들어간다. 이런 세태에 맞춰 다양한 매체들이 이런 결정장애자들을 도와주고 있다. '내가 가 보니 어떻더라'는 소위 후기를 글과 사진으로, 또 영상을 통해 알려주는 것이다. 이것이 일반화되다 보니 식당들도 이런 매체를 적극 활용하기 시작했다. 돈을 좀 들이더라도 인터넷 매체를 통해 홍보하지 않으면 도태될 수밖에 없는 구조이기 때문이다. 그러다 보니 인터넷 검색을 하든, 영향력 있는 유튜버의 리뷰를 보든, 모든 것이 천편일률적이 되어 간다. 자세히 읽어 보면 대부분이 광고성 글과 영상이기 때문이다. 내용이 자세하고 친절할수록 협찬을 받았거나 광고를 목적으로 한 의도적 리뷰인 경우가 많다. 이런 천편일률을 벗어나고자 광고비를 받고서도 마치 정직하게 리뷰를 하는 것처럼 속이거나 은근히 특정 제품이나 업체를 홍보해 주는 소위 '뒷광고'[19]가 넘쳐나는 건 당연한 수순이다. 이에 대한 반동으로 '내돈내산'이란 말이 사용되기 시작한 것이다. '내돈내산'이란 협찬이나 돈을 받고 홍보해 주는 글이나 영상이 아니라는 인증이다. 띄어쓰기를 정확히 하면 '내 돈 내 산.' 즉, 내가 직접 지불하고 샀다는 뜻이다. 하지만 기본적으로 영리를 목적으로 활동하는 유튜버나 블로거가 돈의 유혹을 이겨 내기는 어려울 것이다. 점차 '내돈내산'도 또 하나의 뻔한 홍보문구가 되어 가고 있다. 그렇다면 이런 세태가 말해주는 것은 무엇인가? 지금 시대는 지독한 불신의 시대라는 것이다. 우리는 자신이 스스로 창조해 낸 진실 외에는 진실이 존재하지 않는 시대에 살고 있다. 어떤 것이 설사 진실일지라도 3-5회

이상 같은 정보를 접해야 사실이라고 인식한다는 연구결과가 있을 정도다.[20] 내가 직접, 혹은 신뢰할 만한 지인이 경험한 것만 인정할 수 있는 사회를 우리는 살고 있는 것이다.

2014년 4월 16일은 정말 슬프고도 충격적인 날이다. 인천에서 제주로 향하던 여객선 세월호가 진도 인근 해상에서 침몰하면서 전체 탑승자 476명 중 304명이 사망·실종된 대형 참사가 일어난 날이기 때문이다. 이 사건은 대한민국 전체를 흔드는 사건으로 발전해 대통령이 탄핵되는 헌정 초유 사태의 단초가 되기도 했다. 이 사건은 곱씹어 보면 볼수록 안타까운 사건이다. 사망·실종된 사람들의 대다수가 꽃다운 나이의 고등학생이었다는 사실, 그리고 그들은 선내 안내방송을 믿고 따르던 선량한 학생이자 시민이었기 때문이다. 단 한 명도 구조하지 못한 채 마무리된 이 사건을 보면서 희생자 또래의 학생들은 무슨 생각을 했을까? 세상에 대한, 기성세대에 대한 철저한 절망이 아니었을까? 그리고 자신은 자기가 지켜야 한다는 생각을 갖게 되지 않았을까? 그런데 이 비극적인 사건이 발생한 지 10년이 채 지나지 않아 이태원에서 다시 어처구니없는 사건이 일어났다. 비좁은 거리로 순식간에 수많은 인파가 밀집되어 무려 159명이 압사당한 참사였다. 이 사건으로 목숨을 잃은 사람들 중 136명 86% 은 2030세대였다. 그들은 8년 전의 사건을 마치 자기 친구나 선후배가 겪은 사건으로 기억하고 있는 세대라고 할 수 있다.

그들이 이런 일련의 사건을 통해 교훈으로 삼은 것은 소위 각자도생 各自圖生[21] 이다. 즉 자기 스스로 주어진 상황을 헤쳐 나가야 한다는 생각이다. 이들은 팬데믹을 통과하며 천정부지로 솟는 자산 가격을 보면서도 동일한 교훈을 얻었을 것이다. 그래서 다가올 미래에는 더 이상 실수하지 않기를 오늘도 다짐하고 있는 사람들이다. 각자도생이란 말은 한자성어이지만 중국의 고사성어는 아니다. 조선시대 기근이나 전쟁이 났을 때 백성 스스로 살아남아야 한다는 절박감에서 비롯된 말이다. 그러므로 협력이나 배려라는 미덕은 각자도생이라는 세태에서는 공존하기 쉽지 않은 가치다. 그렇다면 각자도생이 품고 있는 속 내용은 무엇일까? 각자도생이 의미하는 것은 철저한 경쟁, 물밑에서 벌어지는 살벌한 경쟁을 의미하고 있다. 한국은 언제나 치열한 경쟁을 당연시하고, 2030세대는 바로 그 문화 속에 살고 있기 때문이다.

이제는 더 이상 전화나 문자메시지로만 지인과 연락하지 않는다. 페이스북과 인스타그램, 틱톡 등 다양한 SNS를 통해 불특정 다수와 소통하는 시대다. 소통의 수단이 바뀌면서 소통을 나누는 관계의 본질을 변화시키고 있다. 소통 매체가 변화하면서 관계 맺기의 본질이 바뀌고 있는 것이다. 예전에는 사람과 관계 맺기는 소수의 친구와 진한 우정을 쌓아 가는 것이 일반적이었다. 하지만 요즘의 관계 맺기는 목적에 따라 형성된 수많은 인간관계에 각종 색인 Index 붙이기다. 이는 '관계 맺기'라기보다는 효용성을 극대화하는 '관계 관리'에 가깝다. 그래서 현대인의 인간관계는 친소 관계로만 한정할 수 없다. 이용하는 매체에 따라 별도의 관계 맺기가 이뤄지고 있기 때문이다. 최신 뉴스는 페이스북 친구가 알려주고, 관심사는 카톡 친구들과 나누는 형식이 자연스럽다. 그래서 각각의 매체에 따라, 맺어진 인간관계에 따라 색인을 붙인 것처럼 관리하는 형태를 두고 '인덱스 관계'라고 한다. 이는 김난도 교수팀이 쓴 「트렌드 코리아 2023」에서 만든 신조어다.[22] 전통적 관계 맺기를 깨뜨리는 이런 신조어가 숨기고 있는 시대의 이면은 무엇인가? 그것은 복잡하고 다양한 관계의 그물망 속에서도 철저한 외로움을 느끼고 있다는 절박함 아니겠는가? 관계 맺기의 양과 횟수는 이전보다 훨씬 늘어났지만 본질적인 고독감과 외로움은 해결되지 못하는 안타까움의 현실. 그것이 바로 인덱스 관계가 보여주는 시대상일 것이다.

아랍 속담에 '사람들은 부모보다 시대를 많이 닮는다'라는 말이 있다. 시대의 언어를 구사한다는 것은 시대를 닮았다는 것이고 시대를 닮았다는 것은 지금 시대의 특징을 잘 반영하고 있다는 것이다. 시대의 언어를 통해 우리는 지금이 이율배반의 시대, 불신의 시대, 그리고 치열한 경쟁과 외로움이 가득한 시대임을 알 수 있다. 그리고 우리는 이런 비상식적인 시대를 당연한 듯 살고 있음을 확인한다. 이것이 사회적 변화의 흐름이라면 교회와 목회자는 이런 시대를 사는 사람들을 어떻게 섬겨야 할 것인가?

"요즘 애들은 사치를 좋아한다. 예의가 없고 권위를 무시하며 나이 든 사람을 존경하지 않을 뿐 아니라 일해야 할 시간에 쓸데없이 떠든다. 부모에게 말대꾸하고, 사람들 앞에서 말을 너무 많이 하며 음식을 마구 먹는다. 또한 탁자에 발을 올리고 연장자들 위에 군림한다."

이 말은 어떤 기성세대 꼰대가 지금의 젊은 세대에 대해 묘사하는 것처럼 보인다. 하지만 사실은 2천 년 전 인물인 고대 그리스 철학자 소크라테스가 아테네의 젊은이들에게 늘어놓았던 불만이다. 이 말에 공감되었다면 이 말이 오고 가는 모든 시대의 기성세대가 청년 세대에게 가지는 불만이기 때문일 것이다. 기성세대는 언제든 이성과 합리성을 내세운다. 그런 의미에서 이 말을 한 번 더 곱씹게 되면 우리가 지금도 이성적이고 합리적인 태도로만 다음세대에게 접근하려 한다는 것을 발견하게 된다. 그리고 그것이 사실이라면 우리는 지난 2천 년 동안 한 발자국도 앞으로 나가지 못하고 있다는 진실과 직면한다. 어떻게 해야 할까?

우리의 굳어진 생각을 바꿔야 한다. 그래서 시대의 상처와 치열함 속에 방황하고 있는 사람들에게 감성적으로 또 정직하게 접근해야 한다. 그럴 때 갈급한 그들의 영혼을 안아줄 수 있을 것이기 때문이다.

사실 세대 간 분열은 어제오늘의 일이 아니다. 100년 전 태어난 조지 오웰도 "모든 세대는 자기를 이전 세대보다 똑똑하고 다음세대보다 현명하다고 생각한다"라고 말하지 않았던가? 지금 세대는 이율배반적 상황에서 누구도 신뢰할 수 없어 스스로 모든 것을 헤쳐 나가며 지독한 외로움을 느끼고 있는 사람들이다. 그래서 그들은 영적 공허함을 깊이 느끼지만 이율배반적이고 신뢰할 수 없는 종교는 거부하게 되는 것이다. 그런 그들에게는 영적 터치가 무엇보다 중요하다. 그들은 본능적으로 자신의 문제는 영적 돌파구가 마련되지 않고는 극복할 수 없다는 것을 알기 때문이다. 목회자는 이런 사회적 변화 흐름 이면에 있는 영적 빈곤상태에 대해 깊이 이해해야 할 필요가 있다. 그리고 점점 더 고립되어 가는 영혼들에게 성경적 답을 소통 가능한 방식으로 들려줘야 한다. 비상식적인 사회의 흐름 속에서 절대로 흔들리지 않는 진리의 기준은 더 가치를 발휘할 것이기 때문이다.

지금까지 우리는 본격적으로 열리게 될 엔데믹 시대의 변화 흐름을 살펴보았다. ChatGPT로 대표되는 인공지능 기술들의 발달이 과연 어떤 미래를 우리에게 선사하게 될지 자못 궁금하다. 이미 긍정적인 면과 부정적인 면을 모두 보여주었기 때문이다. 롤러코스터를 타듯 많은 사람에게 환호와 깊은 한숨을 거의 동시에 주었던 경제의 변화 흐름은 또 어떤가? 골이 깊을수록 산이 높다며 곧 다시 돌아올 다음 기회를 기다리는 사람들도 아직 많다. 하지만 이젠 올 것이 올 타이밍이라고 경보음을 울리는 다양한 분야의 전문가들이 점점 늘어가고 있다. 이런 흐름 속에 영적으로 더 깊은 갈망을 느끼는 사람들은 더 많아지고 있다. 긍정적인 미래보다는 부정적 미래에 대한 사인들이 점점 더 쌓여 가고 있기 때문일 것이다. 이런 때 일수록 시대에 대한 깊은 관심과 정확한 이해가 필수적이다.

몇 년 전, 국내 굴지의 완성차 업체와 외국의 대표적인 패스트푸드 업체가 온라인상에서 제품 홍보를 위한 활동을 하다가 아주 비슷한 실수를 저질렀다. 완성차 업체는 자동차 이름으로 4행시 짓기를, 패스트푸드 업체는 판매하는 제품에 대한 경험 사례를 요청한 것이다. 그러면서 자사 제품에 대해 우호적인 내용을 예시로 각각 제시했다. '디자인 좋고 편안하며 멋진 차'라든지 '영양 만점의 건강식 패스트푸드'와 같은 칭찬이 나오길 기대하는 마음을 내보이면서 말이다. 소위 답정너 '답은 이미 정해져 있으니 너는 답만 하면 돼'의 준말 이벤트였던 것이다. 이를 본 사람들은 해당 완성차 업체를 깎아내리는 4행시를 달기 시작했다. 업체는 당황한 나머지 댓글을 지우기 바빴다. 또한 패스트푸드 업체에도 고객이 직접 겪은 부정적 경험을 대거 올리기 시작했다. 부정적 이미지를 각인시킬 것만 같은 댓글의 홍수에 이 업체는 시작 2시간 만에 이벤트를 마무리해야 했다. 결국 두 이벤트 모두 실패로 마감되고 만 것이다. 그들의 실수 이유는 무엇일까? 그들은 디지털문화나 인터넷에서 주로 활동하는 사람들의 특성을 제대로 이해하지 못했다. 그런 상태에서 과거의 방식대로 아주 용감하게 이벤트를 벌인 것이 패착이었던 것이다.[23]

교회와 목회자도 혹시 지금 이들과 같은 실수를 하고 있는 것은 아닐까? 깊이 생각해 봐야 할 것이다. 2024년은 팬데믹 이전인 2019년과는 다르다. 2022년과도 전혀 다르다는 것을 반드시 기억해야 한다. 앞으로 본격화될 새로운 시대에는 어떤 미래가 펼쳐질 것인가? 좌우를 둘러보면 불길한 징조들이 겹쳐 보이는 것이 사실이다. 더 불길한 것은 우리가 당장 그 미래를 바꿀 수 없다는 것이다. 하지만 그래도 관심을 갖고 시대와 사람들을 이해하려고 노력해야 한다. 결국 목회는 사람을 살리는 일 아닌가? 그런 다음에야 비로소 우리가 직면해야 할 것이 무엇이 되었든, 우리는 가장 적합한 대응을 할 수 있을 것이기 때문이다.

2장
교회, 시계 제로 상태에 서다

목회트렌드 2024

세상보다 뒤처진 교회

교회는 세상보다 뒤처져 있다는 것이 일반적인 시각이다. 이를 반등시켜야 한다. 반등시키지 못하면 교회의 쇠퇴는 가속화될 것이 분명하다.

교회 부흥기가 있었다. 부흥의 원인 중 하나는 교회가 세상보다 앞서 있었기 때문이다. 목회자의 지성, 교인들의 구성, 민주적인 교회 운영 등 교회는 세상보다 훨씬 앞서 있었다. 독재정권 시절, 민주적이고 평화적인 곳은 교회였다. 교회 부흥기에는 사람들이 문제나 고민거리가 있을 때 목회자를 찾았다. 교회로 가면 해결하기 어려운 것, 궁금한 것이 대부분 해결 가능했다. 지금은 교인들조차도 자신의 문제를 교회나 목회자에게 상담하지 않는다. 스스로, 혹은 주위 사람들에게 도움받는 것을 택한다.

교회가 세상보다 뒤처져 있다고 생각하는 이유는 무엇 때문일까? 비민주적 교회 정치, 교회 내에서의 다툼, 목회자의 지적이지 못한 모습, 교회의 반지성적 행태, 초대형 교회의 세습 등을 꼽는다. 교회는 시대의 흐름과 분리되어 있지 않은가? 교회는 팬데믹을 지나며 교회 운영과 코로나19를 대하는 태도에서 세상과 비교할 수 없이 뒤처져 있음을 보여주었다. 엔데믹 시대를 맞은 2024년 교회의 미래는 시계 제로 상태에 놓여 있다.

세상은 팬데믹 이전으로 거반 돌아왔다. 하지만 교회는 팬데믹 이전으로 돌아가지 못하고 있다. 교회는 교인의 숫자, 교회 재정, 교회에 대한 목회자들의 헌신 등 팬데믹 이전으로 돌아가지 못했다. 가장 안타까운 것은 주일학교를 운영하지 못하는 교회가 셀 수 없이 많아졌다는 것이다.

교회는 팬데믹을 거치며 왜 시계 제로 상태에 놓이게 되었는가? 급격한 세상의 변화에 따라가지 못함은 물론, 변화된 세상에 적응하지 못했기 때문이다. 교회는 기본적으로 교회 중심적 활동을 신앙적이라고 받아들인다. 반대로, 세상적인 것에 관심을 갖는 것은 신앙이 없다고 치부한다. 심지어 교회가 세상의 변화에 둔감한 것이 신앙적이라고 생각하는 경향이 있다. 교회가 중심이 된 삶을 강조하여 세상의 변화는 깡그리 무시하기까지 한다. 그 결과 세상이 교회를 걱정하는 것을 지나 혐오하도록 만들었다.

팬데믹이 끝나자 교회는 하나같이 '교회는 본질만을 붙잡아야 한다'고 외쳤다. 본질이 아닌 비본질을 붙잡았기에 교회가 위기에 처했다고 말한다. 과연 그런가? 본질보다 비본질에 집중한 것도 한 이유가 될 것이다. 하지만 달라진 세상에 대해 교회 중심적으로 대처한 것이 더 큰 문제라고 생각하지는 않는가? 교회는 세상과 함께 존재한다. 교회는 세상 속에 존재한다. 그렇다면 세상의 변화에 무관심하면 안 된다. 만약 교회가 세상의 달라짐에 무관심하거나 둔감하면 교회는 세상과 격리된 채 존재할 뿐이다.

교회는 관점을 바꿔야 한다

교회가 끼고 있는 안경은 하나다. 즉, 교리 관점의 안경을 끼고 교회와 세상을 본다. 교회는 안경을 고쳐 써야 한다. 교회는 교리 관점의 안경 하나와 세상적 관점의 안경 하나를 써야 한다. 교회가 시계 제로 상태가 된 것은 세상을 바라보는 교회의 관점에 문제가 있기 때문이다. 교회는 교리라는 안경뿐만 아니라 세상적 관점의 안경을 끼고 교회를 봐야 한다. 교회만의 안경은 물론 세상의 안경으로도 교회와 세상을 봐야 한다. 엔데믹 첫해인 2024년 교회는 이전과 다른 관점으로 세상을 바라봐야 하는 것이다. '고정관념의 파괴자', '관점으로 미래를 연결하는 사람'인 박용후는 「관점을 디자인하라」고 말한다. 이 책 'Part 3'에서 그는 놀라운 말을 한다. "관점을 바꾸면 '산타클로스'가 보인다"라고 말이다. 관점 하나 바꿨을 뿐인데 낯선 산타클로스가 보인다고 말한다. 2024년 교회는 팬데믹 이전으로 속히 회복되어야 한다. 적어도 팬데믹 이전의 교회 위상을 되찾아야 한다. 그런 후엔 세상에 등불이 되는 교회가 돼야 한다. 교회가 교회의 관점으로만 세상을 바라본다면 팬데믹 이전으로의 회복은 물론 세상에 등불이 되는 역할 감당은 불가능해질 수 있다.

탁월한 사람도 자기 관점으로만 보면 큰 실수를 한다. IBM의 전 회장인 토마스 왓슨은 "나는 세계시장의 컴퓨터 수요는 5대 정도라고 생각한다"라고 말했다. 발명왕 토머스 에디슨도 "측음기는 상업적 가치가 없다"라고 했다. 지금은 세상에 컴퓨터 없는 집이 없을 정도이다. 세계

컴퓨터 보급률은 선진국 가구의 83.2%, 개도국 가구의 36.3%로 추정한다. 이처럼 교회도 세상을 자기 관점으로만 살폈기 때문에 시계 제로상태에 있는 것이다. 교회는 지금까지 교회의 눈으로만 세상을 봤다. 그런 시각은 팬데믹 이후에도 달라지지 않았다. 하지만 이제는 달라져야한다. 교회만의 안경이 아니라 세상의 안경도 써야 한다. 이제는 진지하게 세상이 교회를 어떻게 보고 있는가를 고민해야 한다.

우리가 교리의 안경만 쓰고 있으면 하나님의 교회이니 완벽하다고 단정한다. 교회는 교회가 하는 일에는 잘못이 없다고 믿는다. 어떤 사람이 대하기 가장 힘든가? 자기 생각이 무조건 옳다고 하는 사람이다. 지금까지 교회는 하나님의 것이니 완벽하다고 생각했다. 목회자는 하나님의 종이니 목회자의 말은 하나님의 말씀이라고 강조했다. 여기서 정직하게 질문해야 한다. '세상에 비춰지는 교회는 하나님도 인정하실만한 교회인가? 인간 냄새가 풀풀 나는 교회는 아닌가? 추악한 인간 냄새가 풀풀 나는데 하나님의 완벽한 교회라고 위장하고 있지는 않은가?'

질문 하나를 더해야 한다. '교회가 하는 것은 모두 옳은가?' 하나님은 다 옳으시지만 교회가 하는 것은 거반 옳지 않다. 만약 교회가 옳다면 교회가 하는 일에 세상이 공감할 수 있어야 한다. 교회가 교리의 눈이 아니라 세상의 눈으로 교회를 봐야 하는 것은 이 때문이다. 2024년에는 교리와 세상의 눈으로 동시에 교회를 바라봐야 한다. 예수님은 유대인 복음화에는 베드로를 위시한 제자들에게 맡기셨다. 하지만 유대를 지나 로마의 지배하에 있던 유럽 복음화는 바울에게 맡기셨다. 이는 교리의 눈만이 아닌 세상의 눈으로도 교회를 보셨기 때문이다. 베드로가 본질을 붙잡지 않아서 예수님이 그에게 로마 복음화를 맡기지 않으신 것이 아니다. 학문이 발전된 로마제국에는 최고의 학문으로 무장된 바울이 적합했기 때문이다. 교회는 교회를 제대로 봐야 한다. 그리고 세상도 제대로 봐야 한다. 하나님께서 로마 복음화를 위해 베드로가 아니라 바울을 사용하신 것은 본질과 비본질의 문제가 아니다. 세상을 어떻게 보았느냐의 문제이다.

교회는 여전히 세상의 중심은 교회라고 생각한다. 세상에 물어보라. 교회를 세상의 중심으로 여기는 사람이 얼마나 있는가. 교회는 팬데믹 이후에도 여전히 포스트 크리스텐덤 Post Christendom 을 추구한다. 교회가 포스트 크리스텐덤을 추구하는 것은 이상하지 않다. 문제는 세상이 어떻게 생각하는지를 고려하지 않고 하는 주장이라는 것이다. 크리스텐덤은 '기독교 왕국'이란 뜻이다. 제후 한실레스는 크리스텐덤을 이렇게 정의한다. '크리스텐덤은 기독교가 사회와 동일어가 되는 사회를 의미한다. 교회가 사회이고, 사회가 교회가 되는 곳이 크리스텐덤이다.' 포항제일교회 담임인 박영호 목사는 「세상을 읽다, 성경을 살다」에서 '한국 사회에서 포스트 크리스텐덤을 말할 수 있는가'라는 질문을 던진다. 그는 그 질문에 '그럴 수 없다'고 말한다. "한국 사회는 기독교 국가였던 적이 없었기 때문에 크리스텐덤을 경험한 적이 없습니다. 그렇기 때문에 포스트 크리스텐덤을 논하는 것 자체가 적절하지 않다고 볼 여지도 있습니다."[24] 그는 한국의 크리스텐덤은 해가 수평선에 고개를 내미는 듯하다가 바로 저물어 버린 형국이라고 말한다.[25]

교회가 지금도 포스트 크리스텐덤을 꿈꾸는 것은 교회의 눈으로만 교회와 세상을 보겠다는 것이다. 예전의 교회는 포스트 크리스텐덤을 말할 수 있었다. 예전에는 한 마을의 교회 목사가 독보적인 지성인인 경우가 많았다. 그는 마을에서 유일하게 대학을 나온 사람, 시대를 앞서가는 사람, 지역을 벗어난 인맥을 가진 사람이었다. 자녀들의 앞날과 집안의 대소사를 목사와 의논하던 시기가 있었다. 지금 이러한 풍경은 사라졌다. 사회의 리더나 지성인, 젊은 사람들로 넘쳐나던 교회의 분위기가 바뀌어 가고 있다. 인문학을 중심으로 한 지성계에서 기독교 폄하 분위기는 일반화되었고, 과학담론의 대중화로 형성된 지식시장에서도 입지가 좁아져 가고 있다. 대중문화에서 기독교 비판은 단골메뉴가 되어 버렸다.[26]

팬데믹 이후 교회는 시계 제로 상태다. 교회는 세상보다 뒤쳐진 것을 받아들여야 한다. 교회는 세상보다 지성적인 면에서 뒤떨어진 것을 인정해야 한다. 세상보다 지성적으로 뒤쳐져 발생한 지성계의 기독교 폄하 분위기도 받아들여야 한다. 그리고 그 자리에서 어떻게 하면 이전처럼 세상보다 앞설 수 있는가를 고민해야 한다. 하나님의 교회답게 설 수 있는가를 기도하며 각성해야 한다는 것이다.

혁신하지 못하는 교회!

교회가 시계 제로 상태가 된 것은 혁신하지 않기 때문이다. 교회가 세상보다 뒤떨어졌다면, 그리고 지금보다 좋은 교회가 되고 싶다면 당장 혁신해야 한다. 어떤 사람이나 조직이나 혁신은 쉽지 않다. 개인의 혁신도 만만치 않다. 조직이라면 더 어렵다. 조직 중에서도 가장 보수적인 조직인 교회라면 불가능에 가까울 수 있다. 어떤 목회자가 대화 중 목회자에 대해 이렇게 평가했다. '공무원보다 더 변화를 꺼리는 것은 목회자!'라고 말이다. 맞는 말이라고 생각한다. 교회가 혁신을 해야 하는데 목회자가 혁신하려 하지 않으니 혁신은 불가능에 가까운 것 같다. '개혁교회는 날마다 개혁되어야 한다' Ecclesia reformata semper reformanda est. 이 말은 종교개혁자들의 외침이었다. 이처럼 교회는 개혁의 주체가 아니라 개혁의 대상이다. 하지만 교회가 그 대상이 된 적은 없는 것 같다는 생각이 든다. 하나님은 루터를 통해 교회를 혁신하셨다. 하나님이 하셨기에 종교개혁이라는 혁신이 가능했다. 당시 가톨릭교회는 혁신의 대상이었다. 가톨릭교회는 심각한 부패로 교회라고 할 수 없을 지경이었다. 교회답지 않은 교회는 혁신되어야 한다. 초대교회 당시 예수님은 율법의 타락을 보고 율법주의자들인 바리새인들을 대상으로 혁신적인 개혁을 주도하셨다. 중세 가톨릭교회가 개혁의 대상이었듯이 팬데믹 이후 한국교회는 개혁의 대상이다. 세상, 특히 기업은 개혁에 개혁을 더하고 있다. 기업은 팬데믹 이전과는 완전히 달라진 모습으로 우리에게 다가왔다. 교회는 팬데믹 이후에도 달라진 것이 없다. 팬데믹 이후 2024년, 교회는 혁신에 혁신이 필요하다.

2021년 1월 19일, 예장합동 교단은 목회자 600명을 대상으로 한 설문 조사를 정리해서 <코로나19 시대 한국교회 신생태계 조성 및 미래 전략 수립을 위한 조사 결과 보고서>를 발표했다. 86%는 한국교회에 혁신이 '매우 필요'하다고 응답했고 12.9%는 '약간 필요'하다고 답했다. 총 98.9%가 한국교회의 근본적 혁신에 동감한 것이다.[27] 팬데믹 이후 교회는 혁신되어야 한다. 팬데믹 기간에 떠났던 교인이 돌아오지 않고 있다. 떠난 교인들이 돌아오지 않는 이유를 '그들에게 신앙이 없어서'라고 교회는 말한다. 과연 그런가? 교인들이 교회에서 꿈과 희망을 발견하지 못했기 때문이라고 생각하지는 않는가? 혹자들은 신앙 없는 교인, 즉 헌금하지 않는 교인들만 떠났다고 한다. 과연 그럴까? 주일학교에는 어린아이들의 부족 현상으로 45%의 교회가 주일학교 운용이 불가능하다고 한다. 교회 안에 다음세대가 3%에 불과하다고 한다. 이런 통계는 교회 혁신의 당위성을 말해준다. 다음세대가 교회에 없는 것은 교회 시스템이나 목회 운영에 문제가 있다는 반증이지, 신앙이 있고 없음의 문제가 아니다. 이것은 또한 MZ세대, 알파세대와 보이지 않는 어떤 갭이 존재한다는 반증이기도 하다. 교회가 세상 사람들, 그리고 교인의 마음을 붙잡지 못하고 있다. 그들의 니즈와 교회가 주고자 하는 것이 일맥상통하지 않기 때문이다. 교회가 달라질 때, 사람들은 교회에 관심을 갖기 시작한다. 그러므로 교회가 사람들의 마음을 붙들려면 혁신해야 한다.

기업은 혁신하지 않으면 망한다. 코닥은 시대 흐름을 읽지 못해 망했다. 코닥은 신기술에 대한 태도가 미온적이었다. 디지털 시대가 도래했지만 이를 무시했다. 대신 필름과 디지털의 시너지 효과라는 명분을 내걸었다. 코닥은 영화업계에서 튼튼한 입지를 구축하고 있었음에도 디지털 사진술을 개발하지 않았다. 그리고 결국 2012년에 파산신청을 했다. 규모가 큰 회사들도 혁신하지 않으면 신생 조직에 밀려나곤 한다. IBM은 마이크로소프트에 자리를 내주었고, 마이크로소프트는 구글과 애플에 기습당했다.[28]

교회는 혁신하지 않고도 망하지 않을 것이라고 자신하지 않는가? 예수님은 시대에 맞게 혁신하지 않는 바리새인들을 꾸짖으셨다. 하지만 그들은 혁신하지 않아 예수님으로부터 버림받았다. 지금의 교회도 마찬가지다. 교회는 혁신해야 한다. 혁신하지 않으면, 교회는 결국 망한다.

조직도 혁신하지 않으면 망한다. 전 KT 회장인 황창규는 혁신을 거부하면 망한다고 했다. "혁신을 주도하면 리더가 되고, 혁신을 받아들이면 생존자가 되지만, 혁신을 거부하면 죽음을 맞는다"[29] 라고 말이다. 조직만 혁신을 거부하면 망하는 것이 아니다. 하나님의 교회일지라도 혁신을 거부하면 망한다. 황창규는 혁신을 거부하면 미래가 없다[30] 고 했다. 한국교회가 미래가 없이 시계 제로 상태가 된 것은 혁신하려 하지 않았기 때문이다.

개혁교회는 개혁되어야 한다는 말은 '개혁교회는 혁신되어야 한다'는 말이다. 하나님의 교회도 혁신하지 않으면 미래가 없다. 혁신으로 제2의 종교개혁을 해야 한다. 혁신하지 않으면 끝 모를 추락만 남겨두게 된다. 웃자고 하는 소리 중 이런 말이 있다. '교회는 더 추락해야 정신을 차린다.' 한국교회가 혁신하지 않는 것은 18세기 초 영국의 한 성직자처럼 어리석기 때문일지 모른다. 영국의 한 성직자는 감자를 주식으로 먹는 교구민에게 감자 섭취를 금지했다. 성경에 언급되어 있지 않다는 어처구니없을 만치 어리석은 이유에서다.[31]

삼성의 이건희 회장은 '마누라와 자식만 빼고 다 바꾸라'고 했다. 교회는 예수님만 빼고 다 바꾸어야 하지 않겠는가? 로버트 마우어는 「아주 작은 반복의 힘」의 '프롤로그'에서 이렇게 말한다. "사람들은 변화를 원할 때 대개 '혁신 전략'을 먼저 떠올린다. 사람들은 '혁신'을 창조적인 파괴의 한 유형으로 생각하는 경향이 있다. 혁신이란 아주 격렬한 변화의 과정이다. 이상적인 경우, 혁신은 아주 짧은 시간에, 극적인 방향 전환을 야기할 수 있다. 혁신은 빠르고, 거대하고, 격렬하게 일어나기에 아주 짧은 시간에 어마어마한 성과를 낼 수 있다. 비즈니스 세계에서 혁신이란 기술개발을 위한 엄청난 투자와 같은 긍정적인 전략과 함께 대량 해고 같은 고통스러운 전략까지 포함한 것이다. 삶의 변화에 직면했을 때 혁신을 떠올리는 사람들도 이런 개념에 익숙하다."

혁신은 격렬한 과정이다. 혁신은 아주 짧은 시간에 이루어져야 한다. 혁신하려면 뼈를 깎는 고통의 과정을 거쳐야 한다. 교회는 이런 준비가 되어 있지 않은 것 같다. 2024년 교회는 '혁신의 과제'를 안고 출발해야 한다.

복음의 자신감이 결여된 교회!

교회가 혁신되지 않으면 세상을 위한 구원의 방주가 되겠다는 자신 감도 갖기 힘들다. 교회는 어떤 일이 있어도 복음에 대한 자신감으로 충만해야 한다. '자신감을 잃으면 다 잃는다'라는 말처럼 2024년 교회는 자신감을 잃어버리면 안 된다. 전쟁과도 같은 팬데믹 상황 속에서 우리는 많은 것을 잃어버렸다. 예배를 잃어버렸고 만남을 잃어버렸으며 교인을 잃어버렸다. 무엇보다도 자신감을 잃어버렸다.[32] 자신감을 잃으면 교회의 미래는 암흑이 된다.

교회는 복음에 대한 자신감으로 충만해야 한다. 오랫동안 인도 선교사로 활동했던 선교학자 레슬리 뉴비긴은 그의 명저 「다원주의 사회에서의 복음」에서 '다원주의 사회에서 복음 전하는 것이 어렵지만, 그럼에도 우리가 놓쳐서는 안 되는 부분이 있다. 그것은 바로 복음에 대한 자신감이다. 우리의 가장 큰 문제는 우리가 믿는 복음에 대해 우리 자신이 가지는 소심함과 걱정이다. 담대히 주님이 맡기신 복음 증거의 사명을 감당할 것'[33] 이라고 설파한다.

포스트모던 사회를 지나 포스트 코로나 시대를 살아가는 우리는 성령 안에서 용기와 담대함을 잃지 말아야 한다. 다양한 가치들을 인정하고 수용하기 때문에, "왜 하필 예수로 시작하는가?"라는 질문을 받을 수 있다. 그렇다면 그런 질문을 향해 "왜 예수로 시작하면 안 되는가?"라고 맞받아칠 수 있는 용기와 자신감을 가져야 한다. 교회는 시대에 맞는 방식으로 복음을 전할 수 있도록 환경을 준비하되 복음은 분명하게 전해야 한다. 즉, 설교자의 권위는 효과적인 말씀 증거를 위해서 양보할 수 있고 다양한 전략으로 대체할 수 있지만, 복음이 지닌 권위만큼은 손상하거나 폄하해서는 안 된다는 말이다. 이를 위해서 설교자는 언제나 성령님께 강력하게 붙들려야 한다. 말씀을 준비하는 시간부터 준비하는 모든 과정, 특별히 강단에서 선포하는 모든 시간까지도 성령님께서 주시는 열정과 확신으로 담대하게, 그러나 지혜롭게 말씀을 전할 수 있어야 한다.

차동엽 신부의 「천금말씨」에 이런 글이 있다. 미국 콜로라도주 스프링필드 근처에는 험한 고갯길이 하나 있었다. 도로 자체는 도시와 도시를 잇는 요충지였지만, 너무 험한 길이어서 운전자들에게는 기피 대상이었다. 그런데 이 고갯길에 언제부터인가 'Yes, You Can!'이라는 팻말이 세워졌다. 고개 입구에 다다랐을 때 이 팻말을 본 운전자들은 예전과는 달리 '그래, 나도 할 수 있어!' 하는 자신감을 갖고 그 길을 통과하기 시작했다. 마침내 그 길은 더 이상 공포의 고갯길이 아니게 되었다.

삶에는 작은 성공 경험이 중요하다. 큰 성공을 이루려면 능력도 필요하다고 한다. 하지만 더 중요한 것은 자신감이다. 자신감은 성공의 디딤돌이기 때문이다. 어린 다윗이 거인 골리앗을 향해 물맷돌을 던질 수 있었던 것은 그를 쓰러뜨릴 수 있다는 자신감이 있었기 때문이다. 글을 쓸 때도 자신감을 갖고 쓰면 글이 써진다. 김민영은 「첫 문장의 두려움을 없애라」에서 '글쓰기의 절반은 자신감과 용기다'라고 했다. 강원국은 「강원국의 글쓰기」에서 '글쓰기는 자신감이 절반이다'라고 말한다. 교회 역시 전례 없는 팬데믹으로 어려워진 교회를 다시 일으켜 세울 수 있다는 자신감이 있어야 한다. 하나님이 하시면 된다는 자신감에 더해 하나님이 교회 안에 주신 내재된 힘이 자신감으로 장착돼 있어야 한다.

'상황화'를 하지 못한 교회!

교회는 왜 시계 제로 상태가 되어 있는가? 그리고 왜 목회 환경이 불리해지고 있는가? 목회자의 삶이 치열하지 않음에 주목할 필요가 있다. 어느 목회자가 치열하게 살지 않겠냐만, 예전보다는 치열하게 살지 않는 것 같다. 목회 선배들은 목회만을 위해 인생을 바쳤다. 지금은 그런 목회자를 만나는 것이 하늘의 별 따기처럼 어렵다. 세상에는 자기 일에 인생을 바치는 사람이 꽤 있다. 대한민국 정부 1호 동시통역사인 임종령은 통역번역대학원에 다니던 2-3년의 기간에는 여행은 꿈도 꿀 수 없고 친구들을 만나지 못하는 것은 물론, 지인 행사나 가족 행사에 가는 것도 거의 할 수 없으며 연애나 결혼은 다른 세상 얘기였다고 한다.[34]

과거 선배들은 가정을 내팽개치면서까지 목회에 인생을 걸었다. 지금 그렇게 하라는 것은 아니다. 하지만 그런 정신은 가져야 한다는 말이다. 우리나라는 선진국이 되었다. 한국은 세계 10대 강국이다. 이런 새로운 한국에 걸맞게 목회해야 할 것이다. 즉 선진국이 된 지금의 상황에 맞게 목회를 해야 한다. 하지만 아직도 과거 한국이 후진국일 때와 같은 목회가 대세다. 머리로 목회해야 하는데, 가장 쉬운 몸으로 목회를 한다.

선교사들이 선교지에 가서 자주 사용하는 말 중 하나가 '상황화'이다. 선교사에게 있어 그 선교지에 맞는 상황화는 필수이다. 상황화를 제대로 하면 복음의 본질은 지키면서 그 선교지 상황에 맞게 복음을 전할 수 있다. 선교사는 선교지에 복음이 들어가게 해야 하므로 선교사 고유의 삶과 문화 방식을 고집하면 안 된다. 선교사는 선교지의 상황에 맞게 복음을 전하기 위해 그들의 문화와 생각, 가치관을 먼저 이해해야 한다. 예수님의 성육신은 상황화의 필요성과 중요성을 잘 설명한다. 예수님은 인간의 옷을 입고 이 땅에 오셨다. 인간의 몸을 입고 복음을 지니셨다. 그렇게 상황화를 하셨기에 일상 언어를 사용하며 비유로 설교하셨다. 교회는 한국의 현 상황에 맞게 상황화를 해야 한다. 하지만 상황화보다는 교회의 교리와 전통의 입맛에 맞추라고 요구한다.

우리나라 청년 25-34세 의 고등교육 이수율은 69.8%로 세계 최고이다. 2위인 캐나다 64.4% 보다 그 수치가 꽤 높다. 1990년대에 20%를 웃돌던 대학 진학률이 이제는 70%에 육박한다. 한국교회 급성장기의 주역이었던 장년·노년층의 50·60대 대졸자 비중은 25.1% OECD 평균 29.1% 에 불과했다. 하지만 OECD 경제협력개발기구 에서 매해 제공하는 교육 부문에 대한 통계자료를 보면, 최근 한국 청년·중년층 대졸자 비중은 69.8%로 OECD 국가 중 압도적 1위이다. 그러므로 한국교회가 급성장할 때처럼 목회하면 안 된다. 청년·중년층 중 대학 졸업자가 70%에 달하는 시대에 맞게 상황화를 해야 한다.

　사람은 자기 상황을 알아주길 원하고 자기의 필요에 맞춰주길 바란다. 영화 '러브 액츄얼리'에서는 주인공이 관심 갖고 있는 여성에게 크리스마스 선물로 무엇을 받고 싶은지 묻는다. 그러자 그 여성이 이렇게 말한다. "필요한 것보다 제가 원하는 것으로 주세요."

　고객의 필요에 맞춰 사업전략과 마케팅 계획을 수립하고 제품과 서비스를 제공한 기업이 있다. 하지만 생각한 만큼 잘 먹히지 않는다. 강재상은 '대체 무엇이 문제일까?'라는 질문에 이렇게 답한다. "결론부터 말하자면, 고객에 대한 사업전략과 마케팅의 기존 접근법이 시대를 정확하게 반영하지 못하기 때문이다"[35]. 마케팅에서의 시작점은 무조건 고객이다. 이는 강조하고 또 강조해도 지나치지 않는다. 피터 드러커는 "기업의 목적은 고객 창조에 있다"라고 말한다. 고객을 지속적으로 만들어 내야 기업이 생존할 수 있다. 사업이나 마케팅이 실패하는 유일한 이유는 고객이며, 성공하는 유일한 이유도 고객이다.[36] 고객이 없는 회의가 기업을 망친다.[37] 사업에서는 고객이 중요하다. 그렇다면 교회는 교인이 중요하지 않을까? 아주 중요하다. 교회도 교인이 없으면 존재할 수 없다. 교회는 교인으로부터 시작되어야 한다. 교인이 중요하다면 교회를 운영할 때 교인의 필요에 맞춰야 한다. 청년·중년층이 원하는 교회를 만들어야 한다. 다음세대들의 필요를 파악해 그에 맞춰야 한다. 그것이 상황화이다. 이런 상황화에 성공해야 복음을 전할 수 있다. 상황화에 대해 말하면 혹자는 비본질이라는 말로 이를 매도를 한다. 하지만 상황화는 본질과 비본질의 문제가 아니다. 상황화는 교회가 본질을 붙들고 시대에 맞게 사람들이 원하는 것이 무엇인지에 대해 고민하는 것이다.

한국교회는 복음을 전하는 방식이 100년 전과 크게 다르지 않다. 100년 전 서구 선교사가 행했던 방식을 기준이라고 생각하고 있지는 않은가? 10년 전만 해도 교회에는 젊은이들이 많았다. 어떤 교회는 팬데믹으로 인해 교인 수가 절반 이상으로 감소하기도 했다. 300명에서 150명으로, 1,000명에서 500명으로 바뀌었다. 이제 교회는 교리만 고집할 것이 아니라 교회의 이미지와 교인의 삶을 중요하게 생각해야 한다.

교회의 이미지는 세상의 관점에서 보면 최악이다. 세상은 교회가 하는 행태를 극도로 혐오하고 있다. 그 결과, 교회의 이미지는 추락을 거듭하고 있다. 여성들은 목회자와의 결혼을 극도로 꺼리고 있다. 혹자는 상황화는 교회가 망하는 길이라고 한다. 그러나 이것은 너무 극단적인 생각이다. 오히려 상황화를 못해서 망하고 있다는 생각은 들지 않는가?

헤매고 있는 교회!

교회는 교회를 어떻게 진단하고 있는가? 교회가 현 상황을 제대로 진단하지 못하는 것 같아 안타깝다. 최윤식은 「빅체인지 한국교회」에서 이미 한국교회는 쇠퇴기라고 진단한다. 더 나아가 쇠퇴기가 아니라 더 이상 회복이 불가능한 절망기로 들어섰다고 한다. 교회의 본질을 벗어난 행태, 시대에 맞지 않는 방향성, 다음세대의 셧다운 등은 한국교회가 절망기에 들어섰음을 말해준다.

이스라엘은 달랐다. 애굽을 탈출하고 40년이 흐른 뒤 두 명의 정탐꾼이 가나안 땅에 파견되었다. 그런데 그들의 진단은 너무도 간단했다. 하지만 정확했다. 하나님이 그 땅을 우리에게 주셨기 때문에 가나안의 모든 사람들의 간담이 녹았다는 진단이었다. 따라서 가서 그 땅을 취하기만 하면 되었다. 그들에게는 확신이 있었다.

> 그 두 사람이 돌이켜 산에서 내려와 강을 건너 눈의 아들 여호수아에게 나아가서 그들이 겪은 모든 일을 고하고 또 여호수아에게 이르되 진실로 여호와께서 그 온 땅을 우리 손에 주셨으므로 그 땅의 모든 주민이 우리 앞에서 간담이 녹더이다 하더라 수 2:23-24.

루터는 중세의 가톨릭교회를 정확하게 진단했다. 루터는 중세의 가톨릭교회는 '하나님과 인간 사이에서 교회가 할 중재 역할은 없다'라고 진단했다. 오데드 갤로어는 그의 저서에서 이를 다음과 같이 서술한다.

'인간과 하나님 사이에서 교회가 할 중재 역할은 없다고 주장하면서 독자적으로 성경 읽기를 권장했다. 그를 따르는 이들이 자녀 교육에 애쓰도록 장려하는 급진적 믿음이었다. 비텐베르크와 가까운 지역의 부모는 이 혁명적 사상에 더 많이 노출됐다. 이러한 경험으로 인해 자녀의 문해력에 투자하려는 부모의 성향이 강해졌다.'[38]

루터는 당시 교회의 존재 이유가 없다고 진단했으므로 각자가 성경을 읽어야 한다고 처방했다. 그리고 루터는 그 처방대로 대처할 수 있도록 성경을 독일어로 번역했다. 여호수아 역시 가나안 백성들이 만만치 않은 상대임을 이미 알았지만 정탐꾼들의 진단을 신뢰했다. 하나님께서 이스라엘과 함께하신다는 것을 분명히 알고 있었기 때문이다. 그래서 그의 처방은 하나님의 말씀을 듣는 것이었고 하나님의 전략대로 여리고 성을 도는 순종으로 반응했다.

한국교회는 지금 교회가 표류하고 쇠퇴하는 이유를 정확하게 진단하지 못하는 것은 아닐까? 그래서 올바른 처방을 내리지 못하고 이에 대응할 마땅한 돌파구를 찾지 못하고 있는 것은 아닐까? 진지하게 고민하며 성찰해야 할 것이다.

목회트렌드 2024

판도라의 상자와 희망

'소망'을 의미하는 그리스어는 '엘피스'다. '엘피스'는 '희망'으로 번역되기도 하지만 성경에서는 '소망'으로 번역한다. 같은 '엘피스'라는 단어를 두고도 희망과 소망으로 번역한다면 이 둘은 같은 의미인가? 혹은 같은 의미를 두고 희망은 일반적인 색채를, 소망은 종교적인 색채를 띤 단어라고 이해할 수 있을까?

신약성경은 그리스-로마 문명 속에서 살아가던 사람들에게 쓴 책이다. 독자들은 그리스-로마의 맥락을 살아가고 있었고, 기록한 저자들 역시 유대인들이긴 하지만 이런 맥락과 무관한 사람들이 아니다. 대표적으로 바울이 그렇다. 그리스-로마 사람들에게 '엘피스', 즉 '희망'은 어떤 의미가 있을까? '그리스-로마'라고 반복적으로 언급한 이유는 희망에 대한 개념이 그리스 신화로부터 비롯되었고, '판도라의 상자'에서 근원을 찾을 수 있기 때문이다. 물론 여기에서 그리스 신화와 판도라의 상자의 역사성을 논하자는 것이 아니다. 이런 신화는 당시 사람들의 관념을 표현하는 중요한 요소이기 때문이다.

당시 로마 사람들에게 '희망'이란, 미래에 대해 긍정하고 기대하는 마음을 의미하는 것이었다. 이 개념은 판도라의 상자에서 찾아볼 수 있다. 제우스는 대장장이의 신 헤파이스토스에게 '여자'를 만들라고 했다.

그렇게 만들어진 여자의 이름이 '판도라'다. 판도라는 프로메테우스의 동생 에피메테우스와 결혼을 했다. 제우스는 결혼 선물로 상자 하나를 주었다. 그러나 제우스는 판도라에게 절대로 상자를 열어보지 말라고 했다. 호기심에 가득 찬 판도라는 결국 그것을 열게 되었다. 그 속에서부터 불행, 고통, 눈물, 질병, 전쟁, 미움 등 온갖 나쁜 것들이 튀어나왔다. 그래서 이 세상이 고통과 불행으로 가득 찼다는 것이 신화가 설명하는 내용이다. 상자 밑바닥에 남은 것이 하나 있었는데, 그것이 바로 '희망'이다. 희망 역시 다른 나쁜 것들과 함께 들어 있었으니 좋은 것일 리가 없다. 그래서 덧없는 희망을 가리켜 '희망 고문'이라고 하지 않는가? 그렇지만 그리스-로마 세계에서 희망은 불행한 현실 너머에 있는 미래를 긍정하는 것이다.

희망은 고통스러운 현실을 견딜 수 있는 동력이다. 비록 현재는 불행과 고통, 질병과 눈물이 가득하지만 미래에는 현재와 다른 현실이 펼쳐지리라고 기대한다. 그렇다면 오늘날, 이 세상 사람들이 말하는 희망 역시 판도라의 상자와 크게 다르지 않다. 이런 관념을 통해 평가를 해 본다면 현실은 나쁜 것이고, 미래는 좋은 것이라는 인식을 반영한다. 그렇다면 성경에서 '엘피스'라고 기록하는 사도들 역시 이런 인식으로 이 단어를 표현한 것인가? '소망'도 현재를 부정하고, 미래를 긍정하는 것으로 그 시기의 독자들과 의미를 주고받았는가?

소망은 희망이 아니다

성경에는 '소망'이라는 단어가 많이 나온다. 물론 '엘피스'라는 단어로부터 번역된 것이니, 사실 '희망'이라고 번역해도 틀린 것은 아니다. 문제가 있다면 한국교회가 사용하는 '소망'이 판도라의 상자의 개념을 종교적인 색채로 표현하고 있는 것인지, 아니면 성경을 기록한 사도들과 같은 것으로 이해하는지 구별할 필요가 있다. 앞에서 언급했듯이 희망은 현재를 나쁘게 평가한다. 그래서 현재는 속히 벗어나는 어떤 것이어야 한다. 이런 상황 속에서 사람들은 '소망'이라는 단어를 쓰면서도 희망의 의미를 주고받는다. 현재를 부정하고 미래를 긍정하기 때문이다.

"잘될 거예요."

"기도하겠습니다."

"좋은 결과가 반드시 있을 거예요."

이런 표현은 우리도 많이 사용한다. 꽤나 익숙하다. 특히 설교자들도 이런 의미로 '소망'이라는 단어를 쓴다. 과연 성경도 소망을 이런 의미로 말하고 있을까?

성경에서 말하는 엘피스, 즉 소망은 희망과는 전혀 다르다. 희망이 현재를 부정하고 미래를 긍정한다면, 소망은 결코 현재를 부정하지 않는다. 미래는 우리의 영역이 아니므로 막연한 미래에 대해 예측하거나 기대하는 방식으로 '희망 고문'을 언급하지 않는다.

초대교회의 그리스도인들을 생각해 보자. 로마의 박해 시대에 이름 없이 죽어갔던 초대교회의 순교자들을 생각해 보자. 그들의 현재는 부정해야만 하는 현실인가? 그들은 박해를 받으면서도 미래를 긍정하면서 기대했는가? 대표적인 인물이 아브라함이다. 아브라함은 미래의 '희망'을 청사진으로 받지 못했다. 가나안 땅이 어떤 곳인지, 어떤 미래가 펼쳐질지 아무런 귀띔도 받지 못했다. 그래서 히브리서에서는 '갈 바를 알지 못하고 나아갔다' 히 11:8 라고 말한다. 광야에서 걸었던 모세와 이스라엘 백성들은 어떤가? 두 주도 걸리지 않을 목적지였지만 무려 40년간 방황했다. 그들에게 가나안 땅과 미래의 설계도 따위는 주어지지 않았다. 40년간 혹독하고 지난한 시간을 보냈을 뿐이다. 미래는 그들의 영역이 아니었고, 매일 현실만 보았다. 아브라함의 '현실'을 어떻게 평가할 수 있을까? 분명한 것은 먹고사는 기준으로 놓고 본다면 아브라함은 갈대아 우르에 있었던 시기가 가장 긍정적인 순간이었다. 인류 최초의 성문법으로 알려진 '함무라비 법전'이 아브라함 이후에 그 문명권에서 만들어졌다. 함무라비 법전에 직접적인 영향을 준 '우르-남무 법전' Code of Ur-Nammu 은 아브라함과 동시대의 산물이었다. 아브라함의 현실은 안정적이었고, 평안했고, 풍요로웠다. 반면, 가나안으로 가는 여정은 불안했고, 궁핍했고, 고달팠다. 가나안 땅 그 자체는 결핍의 땅이었고, 시련의 연속이었다. 그렇다면 아브라함의 과거가 성공이었고, 현재를 실패라고 표현할 수 있을까? 아브라함은 고달픈 현실 한가운데에 있었기에 풍요로운 미래를 긍정하면서 살아갔는가? 광야에 있던 모세와 이스라엘 백성들의 40년은 불안한 나날들이었다. 내일의 양식이 주어지지 않았고, 내일의 거처를 알지 못했다. 내일의 평안은 장담할 수 없었고, 내일의 목적지는 불확실했다. 그런 까닭에 그들은 홍해가 갈라지는 기적을 경험했지만, 불확실함으로 인해 이집트의 풍요로움을 그리워했다. 이것이 그들의 뇌리에서 늘 떠나지 않았던 '고기 가마' 출 16:3 가 아니었던가?

아브라함과 모세는 실패자였는가? 광야의 이스라엘 백성들은 불행한 사람들이었는가? 이들의 현실은 과거의 죄와 불순종으로 인한 징계였는가? 그들에게 필요한 것은 현실을 부정하고 미래를 기대하는 것이었는가? 하나님이 이들에게 주시려는 것이 미래의 희망인가? 바울은 '소망'이라는 용어를 이런 맥락에서 사용한다. 그들의 현재는 '환난'이라는 환경 속에 있지만 그들의 현실은 '소망'을 이루는 과정이라고 말한다.

'다만 이뿐 아니라 우리가 환난 중에도 즐거워하나니, 이는 환난은 인내를, 인내는 연단을, 연단은 소망을 이루는 줄 앎이로다' 롬 5:3-4.

이것이 바울이 그 시대를 살아가던 로마의 그리스도인들에게 쓴 '소망'의 실체다. 당시는 그리스도인들에게 박해가 시작되었던 시절이었다. 바울은 '징계' 받는 것 같은 환경이었다는 것을 우리에게 말한다.

'무명한 자 같으나 유명한 자요, 죽은 자 같으나 보라 우리가 살아 있고, 징계를 받는 자 같으나 죽임을 당하지 아니하고' 고후 6:9.

바울도 당시 그리스도인들의 현실을 징계, 즉 벌을 받고 있는 것처럼 보인다고 말했을 정도다. 그러나 바울이 로마서 5장에서 말하는 '소망'은 현재를 부정하고, 미래를 긍정하는 의미가 전혀 아니다. 오히려 그 반대다. 현재는 박해라는 어려움을 통해 인내하게 해서 '연단', 즉 '캐릭터' Character, NIV 를 만드는 과정이다. 박해를 통해 하나님이 원하시는 캐릭터로 변하고 있다. 그러므로 우리를 향한 하나님의 소망이 이루어지는 과정이 바로 현재인 것이다. 바울과 당시의 그리스도인들에게 현재는 혹독하지만 실패가 아니며, 현실에 의미를 부여하는 것이 소망이다. 바울은 박해를 받던 성도들에게 결코 판도라의 상자에서 말하는 희망을 말하지 않았다.

바울과 로마의 그리스도인들에게 '더 나은' 미래가 무슨 의미가 있을까? 물론, 박해가 그치면 감사한 것이기는 하지만 그들은 현실을 부정하지 않았다. 카타콤보다 더 쾌적한 환경을 기대하지 않았다. 그들은 과

감히 판도라의 상자를 부숴 버렸고, 현재를 지극히 정상적이고 당연한 현실로 받아들였다. 이것이 현실을 평가하는 소망의 의미이고, 이것을 받아들이는 것이 믿음이다. 한국교회가 외치는 희망이 문제인 이유는 현재를 부정하고, 미래를 긍정하게 만들기 때문이다. 이런 방식으로 현재가 바뀌지 않으면 미래는 '말잔치' 현장에 불과하다. 어차피 '말잔치'로 외치는 미래가 현재가 되었을 때, 과거의 '말잔치'를 기억하는 사람도, 책임 소재를 밝힐 수도 없다는 것을 우리는 잘 알기 때문이다. 미래가 되었을 때, 과거의 '말잔치'를 기억이라도 한다면 그나마 다행이다.

'스위치'하라

「스위치」라는 책은 칩 히스, 댄 히스 형제가 쓴 베스트셀러다. 이 책은 관점을 바꾸는 '스위치'가 얼마나 탁월한 결과를 만드는지 구체적으로 제시한다. 한국교회가 걸어온 지난날들, 팬데믹의 순간들, 그리고 포스트 코로나 시기에 세상으로부터 더욱 마음의 거리가 멀어진 현실을 어떻게 평가할 수 있을까? 그렇다면 우리는 '스위치'를 해야 한다. 그중 하나를 소개하면 다음과 같다.

1960년대, 한 중역이 내린 결정 때문에 IBM은 1,000만 달러의 손실을 보았다. 2009년을 기준으로 환산하면 7,000만 달러에 해당하는 금액이다. IBM의 회장이자 CEO였던 토마스 왓슨은 그를 본사로 불렀다.

잔뜩 겁을 먹고 움츠러든 중역에게 왓슨이 물었다.

"왜 자네를 불렀는지 아나?"

중역이 대답했다.

"아마 저를 해고하시려는 거겠죠."

그러자 왓슨이 놀란 표정을 지으며 말했다.

"해고라니? 자네를 가르치는 데 1000만 달러나 들었는데 그럴 순 없지."[39]

현재를 어떻게 평가하느냐에 따라 전혀 다른 미래를 향해 나아갈 수 있음을 보여주는 실제 이야기다. 1,000만 달러의 손실을 일으킨 IBM의 중역은 자신의 현재를 실패로 보았다. 그러므로 이 사람은 해고가 되어야 마땅하다. 누구라도 그렇게 판단하기 때문이다. 반면, 토마스 왓슨은 이 중역이 더 나은 미래를 위해 교육을 받고 있는 중이라고 인식했다. 같은 상황을 두고 내린 다른 판단은 전혀 다른 미래를 만든다. 그 중역은 1,000만 달러의 '수업'을 이수했다. 적어도 그는 1,000만 달러 이상의 결과를 냈을 것이다. 「스위치」의 저자가 이 사례를 소개한 것이라면 적어도 10배의 효과를 내지 않았을까?

이 내용을 생각하면서 한국교회를 바라보자. 우리는 지난 3년의 팬데믹 기간에 대해 어떤 평가를 내릴 수 있을까? 코로나가 시작되자마자 쏟아낸 말잔치를 생생히 기억한다. 코로나는 하나님의 심판이었으며, 죄를 뉘우칠 시간이라고 때리기 시작했다. 수많은 사람이 그 채찍질에 가세해서 한국교회를 함께 때렸다. 하나님의 진노라는 주장들과 유튜브에 편승해서 많은 사람이 그 위에 올라탔다. 코로나가 걷혔다. 회개한 흔적은 그다지 보이지 않는다. 환골탈태한 모습도 그다지 느껴지지 않는다. 코로나 이전에도 통하지 않아서 개선이 필요하다고 지적된 콘텐츠를 '먼지를 털고' 다시 쓰는 것이 현실이다. 하나님이 진노를 철회하신 것일까? 한국교회의 회개를 받아주신 것일까? 말잔치의 '추억'을 간직한 채, 언제 코로나가 있었냐는 듯 무덤덤하게 살아가고 있다. 분명한 것은 팬데믹 한가운데 있었을 때, 모두가 현재를 이처럼 부정적으로 평가했고, 미래를 '희망'했다는 것이다. 과연 바울이 말했던 그 현실에 대해서 '캐릭터'로 이해하고 거기에 맞는 소망을 부여해서 발버둥쳤는가? 캐릭터를 바꾸기 위해서 나타난 현실을 긍정하고 소망을 부여했는가? '말잔치'를 외쳤던 사람들은 그런 표현에 책임을 졌는가? 희망을 소망으로 스위치하지 않으면 미래를 향해 나갈 수 없다. 현재에 대한 '캐릭터'를 부여하지 않은 채 그것을 '극복'해야 할 나쁜 것으로 평가하는 한 '암흑'은 계속될 수밖에 없다. 소망을 희망과 동의어로 사용한다면 그 희망은 '희망 고문'으로 되돌아올 것이고, 암흑의 시기는 계속될 것이다.

중세는 암흑이 아니다

역사를 접하다 보면 중세를 가리켜 '암흑의 시대'라고 이해하는 흔적들을 발견한다. 우리가 자주 외치는 '종교개혁'으로 인해 중세가 막을 내렸으니 과거는 '암흑이어야' 하는 것일까. 근대의 이성의 빛이 세상을 계몽했으니 중세는 암흑의 시대이어야 하는 것일까? 역사를 깊이 들여다보면 이는 서구 중심의 오만한 사관 史觀 이 만든 역사의 용어다. 우리가 '세계사'를 배울 때, 1789년 프랑스 대혁명이나 1628년의 영국 권리청원을 배우지만, 브라질의 중세 역사나 남아프리카공화국의 고대를 배우지 않는다. 서구의 역사를 그리스 아테네로부터 기원을 삼은 것이라든지, 이슬람을 가리켜 '한 손에는 코란, 한 손에는 칼'이라고 각인시킨 것도 서구의 '작품'이다. 주후 330년에 로마는 수도를 로마에서 콘스탄티노플로 옮겼다. '바로 그' 로마는 1천 년을 존속했고, 1453년에 오스만 투르크에 의해 멸망할 때까지 역사에서 존재감을 과시했다. 그러나 서구는 바로 그 로마를 '동로마'로 불렀고, 서로마가 멸망한 이후에는 '하찮은, 별 볼일 없는'이라는 의미로 '비잔틴 제국'이라고 부르지 않았던가? 그러면서 자신들은 '신성로마제국'이라는 '업적'으로 남겨졌다. 그런 탓에 프랑스 철학자 볼테르는 신성로마제국을 가리켜 '신성'하지도 않고, '로마'도 아니며, '제국'도 아니라고 일갈한 바 있다.

많은 역사학자가 말하는 바에 의하면 중세는 암흑의 시대가 아니다. 오늘날의 유럽은 중세의 샤를마뉴로부터 형성되었고, '대학'이라는 학문의 꽃이 피어난 시기였다. 우리에게 익숙한 기원전-후의 A.D. Anno Domini

와 B.C. Before Christ 라는 표기법이 샤를마뉴 시대에 채택되었다. 현대 신학의 기초가 되는 교부철학과 스콜라철학이 탄생했던 시기도 중세다. 한국교회가 '교리'라고 해서 가르치는 것은 스콜라 철학자들이 언어를 통해 영적인 비밀을 표현하려고 했던 시도의 결과다. '한국교회'라는 말 자체도 중세 '보편논쟁'의 결과물 아닌가? 보편논쟁에 따르면 실재론 實在論 자들은 '한국교회'가 있다고 말할 것이고, 유명론 唯名論 자들은 '한국교회'는 존재하지 않고, 개별교회만 존재할 뿐이라고 말했을 것이다. 우리가 들먹이는 '한국교회'도 보편논쟁의 흔적이다. 루터가 종교개혁을 일으켰던 것은 이런 시대의 축적물이다. 에라스무스 같은 인문학자나 인쇄술의 발명 또한 종교개혁을 앞당기는 증폭제가 되었다. 중세는 암흑의 시기도, 단절의 시기도 아니다. 중세의 공과 功過 를 정확하게 파악할 때, 역사의 맥락에 의미를 부여할 수 있다. 중세가 암흑의 시기가 아니라고 해서 찬란한 영광의 시기라는 말도 아니다. 십자군의 칼날과 마녀사냥과 교회의 횡포도 있었기 때문이다. 중세는 그 시간 자체로 오롯이 의미를 부여할 수 있다. 팬데믹 기간을 '암흑'이라고 정의하는 순간, 희망 고문의 범람과 말잔치를 보게 되었다. 암흑으로 인식했기에 통계와 분석에 집중하게 된 것이다. 통계와 예측이 빛나기 위해서는 현실이 구체적으로 얼마나 암울한지 보여주어야 한다. 그래서 소수점을 거론하면서 몇 퍼센트의 교회가 문을 닫을 것인지를 외치는 것이 소위 전문가의 '클리셰' Cliché 다. 이런 통계를 들을 때면 이렇게 외치고 싶었다.

"그래서 어쩌라고?"

"So what?"

만일 지금이 종교개혁이 일어나기 5년 전인 1512년이라고 가정해 보자. 로마교회의 통계를 분석한다면 어떤 예측이 가능할까? 압도적인 다수가 교회에 출석하고 있었고, 대부분의 사람들은 요람에서 무덤까지 교회의 지배를 받고 있었다. 과연 그 통계가 무슨 의미가 있는가? 과연 통계는 5년 후 루터가 종교개혁을 일으킬 것을 예측할 수 있었을까? 우리는 팬데믹 시간과 현재의 한국교회 현실을 희망과 소망 중 어떤 관점으로 볼 수 있을까? 중세처럼 이 현실은 찬란한 영광의 순간이 아니다. 그렇다고 모두가 지탄하는 암흑의 시대도 아니다. 어쩌면 5년 후 종교개혁이 일어나기 전인지, 1904년 웨일즈 부흥운동이 일어나기 직전인지 아무도 알 수 없다. 분명한 것은 종교개혁과 부흥운동의 직전도 지금처럼 암울해 보이기는 마찬가지였다는 것이다. 그러나 이 현실을 하나님이 나타나시는 '캐릭터'로 소망의 의미를 부여할 때만 미래를 하나님이 허락하실 수 있다. 그래서 희망을 소망으로 스위치해야 한다.

소망의 미래로

바벨론 70년의 기간을 전해 들은 하박국은 절망했다. 그것이 암흑처럼 보였기 때문이다. 반면 70년의 암흑 같은 기간 직전, 현실에 소망을 품은 선지자는 예레미야였다. 그 기간을 통해 하나님이 우상으로 점철된 이스라엘 백성들을 어떻게 변화시키시려는지 예레미야는 '소망'을 가졌기 때문이다. 그 70년은 하나님이 예비하신 '캐릭터'였기 때문이다. 그런 까닭에 하박국의 태도는 현저하게 달라졌다. 이것이 희망을 소망으로 바꿀 때 나타나는 현상이다.

우리의 현실은 찬란하지 않다. 현실의 지표로 나타나는 현상도 물론 긍정적이지는 않다. 이 현실에 대해 어떤 소망을 품고, 미래에 임하느냐에 따라 이 '바벨론 70년'은 제2 성전기를 준비하는 도약의 시대가 될 수도 있다. 소망을 품지 않고, 포로 귀환의 행렬에 동참하지 않았던 사람들은 바벨론과 페르시아에 동화되어 소멸되었다. 우리가 놓인 현실이 이런 절체절명의 순간인 것이다.

「목회트렌드 2024」는 막연히 미래를 긍정하며 희망을 쏘아대는 책이 아니다. 혹독한 현실에 분명한 의미를 부여하며 어떤 캐릭터를 만들어 나갈지를 고민하는 책이다. 뒤이어 어떻게 미래를 대비할 수 있을지를 구체적으로 고민하는 책이다. 이 책의 2부에는 '에라스무스'가 있고, 보편논쟁이 있으며, '인쇄술'의 고민도 들어 있다.

지난 암흑 같은 시간에도 하나님은 우리와 함께하셨고, 우리를 향한 캐릭터가 있었음은 확실하다. 이것이 소망으로 미래를 향해 나아가야 하는 이유다. 그동안 기도해 왔던 것처럼 '코로나 이전으로 돌아가게 해

주소서'라는 태도는 의미 없다. 우리를 둘러싼 환경이 이미 변했기 때문이다. 우리는 어떤 캐릭터가 되어야 하는가? 종교개혁을 일으켰던 독일은 제2차 세계대전을 일으켰고, 수백만 명의 유대인들을 학살했다. 아마 그 시공간에서 하나님의 흔적은 보이지 않았을지도 모른다. 디트리히 본회퍼에게 영향을 주었던 칼 바르트는 이런 말을 했다.

> "의기소침해하지 말자. 세상은 워싱턴과 모스크바와 베이징에 의해 움직이는 것이 아니니까."

2부
목회트렌드
2024

1. 브랜드 시대, 브랜드를 잃은 교회

초대교회의 트렌드

313년 '밀라노 칙령'에 의해 기독교는 핍박을 받는 종교에서 군림하는 종교로 바뀌었다. 콘스탄티누스 황제가 기독교를 공인했으니, 너나 할 것 없이 '황제의 종교'로 개종하는 일이 벌어졌다. 380년 2월 27일에 테오도시우스 황제는 마침내 로마의 종교를 기독교로 삼는 '데살로니가 칙령'을 선포했다. 반세기 남짓 동안 엄청난 변화가 기독교 내에 있었다. 밀라노 칙령 이전에 기독교는 300년간 박해를 받아 왔다. 일부 학자들의 주장처럼 기독교 박해가 국지적이고 간헐적으로 있었다고 해도, 네로 황제의 박해로부터 밀라노 칙령 직전의 디오클레티아누스 황제의 박해까지 그리스도인들이 받았던 박해 그 자체는 혹독했고, 고통스러웠다. 오죽했으면 그리스도인들은 지하 무덤인 카타콤으로 내려가야 했겠는가? 박해받던 시절의 그리스도인 비율은 아무리 많이 잡아도 5%가 채 되지 않았다는 것이 역사학자들의 중론이었다. 이 시기의 그리스도인들은 로마 시민들로부터 혐오를 받는 사람들이었다. 로마 역사가 타키투스는 그의 저서 「편년사 Annales」15장 44절에 이런 내용을 언급한다.

티베리우스 황제 시절, 본디오 빌라도라는 총독에 의해 처형을 받은 인물이 그리스도였고, 그리스도를 본받으려는 사람들을 가리켜 '그리스도인'이라고 불렀다고 말이다. 수에토니우스 역시 그의 역사 중 '네로'

부분에서 그리스도인을 언급한다. 로마인들이 봤을 때, 그리스도인들은 해로운 미신을 신봉했고, 이것을 로마 사회에 전파했기에 이들에게 사형이 선고되었다고 말한다. 이렇게 300년간 이어진 기독교 박해로 인해 그리스도인들의 비율은 5%가 넘지 않았다. 당시 로마 시민들은 '그리스도인'이라고 하면 경멸했지만, 그들을 향해 떠올렸던 이미지가 있다.

'그들 그리스도인들 은 도둑, 강도, 강간에 연루되지 않았고, 결코 거짓말이나 비방을 하지 않았다. 맹세 약속 가 그들의 삶을 강하게 구속하고 있었다.'

이것이 로마인들이 그리스도인들에 대해 가졌던 '평판'이었다. 밀라노 칙령부터 데살로니가 칙령이 선포될 때까지 기독교 인구는 급속히 늘어났다. 짧은 시간 동안 4세기의 기독교는 박해받는 종교에서 박해하는 종교로 변했다. 오히려 기독교로 개종하지 않고, 이교도로 남아 있으면 살아가기가 어려운 시대가 되었다.

한번 밀라노 칙령 전과 후의 '트렌드'를 살펴보며 비교해 보자. 전과 후의 교회 트렌드는 어떤 것이 더 긍정적일까? 통계를 내어서 그것을 분석해 보자. 밀라노 칙령 이전에 어떤 희망적인 요소가 있었는가? 380년 이후의 교회 트렌드를 생각해 보자. 압도적인 다수가 교회에 출석했고, 예배당은 웅장한 로마네스크 양식의 건물로 변했다. 화려한 옷을 입은 성직자들과 웅장한 예배 형식은 사람들을 압도하기에 충분했을 것이다.

과연 하나님은 어떤 시기에 더 영광을 받으셨을까? 타키투스와 수에토니우스가 경험하던 그리스도인들의 평판이 밀라노 칙령 이후에도 여전히 유효했을까?

'방법주의자들'의 브랜드

18세기에 옥스퍼드대학교를 졸업하고 영국 국교회의 목사로 임명을 받았던 존 웨슬리는 열정적인 사역자였다. 웨슬리의 경건은 이미 대학 시절부터 유명했다. 옥스퍼드대학교에서 '경건한 모임', 즉 홀리 클럽 Holy Club 을 만들어서 성경을 읽고, 금식과 구제, 기도를 했으며 교도소를 방문하여 죄수들에게 복음을 전했다. 이들의 '규칙적인 경건'을 향해 사람들은 마뜩잖은 시선을 보냈다. 그들의 경건은 마치 방법을 통해서 이루어진다고 여겼으므로 웨슬리 일행들을 가리켜 경멸조로 '방법주의자' Methodist 라고 불렀다. 그 후 존 웨슬리는 영국 국교회 목사로서 시몬드 Simmond 호를 타고 아메리카로 선교하러 가던 중 풍랑을 만났고, 자신의 구원에 대해 심하게 고민했다. 그는 자신의 구원을 확신할 수 없었던 것이다. 결국 1738년에 런던 올더스게이트 Aldersgate 의 모라비안 교도들의 모임에서 로마서 강해를 듣던 중 회심을 경험했다. 그는 영국 전역을 18차례 누비며 말씀을 전했고, 자주 아메리카 대륙으로 건너가기도 했다. 그는 영국 국교회로부터 경멸을 받았으나 국교회로부터 분리될 마음이 없었다. 그러나 1776년에 미국에서 독립전쟁이 벌어지자 아메리카 대륙에 있었던 영국 목회자들은 본국으로 철수했다. 미국의 성도들을 섬길 목회자가 사라진 것이다. 이런 피치 못할 사정으로 인해 1784년에 존 웨슬리는 영국 국교회로부터 분리된 하나의 교파를 만들었으니, 이것이 '감리교' 監理敎 다. 한글 명칭과 달리 영어로 감리교를 'Methodist'라고 불렀는데, 이것은 무려 60년 전 홀리클럽 시절의 명칭이 그대로 붙은 것이다.

감리교가 태동하던 1780년대에 영국과 미국에서는 부흥운동이 일어났다. 비슷한 시기인 1789년에 프랑스에서는 프랑스 대혁명이 일어났다. 사회의 구조상 산업혁명을 일으켰던 영국에서 혁명이 먼저 일어날 법한데, 프랑스에서 대혁명이 먼저 일어난 것은 설명하기 어렵다. 그렇지만 많은 역사학자는 존 웨슬리의 감리교운동이 영국에서 대혁명이 발생할 요소를 억제했다고 생각한다. 그 이유는 영국 국교회가 주로 상류층과 귀족들을 위한 기성 종교였다면 웨슬리는 주로 하층민들에게 복음을 전했기 때문이다. 여기에는 영국 국교회와 전도 대상을 겹치지 않으려고 했던 웨슬리의 의도가 담겨 있었다. 그는 광부들, 빈민들, 노동자들을 찾아다니면서 전도했다. 이들에게 영적인 변화가 있었고, 이것이 영국 사회가 프랑스 대혁명 시기와 사회적 분위기가 달라진 결정적인 이유로 지목되고 있다. 실제로 감리교 부흥운동이 일어났을 때, 언론은 그 지역의 범죄율이 감소했다는 통계를 대서특필하기도 했다. 오죽했으면 '감리교도'라고 하면 '보증 없이도 돈을 빌려줄 수 있는 사람'이라는 인식이 생겨났을까. 영국 국교회에 비하면 감리교는 분명히 소수의 종교다. 1673년에 제정된 '심사율'은 오직 영국 국교도들에게만 대학 진학과 공직 진출을 허용하는 법이었다. 존 웨슬리가 옥스퍼드대학에 진학할 수 있었던 이유는 그 당시에 그는 국교회 소속이었기 때문이다. 그렇게 감리교도들에게는 여전히 대학과 공직이 막혀 있었지만 감리교는 사회의 인식을 바꾸었고, 혁명을 비껴가게 했다. 이것이 감리교가 18세기에 가졌던 '브랜드'다.

트렌드와 브랜드 사이의 한국교회

한국교회는 언젠가부터 트렌드를 외쳐 왔다. 2050년 한국교회의 통계를 예측했고, 주일학교의 감소 추세를 분석했다. 팬데믹 기간 중에 사라진 교회의 통계를 분석했고, 주일학교가 없는 교회를 '계산'했다. 소수점 둘째 자리까지 말하면서 전문가 행세를 했고, 이런 통계를 보여주며 위기감을 주는 사람이 각광받는 강사가 되었다. 2050년 한국교회의 미래를 들으면 가슴이 답답해진다. 그 미래에 대한 상상 때문이 아니라 구체적인 대안 없이 '분석' 전문가가 되려고 하기 때문이다. 교회학교 통계를 들이밀며 큰소리치는 강의에 분노를 느끼는 이유는 해결책을 전혀 들을 수 없기 때문이다. 그들이 외치는 주장은 뜬구름 잡는 이야기뿐이고, 해결책이라곤 뻔한 결론뿐이다. 그렇게 트렌드를 제시하며 미래를

'예측'하는 강사들의 특징은 결론까지 '예측'할 수 없다는 점이다.

한국교회가 '트렌드'에 함몰되는 동안 한국교회의 '브랜드'를 생각해 보자. 앞서 로마 시대의 초대교회와 한국교회의 브랜드를 비교해 보면 어떤가? 한국교회는 거짓말, 간음, 도둑질, 비방, 탐욕과 거리가 멀다고 할 수 있을까? 맹세와 약속이 한국교회를 강하게 구속하고 있는가? 한국교회가 그토록 '부흥'을 외치지만, 18세기 감리교의 브랜드와 비교하면 더 뛰어나다고 자부할 수 있을까? '바로 그' 감리교처럼 한국교회가 가파른 성장을 하는 동안 범죄율이 낮아졌고, 사회의 변화를 주도했으며, 그리스도인들의 윤리 의식이 표준이 되어 사회에 제시되었는가? 그렇지 않다면 우리가 말하는 부흥은 숫자의 증가에 불과할 뿐이다. 왜냐하면 숫자가 증가하는 동안 사회에서 '보증 없이도 돈을 빌려줄 수 있는 사람들'이라는 인식을 가졌다고 자신 있게 말할 수 없기 때문이다. 우리는 자주 초대교회나 종교개혁 시대로 돌아가자고 외치지만, 구체적으로 어떻게 돌아가야 하는 것일까? 초대교회에 화려한 건물이나 프로그램들이 있었는가? 종교개혁 시대에 웅장한 성가대와 요란한 악기가 있었는가? 칼뱅은 악기가 인간의 감정을 유발한다고 해서 악기를 교회에서 제거하고, 곡조 없는 시편 낭독을 찬송으로 채택하지 않았던가?

이제 명확해졌다. 초대교회로 돌아간다는 것은 초대교회 성도들이 가졌던 인식을 우리도 되찾는 것이다. 부흥을 외친다는 것은 보증 없이도 신뢰할 수 있는 사람들이 된다는 것이다. 이것이 '브랜드'다. 브랜드를 회복하지 못하면 결코 트렌드를 만들 수 없다. 5% 미만의 초대교회 성도들이 박해 시대의 교회를 지탱해 왔으며, 소수의 한국교회 성도들이 독립운동을 일으키는 주역이 되었다. 이것이 우리 100여 년 전 선배 그리스도인들이 가졌던 '브랜드'다. 한국교회는 어떤 브랜드를 갖고 있는가? 다시 말해서 '한국교회'하면 사람들은 무엇을 생각하는가? 이것이 한국교회가 되찾아야 할 지향점이 되어야 한다. 초대교회 성도들이 지하 카타콤에서 신앙을 지키는 동안 트렌드를 고민했을까? 교인들의 숫자를 분석한 통계에 관심을 가졌을까? 브랜드 없이 추구하는 트렌드는 결코 교회의 본질이 될 수 없다. 브랜드를 간과한 채 트렌드를 향해 달려가는 교회라면 더 이상 교회의 역할을 기대하기는 힘들다. 트렌드는 숫자의 확장을 위한 수단에 불과하기 때문이다.

출석 성도 1천 명 만들기
한 사람이 세 명의 태신자 작정하기
2040년까지 100명의 선교사 파송하기

이런 목표는 우리에게 익숙하다. 이런 목표가 유익한지 확인하는 좋은 방법이 있다. 이 목표를 초대교회에 대입해 보는 것이다. 종교개혁 시대에 이 목표를 들이밀어 보는 것이다. 카타콤의 성도들에게 태신자를 작정하라거나, 루터가 비텐베르크 교인들에게 그 교회를 1천 명이 출석하도록 제시했다는 기록은 없다. 이렇게 대입하면 부끄러운 마음이 드는 이유는 무엇일까? 출석, 태신자는 인위적인 구호와 강요로 이루어지는 것이 아니라 브랜드가 개선될 때 자연스럽게 따라오는 현상이다. 초대교회에게 이런 목표를 들이밀 때 계면쩍은 느낌이 든다면 이는 우리에게 그런 브랜드가 어울리지 않는다는 반증일 것이다. 그렇다면 이런 목표를 세우면 어떨까?

교회와 사회의 삶을 일치시키기
사업체를 운영한다면 임금체불하지 않기
뇌물을 주거나 받지 않기
청년들은 학교에서 학폭이나 커닝하지 않기
절대 성희롱, 성추행하지 않기

이런 실천을 한다면 어떨까? 다시 말해서 트렌드를 버리고 브랜드로 목표를 수정한다면 어떨까? 어쩌면 이런 목표를 달성하기 위해서는 뼈를 깎는 노력이 필요할지도 모른다. 어쩌면 교인들로부터 상당한 반발을 살지도 모른다. 이렇게 한다면 사회생활이 불가능하다고 불평할지도 모른다. 그러나 이렇게 제시하는 이유는 분명하다. 이렇게 따라 하라는 말이 아니라 브랜드를 바꾸지 않으면 백 번, 천 번 트렌드를 외쳐도 그것은 공허한 울림에 불과하기 때문이다. 포스트 코로나 시기에 한국교회의 지향점은 트렌드인가, 브랜드인가?

주후 286년에 있었던 일

악성 樂聖 베토벤의 고향은 독일 본 Bonn 이다. 도시 광장에는 베토벤 동상이 있고, 광장에는 거대한 뮌스터 대성당이 우뚝 서 있다. 성당 옆에는 수레보다 더 큰 거대한 두 사람의 머리 모양의 석상이 누워 있다. 돌로 된 거대한 사람의 머리 두 개가 놓여 있다는 것이 그리 유쾌해 보이지는 않는다. 뮌스터 대성당 내부에는 이 두 사람을 기념한 스테인드글라스가 있다. 창문에서는 이 두 사람을 볼 수 있는데, 그들은 성인으로 추대되었다. 이 두 사람의 이름은 카시우스와 플로렌티우스이고, 주후 286년에 순교를 당했던 로마 병사들이다. 이 당시의 로마 황제는 막시미아누스였고, 그는 286년부터 305년까지 통치했다. 초대교회 시대부터 순교를 당했던 사람들의 기록을 조사해서 책을 썼던 존 폭스는 그의 저서 「순교사화」에서 주후 286년에 있었던 일을 다음과 같이 소개한다.

막시미아누스 황제는 286년에 로마군으로 하여금 게르만 민족의 한 마을을 정복하라는 명령을 내렸다. 그러나 이 로마 군단 6천 명의 병사들은 모두 그리스도를 영접한 그리스도인들이었다. 그들이 공격해야 하는 마을은 그리스도인들이 살던 게르만족의 마을이었다. 이 로마 병사들은 같은 그리스도인들을 살육할 수 없어서 명령을 거부하고 있었다. 이에 화가 난 막시미아누스 황제는 6천 명의 군단 병력의 10%에 해당하는 병사들을 본보기로 죽였다. 그래도 나머지 병사들은 황제의 명령에 따르지 않았다. 10%씩 죽였고, 결국 모든 병사들이 죽임을 당했다. 이 병사들 중 카시우스와 플로렌티우스는 독일 본으로 끌려와 처형을 당했다.

뮌스터 대성당은 이렇게 본에서 처형당한 두 그리스도인들의 흔적을 간직하고 있다. 거대한 두 개의 석상과 스테인드글라스가 철거되지 않는 한, 이 두 그리스도인들의 '브랜드'는 영원히 기억될 것이다. 존 폭스의 「순교사화」가 사라지지 않는 한 카시우스와 플로렌티우스는 영원히 회자될 것이다. 브랜드는 세상에서 가장 강력하고 설득력 있는 요소다. 카시우스와 플로렌티우스가 보았던 성경은 우리가 보는 것과 같은 본문이다. 그가 외웠을 십계명, 사도신경, 주기도문은 우리가 외우는 것과 크게 다르지 않다. 그들이 믿었던 예수 그리스도는 우리가 믿는 바로 그 대상이다. 그러나 그들과 우리는 무엇이 다른가?

주후 2024년에 있어야 할 일

286년에 이 세상에서 사라졌던 6천 명의 로마 병사들은 존 폭스의

펜을 통해서 영광스러운 순교자들의 이야기와 함께 회자된다. 같은 그리스도인들을 살해하기를 거부하고 스스로 죽음을 선택했던 고결한 병사들의 행동이 우리 마음에 큰 울림이 된다. 그러나 정확히 1천 년 후 십자군들은 같은 비잔틴의 그리스도인들을 살해했다. 17세기의 30년 전쟁은 기독교 국가들끼리 피를 흘렸던 전쟁이다. 20세기에 종교개혁의 나라 독일 병사들과 감리교의 나라 영국 병사들이 피를 흘리며 살육의 광기를 벌였던 것은 이미 기독교가 브랜드를 잃었다는 증거일 것이다. 우리가 초대교회나 종교개혁으로 돌아가자는 구체적인 표현은 그 시기의 브랜드로 돌아가자는 것을 말한다. 초대교회의 시스템, 프로그램, 예배 형태, 재정, 건물로 돌아가자는 말이 결코 아니지 않은가? 이런 역사를 조망했다면 2024년에 한국교회는, 아니 '우리' 교회는 무엇을 해야 할지 분명해졌다. 우리 교회에서 내걸려고 하는 현수막은 트렌드인가, 브랜드인가? 이것을 꼭 기억해야 한다.

브랜드가 우리의 몫이라면, 트렌드는 하나님의 몫이다.

2. 교회, 마케팅을 접고 브랜딩을 시작하라

다윗과 골리앗, 멈추지 않는 전쟁

과연 누가 승리할 것인가? 모두의 촉각을 곤두세우는 경주가 벌어졌다. 이 경주의 선두주자는 사무엘 피어폰트 랭글리 박사였다. 그는 1896년에 이미 두 쌍의 날개와 프로펠러가 달린 무인 비행기 '에어로드롬'을 제작해 시험 비행에도 성공했다. 그는 저명한 천문학자이자 물리학자였다. 스미스소니언협회의 임원이자 하버드대학교 천문대 부대장을 역임했고 미 해군사관학교에서 수학 교수로 재직하기도 했다. 그의 명성에 걸맞게 인맥도 다양했다. 강철왕이라 불리던 앤드류 카네기와 전화기를 발명한 알렉산더 그레이엄 벨이 그의 친구였다. 미 육군성으로부터 5만 달러의 보조금도 지원받아 자금도 충분했다. 당시로서는 엄청난 금액이었다. 그에게는 당대 최고 지성인들로 구성된 드림팀도 있었다. <뉴욕타임즈>는 그의 일거수일투족을 보도해 주었다.[40] 그의 성공은 불을 보듯 뻔한 것이었다.

윌버와 오빌 형제 역시 하늘을 나는 기계를 만들고 있었다. 하지만 그들은 당대의 석학으로 불리는 워싱턴의 랭글리 박사와는 비교할 수 없었다. 목사 아버지를 둔 그들은 대학 문턱에도 가 보지 못했다. 정식 기술 교육은커녕 다른 누구와 함께 일한 경험도 없었다. 물론 높은 자리에 있는 친구나 경제적 후원자나 정부 보조금도 없었다. 그들은 생계를 위해 당시 한창 인기를 끌던 자전거 수리점을 운영해야 했다. 하지만 그들에게는 꿈과 열정이 있었다. 그것은 아버지가 어렸을 때 사다 주셨던 고무동력 비행기로 시작된 것이었다. 그러나 선두주자와의 차이는 명백했다. 랭글리 박사의 무인 동력기 '에어로드롬'이 성공적 실험을 마친 3년 뒤인 1899년에야 그들은 첫 번째 비행기를 만들기 시작한 것이다. 그나마 누구도 그들에게 관심을 갖지 않았다.

이는 유인 동력 비행기를 두고 벌어졌던 경주 이야기다. 이 경주의 최종 승리자는 우리가 이미 알듯 윌버 라이트와 오빌 라이트 형제였다. 1903년 12월 17일 라이트 형제가 제작한 '플라이어호'에 오빌 라이트가 탑승해 12초 동안 36미터를 날았다. 당일의 마지막 시도에서는 윌버 라이트를 태우고 59초 동안 260미터를 날았다.[41] 비록 5명의 구경꾼들만 이 역사적 광경을 목도했지만 인류의 오랜 꿈이 현실이 되는 순간이었다. 스포트라이트를 한 몸에 받던 랭글리 박사는 라이트 형제의 역사적 비행이 성공하기 불과 일주일 전인 12월 8일 실험 비행에서 보기 좋게 실패했다. 그것도 워싱턴의 포토맥강에서 유명 인사들과 많은 기자들, 그리고 강가에 늘어선 수많은 구경꾼 앞에서 말이다.[42]

이 이야기에는 흥미롭고 열정을 불러일으키는 점이 있다. 다윗과 골리앗의 싸움을 상기시키기 때문이다. 역사상 나타난 수많은 다윗과 골리앗의 데자뷔인 셈이다. 불가능을 가능하게 한 사건, 모두의 예상을 깨뜨린 이 사건은 모든 사람, 특히 흙수저로 불가능에 도전하는 사람들에게 꿈과 희망을 주는 스토리다. 이런 스토리는 자신이 갖고 있는 제품과 서비스를 통해 골리앗을, 혹은 랭글리 교수를 이기려는 모든 약자들의 투지를 불태우게 하는 힘이다.

신생 기업과 거대 기업, 스타트업과 빅테크들, 로컬 기업과 글로벌 기업. 이들처럼 다윗과 골리앗의 싸움은 지금도 진행 중이다. 이 전쟁에서 승리하기 위해 모두 최선을 다하고 있다. 목숨을 거는 것이다. 마치 내일은 오지 않을 것처럼 치열하다. 그러나 이 전쟁에서 다윗이 항상 승리자는 아니다. 현대의 골리앗은 기민하고 지혜롭다. 쉽게 자신의 급소를 내주지 않는다. IT기술의 비약적 발전은 우리의 생활만 편리하게 변화시킨 것이 아니다. 기업에게도 아이디어를 상품화하고 서비스화하는 속도를 급격히 높여 주었다. 혜성처럼 등장한 신생 기업이 독창적인 아이디어로 앞서가더라도 그리 길지 않은 시간에 라이벌 기업에게 추격당할 수 있다. 오히려 더 뛰어난 기술과 아이디어로 무장한 괴물이 등장해 어렵게 차지한 영역도 내주고 만다. 제품력만 빨리 올라가는 것도 아니다. 시장조사 기술도 크게 발전했다. 그래서 자신만의 고유한 상품이나 서비스를 보유하는 것은 점점 어려운 일이 되어 가고 있다. 이는 무엇을 의미하는가? 상품과 서비스 자체로는 차별화를 이루기 어려운 시대라는 것이다. 그래서 각 기업마다 마케팅에 사활을 건다.

마케팅 전성시대

마케팅이란 용어는 1910-1917년 사이에 문헌상에 처음 등장한다. 대량생산 체제를 의미하는 2차 산업혁명을 계기로 출현한 개념이다. 대량생산은 대량소비를 전제로 한다. 그렇지 못할 경우 대공황이나 전쟁 등 엄청난 재앙을 야기하는데, 이런 위기를 타개하기 위한 방법은 두 가지다. 하나는 정부 개입이고 다른 하나가 바로 마케팅이다. 마케팅은 위기를 타개하는 해결책으로 시작됐다.

그렇다면 마케팅은 무엇일까? 단어의 조합이 '시장 Market + 움직임ing'이므로 마케팅은 '시장의 움직임'으로 해석할 수 있다. 다시 말해 시장의 활력 내지는 생명력을 의미한다. 따라서 마케팅은 '시장의 생명력을 발굴하고 육성하며 발전하게 하는 활동'으로 정의할 수 있다. 이때 핵심은 시장의 생명력이다.[43] 시장의 생명력을 발굴하고 키우기 위한 방법은 시대마다 달랐다. 현대 경영학의 창시자라고 불리는 피터 드러커 박사는 마케팅에 대해 딱히 정의를 내리지는 않았지만 마케팅에 대한 그의 생각을 이렇게 말했다.

'마케팅의 목적은 고객을 너무나도 잘 알고 이해함으로써 제품이나 서비스가 저절로 팔리도록 하는 것이다.' 이는 마케팅의 핵심을 잘 집어낸 말이다. 마케팅의 아버지라고 불리는 켈로그 경영대학원 필립 코틀러 교수는 마케팅을 '교환 과정을 통해 인간의 필요와 욕구를 만족시키기 위해 수행하는 일련의 인간 활동'이라고 말한다. 또한 미국 마케팅 협회 AMA 는 마케팅을 '조직과 이해관계 당사자들에게 이익이 되는 방법으로 고객 가치를 창조하고 알리고 전달하며 고객 관리를 위한 조직의 기능과 일련의 과정'이라고 정의했다. 아울러 마케팅의 대가라고 불리는 세스 고딘은 마케팅을 '사람들의 주의 혹은 관심에 대한 콘테스트'라고 신박하게 정의한다. 이렇듯 마케팅은 시장의 변화에 적응해 오면서 그 정의가 달라져 왔다. 1910년대 제품 중심에서 1970년대 고객 중심으로, 다시 2010년대의 적극적 참여자로서의 고객 중심으로 변화해 온 것이다. 그러나 시장의 변화와 상관없이 마케팅이 언제나 집중해 온 대상은 사람이었다. 그래서 성공적인 마케팅 수행을 위해서는 먼저 사람, 즉 고객의 필요를 정확히 파악해야 한다고 소리쳐 왔다.

마케팅을 좀 더 쉽게 설명하면 이렇다. 예를 들어 원가 1,000원의 고급 볼펜이 있다고 가정해 보자. 이 볼펜을 100원에 판매한다면 어떨까? 서로 사겠다고 달려들 것이다. 여기엔 마케팅이 필요 없다. 그러면 이 볼펜을 1,000원에 판매한다면? 전적으로 고객의 선택에 달려있다. 여기엔 마케팅이 긴요하다. 이 제품을 1,000원에 사도록 하는 설득 과정이 필요하기 때문이다. 그것을 위해 이 볼펜을 사 줄 사람의 소득 수준이 어떻고, 어떤 필요가 있고, 무엇을 선호하는지 조사해야 한다. 그리고 1,000원을 내고도 아까워하지 않고 만족할 수 있는 물건으로 볼펜을 소개해야 한다. 이 과정이 마케팅이다. 그러므로 마케팅에선 고객을 파악하는 것이 무엇보다 중요하다.

마케팅, 그리고 교회

그렇다면 교회는 어떠한가? 교회 역시 이런 세상의 움직임에 주의를 기울여 왔다. 그 과정의 핵심 인물은 기업의 마케팅을 미국교회에 뿌리내리도록 한 선구자, '조지 바나'다. 그는 시장 조사와 여론 조사, 그리고 미디어 마케팅을 전문으로 하는 바나그룹을 1984년도에 설립했다. 소비자가 원하는 물건을 만들어야 잘 팔리는 것처럼 사람들이 원하는 교회로 변화되어야 그 교회가 성공한다는 것이 그의 주장이다. 그는 "예수는 마케팅 전문가다"라고까지 말했다. 그는 소위 교회 마케팅을 '양측의 당사자가 서로 동일한 가치를 가진 제품과 재화가 유연하게 교환되도록 하기 위해 행하는 모든 활동을 일컫는 포괄적인 용어'[44] 라고 정의한다. 다시 말해 '교회가 목표로 하는 사람들의 영적, 사회적, 정서적, 물질적 필요를 충족시킴으로써 교회의 사역 목표를 달성하도록 하기 위한 목적으로 목표 고객들에게 영향을 미치기 위해서 교회가 수행하는 모든 사업 및 사역 활동'[45] 이라는 것이다. 성공적 마케팅을 위해서는 교회도 목표로 하는 사람들의 필요를 정확히 파악해야 한다. 그리고 그 필요를 채우기 위한 구체적 활동을 해야 할 것이다. 일견 너무 합리적이고 유용한 이야기처럼 들린다. 그러나 교회 마케팅은 많은 비판을 받았다.

첫째 비판은 '마케팅의 성격상 마케팅을 해야 할 상품과 목표가 분명해야 하는데 교회의 상품은 무엇이냐'는 질문에서 시작됐다. 즉 '무엇을 마케팅할 것인가?'에 대한 문제였다. 이에 대해 조지 바나는 '마케팅 교회는 교회의 목적과 상품 복음 을 제대로 이해한다'[46] 라고 말하면서 교회가 마케팅할 상품은 '복음'이라고 주장한다. 그렇다. 교회의 상품은 복음인 것이다. 당연하다고? 그럴지 모른다. 그런데 여기서 문제가 발생한다. 마케팅 이론에 따라 복음을 상품으로 본다면, 그것을 사람들에게 전달하는 과정에서 교환되는 것과 가치가 동일해야 한다. 그런데 복음이 주는 가치에 상응하는 것이 이 세상에 존재하는가? 구원의 복음은 은혜로 주어지고 믿음으로 받는다 엡 2:8.[47] 이 교환으로 하나님은 우리를 자녀로 얻으시고 우리는 하나님을 아버지로 얻는다 요 1:12.[48] 이것이 동일한 가치일까? 또 이 교환으로 우리는 그리스도의 의를 얻고, 그리스도는 우리의 죄를 가져가신다 고후 5:21.[49] 이것이 동일한 가치인가? 답은 자명하다. 교회가 복음 마케팅에 전념해야 한다면 복음의 가치는 그만큼 하찮게 여겨지는 논리적 귀결을 갖는다. 이건 치명적 오류다.

둘째 비판은 별 가치 없어 보이는(?) 복음이라는 상품을 사람들에게 가치 있고 좋은 것으로 믿게 만들려면 그들의 필요에 맞춰야 한다는 생각에 주목한다. 사람의 필요에 맞추다 보니 사람들이 듣기 싫어하는 것들은 가능한 감추거나 희석시키게 될 수밖에 없다. 이에 조지 바나는 이렇게 말한다. "본질적으로 사역은 마케팅과 똑같은 목적을 가지고 있다. 사역은 사람들의 필요를 충족시켜 주는 것이다. 정의하건대, 기독교의 사역은 사람들의 삶에 성경적인 해결책을 줌으로써 사람들의 진정한 필요를 충족시키는 것이다."[50] 이 주장에서 큰 문제의식을 느끼지 못할 수도 있다. 그런데 여기서 말하는 진정한 필요는 성경에서 말씀하는 것 죄로부터의 자유 이 아니라, 사람들에게서 조사한 결과라는 데 문제가 있다. 사람들은 근본적인 해결책 구원 얻는 회개 을 필요로 하기보다 고통의 경감, 행복한 느낌, 충족감, 그리고 괜찮은 자아상 등을 얻는 것을 진정한 필요로 생각한다. 목회자가 사람들의 이런 필요를 돕는 것은 물론 유익하다. 하지만 유익하다고 복음은 아니다. 복음에 대한 이런 모호한 태도는 결국 복음을 약화시킬 뿐 아니라 목회자는 언변과 재치가 뛰어난 인플루언서들이나 강연자들보다 프로페셔널하지 못하다고 평가받는 처지에 내몰리게 될 것이다.

세 번째 비판은 고든콘웰신학대학원 교수인 데이비드 웰스의 말에서 확인할 수 있다.

"이처럼 새로운 유형의 지도자들은 교회 성장이나 교회 성장을 위한 모든 기독교 사역이 본질적으로 기업을 성장시키는 일과 다를 바 없다고 생각한다. 양자 모두 시장을 이해하고 적절한 테크닉을 적용하는 문제에 불과하다. 교회 성장은 교회를 훌륭하게 마케팅하는 방법에 불과하다는 인식이 점차 팽배해지고 있다."[51]

이와 같이 웰스 교수는 교회 성장과 사역에 대한 인본주의적인 집착과 태도를 비판한다. 정필도 목사는 '교회는 무릎으로 세워진다'고 말했다. 옥한흠 목사도 '목회는 행동하는 믿음과 한 사람을 세우는 것에서 시작된다'라고 말했다. 모두 인간적 수단과 방법을 통해서가 아니라 하나님께서 하시는 일이라는 강한 확신에서 나온 이야기다.

이 정도면 세상의 흐름에 맞다고 합리화하고 너무 당연한 것처럼 생각하고, 심지어 지혜로운 방식이라며 우월감마저 느끼던 마케팅적 접근에 대해 다시 한번 점검해 볼 필요가 있지 않을까? 논리적, 신학적 모순 속에서 걸어 나와야 하지 않을까? 그렇다면 마케팅 대신 관심을 가져야 할 브랜딩이란 무엇인가?

정체성, 가치, 그리고 지혜로서의 브랜드

역사의 아버지라고 불리는 헤로도토스가 BC 5세기에 쓴 「역사」에 보면 이런 대목이 등장한다.

'바로 그때 수사의 히스티아이오스로부터 머리에 먹물뜨기 문신 를 한 사내가 왕에게 반기를 들라는 전언을 갖고 도착했다. 히스티아이오스는 반기를 들라고 아리스타고라스에게 촉구하고 싶어도 도로들이 모두 감시당하고 있어 안전하게 의사소통할 방법이 없었다. 그래서 그는 자신의 노예 중 가장 충직한 자의 머리를 깎고 두피에 먹물뜨기를 한 다음 모발이 다시 자라기를 기다렸다. 그리고 모발이 다시 자라자 그는 그 자를 밀레토스로 보내며 밀레토스에 도착하면 아리스타고라스에게 딴말은 말고 자기의 머리를 깎고 두피를 살펴보라는 부탁만 하라고 일렀다.'[52]

브랜드의 시작은 문신이었다. 그리스 어원도 '스티그마' Stigma 로, 이는 칼끝으로 흠집을 내거나 바늘로 찔러 '자국, 점, 표시' 등을 만들어 낸 일종의 낙인 烙印 을 의미한다. 그래서 자연스레 신분 표시의 역할도 하게 되었다. 당시 '죄수나 전쟁 포로, 그리고 노예와 탈영자'들에게 강제로 문신이 새겨졌기 때문이다. 아울러 가축에게 자신의 사유재산임을 알릴 표식으로 새겨지기도 했다. 고대 노르드어의 '태운다', '낙인'이라는 뜻의 단어 'brandr'가 브랜드의 어원이 되었다는 말은 그래서 시작됐다.[53] 이에 반해 신전 사제들은 몸에 특별한 문신을 새겨 자신들이 신에 속했음을 자랑했다. 전사들도 자신의 손에 문신을 새겨 군인임을 과시했다. 브랜드가 이런 목적으로 쓰여지게 된 결과, 브랜드는 정체성을 드러내는 수단이 되었다. 지워지지 않는다는 점 때문에 그 자체로 '주홍글씨'나 '속박'이라는 부정적 의미도 있었지만 자신을 드러내고자 하는 사람에겐 자신의 정체성과 사명을 보여주는 데 안성맞춤이었을 것이다. 이런 브랜드의 특성은 성경에서도 찾아볼 수 있다. 바울은 "이 후로는 누구든지 나를 괴롭게 하지 말라 내가 내 몸에 예수의 흔적을 지니고 있노라" 갈 6:17 고 고백했다. 자신의 몸에 있는 고난의 흔적을 통해 자신이 온전히 그리스도에게 속한 사람이라는 정체성을 드러낸 것이다. 다시 말해 브랜드는 정체성을 의미하는 것이다.

브랜드는 '가치'라는 의미도 담고 있다. 구약의 아가서에서 그 기원을 찾아볼 수 있다. 아가서에는 솔로몬 왕이 사랑하는 술람미 여인을 위해 자신의 마음을 전하는 특별한 방법이 등장한다. '우리가 너를 위하여 금 사슬에 은을 박아 만들리라' 아 1:11. 여기서 금 사슬에 은을 박는다는 것은 새겨 넣겠다 스티그마 는 의미다. 사랑하는 여인을 위해 특별한 선물이 되도록 금 사슬에 흔적을 남겨 그것을 더 가치 있는 물건으로 만들겠다는 것이다. 즉 브랜드는 그 자체로 제품의 가치를 의미하기도 한다.

또한 브랜드는 문제를 해결하는 과정에서 그 진가를 드러내고 선택받는다. 상품과 서비스가 탄생되는 계기가 사람과 사회가 직면한 문제를 해결하는 노력과 지혜에서 비롯된다는 것이다. 따라서 자연스레 명성을 얻는다.

19세기, 조악하고 허술한 마구 馬具 가 대세이던 프랑스 파리에서 장인정신으로 신뢰할 만한 제품을 만들던 에르메스가 그랬다.[54] 그의 브랜드는 마감처리가 제대로 안 된 마구 때문에 사고로 유명을 달리한 왕의 큰아들, 오를레앙 공작 사건으로 큰 명성을 얻었다. 1837년 본격적인 기차여행의 시작과 함께 여행자들의 불편을 해결해 준 루이비통은 어떤가? 다루기 쉽고 가벼운 캔버스 천을 사용한 사각형 디자인은 당시로서는 파격이었다. 당시의 여행 가방은 빗물이 흘러내리도록 뚜껑이 모두 반원형이었기 때문이다. 루이비통의 가방은 겹쳐 쌓기가 가능해 다량의 짐을 가지고 여행을 해야 하는 여행자들에게는 너무나 적합한 지혜로운 상품이었다. 이렇듯 브랜드는 삶의 불편과 문제를 해결해 주는 지혜이기도 하다.

요컨대 브랜드는 정체성이자 가치이며, 또 지혜이다. 그래서 사람들은 상품이나 서비스를 사는 것이 아니라 브랜드를 산다. 그것이 나의 정체성과 나를 드러내는 가치, 그리고 지혜를 표현해 주는 수단이 되기 때문이다. 또 그렇게 굳게 믿고 있기 때문이다. 아마존의 제프 베이조스도 이렇게 말했다. "당신이 방에 없을 때 남들이 당신에 대해 말하는 내용이 바로 브랜드다."

지금은 브랜딩 시대

그렇다면 브랜딩은 무엇인가? 단어를 살펴보면 정체성, 가치, 지혜 Brand + 움직임, 진행 ing 즉, 브랜드를 브랜드답게 만들어 가는 모든 과정이라고 할 수 있다.

현대카드의 정태영 부회장은 브랜딩에 대해 이렇게 설명한다. '마케팅이 상품 개발, 가격, 또는 판촉에 대한 것이라면 브랜딩은 기업과 상품에 인격, 철학, 존재 이유, 방향성을 주는 것'이다. 그는 여기에 덧붙여 '마케팅과 브랜딩은 서로 전혀 다른 개념이다. 브랜딩이 상품에 페르소나 인격 및 철학 를 주고 그 위에서 마케팅의 포지션이나 가격정책이 이뤄지는 것이기 때문에 브랜딩은 훨씬 기초적이고 중요한 것이라 할 수 있다. 브랜딩은 인격이나 철학을 보여주는 것이라고 한다. 다른 말로 하면 마케팅이 나의 이미지를 상대방에게 전달하기 위한 노력이라면, 브랜딩은 상대방이 나에 대해 좋은 이미지를 느끼도록 하기 위한 노력이라고도 할 수 있다. 브랜딩은 우리는 누구이고 어떻게 사람들에게 보여야 하는지, 우리를 어떤 모습으로 그들에게 기억시킬 것이고, 어떤 방식으로 사람들이 우리를 좋아하게 할 것인지에 대한 고민이다. 따라서 브랜딩은 필연적으로 본질에 집중할 수밖에 없다. 브랜드가 가진 정체성과 가치, 그리고 지혜의 본질을 정확히 이해해야 그 속에 담긴 내용을 잘 전달할 수 있기 때문이다. 또 그것을 사람들이 느낄 수 있게 되기 때문이다.

브랜딩 전문가 전우성은 「그래서 브랜딩이 필요합니다」에서 브랜딩이 기업에게 왜 필요한가를 이렇게 정리한다. 먼저 제품명으로만 기억되지 않아야 하기 때문이다. 혹시 지금 자동차에 달린 블랙박스의 브랜드를 기억하는가? 우리는 제품명만 알고 그 제품을 만든 회사는 모르는 경우가 다반사다. 하지만 기업은 고객이 사용하는 제품이 누구의 작품인지 알려주어야 한다. 두 번째는 생산자로만 남지 않아야 하기 때문이다. 애플의 아이폰은 폭스콘이라는 대만 업체에서 제조된다. 사람들은 아이폰을 사용하며 애플을 떠올리지 폭스콘을 기억하지 않는다. 셋째는 의사결정 기준이 필요하기 때문이다. 브랜드의 정체성, 추구하는 가치 등과 같은 기준이 바로 서 있을 때 결정권자는 중요한 의사결정을 빠르고 정확하게 할 수 있다. 넷째는 브랜드의 가치를 올려야 하기 때문이다.[55] 즉, 사람들이 좋아하는 브랜드가 되면 기업의 이미지 역시 높아지게 된다. 이는 당연히 장기적으로 회사 가치의 상승으로 이어진다. 이런 이유들 때문에 기업은 브랜딩에 집중하고 있다.

교회, 마케팅을 접고 브랜딩을 시작하라

그렇다면 교회는 어떤가? 교회에 브랜딩이 필요한 이유도 기업에 브랜딩이 필요한 이유와 동일하다. 그 이야기를 하기 전에 먼저 교회가 갖고 있는 브랜드는 무엇인가를 생각해 보자. 교회의 브랜드는 무엇인가? 교회의 이름이 브랜드일까? 아니면 유명세 있는 목회자가 브랜드일까?

혹은 복음일까? 아니다. 교회의 브랜드는 교회다. 교회의 브랜드는 예수 그리스도를 머리로 하는 몸 자체다. 다시 말해 예수 그리스도를 구세주로 고백하는 성도 한 사람, 한 사람이 바로 브랜드다. 더 구체적으로 말하면 성도들의 일상에서 나타나는 그리스도인 됨이 바로 교회가 가진 브랜드다. 우리가 그리스도인이라고 불리게 된 이유를 기억하는가? 사도행전 11장에는 초기 기독교에서 무척 중요한 역할을 한 안디옥교회 이야기가 나온다. 안디옥교회는 유대인과 이방인으로 구성된 최초의 교회이며 최초의 선교사를 파송함으로써 이방 선교의 선교적 기틀을 마련한 교회였다. 그리고 이 교회의 성도들이 역사상 처음으로 그리스도인이라고 불렸던 사람들이었다고 소개된다.

'제자들이 안디옥에서 비로소 그리스도인이라 일컬음을 받게 되었더라'
행 11:26.

안디옥교회의 성도들이 안디옥 교인이 아니라 그리스도인이라고 불렸던 이유는 무엇일까? 안디옥교회의 성도들이 집중했던 것은 안디옥교회라는 교회 이름을 알리는 것이 아니었다는 것이다. 위로의 아들이라는 별명으로 불렸던 걸출한 목회자 바나바를 앞세운 것도 아니었다. 더 나아가 복음이라는 상품을 마케팅한 것도 아니었다. 그들은 교회의 본체이신 예수 그리스도를 통해 일어난 구원 사건을 사람들에게 전했고 더 중요하게는 참그리스도인의 삶을 살아냈음을 보여준다. 그들의 삶에 드러난 그들의 정체성이자, 가치, 그리고 지혜의 원천은 바로 예수 그리스도였다. 그래서 그들은 세상 사람들로부터 그리스도인이라고 불리게 된 것이다. 그리스도인을 한국어로 번역하면 무엇이라고 할 수 있을까? '예수쟁이'로 번역할 수 있을 것이다. 예수쟁이! 정겨우면서도 안타까운 마음이 드는 것은 왜일까? 한국교회도 이렇게 불려질 때가 있었다. 1907년의 평양대부흥 즈음 바로 세상이 한국교회 성도들을 부를 때 사용한 호칭이었다. 그 호칭에는 우리와는 다르다는 영적 경외심이 있었음에 틀림없다. 성도들의 말뿐만 아니라 그들의 삶에서도 예수가 드러났기 때문임에 틀림없었을 것이다.

이제 다시 정리해 보자. 교회의 브랜드는 무엇인가? 복음이 내면화된 교회의 성도들이다. 외모를 보는 세상은 그리스도인들 속에서 작동하는 복음을 그들의 드러난 삶을 통해 본다. 복음이 진짜임을 그것을 믿고 있는 사람들의 삶을 통해서 보게 되는 것이다. 따라서 교회는 교회 성도를 성도답게 만들어 가는 브랜딩에 집중해야 한다. 그래서 교회 브랜드의 본질인 예수님께 집중하고, 관계된 스토리를 계발하고, 일관성 있게 드러나도록 헌신해야 한다. 그래서 브랜드를 통해 예수님만 드러나도록 해야 한다. 그것이 교회가 해야 할 브랜딩이다.

교회에 왜 브랜딩이 필요한가? 교회는 체계화되고 조직화된 화려한 프로그램으로 알려져서는 안 되기 때문이다. 복음이 능력임을 경험할 수 있는 곳으로 알려져야 한다. 사람들이 그리스도인들을 보면서 예수 그리스도가 아닌 다른 것을 떠올리게 해서는 안 되기 때문이다. 오히려 성취 지향적이며 성공적인 삶, 부와 권력과 화려함 같은 긍정의 에너지는 예수 그리스도를 넘어서는 가치가 아님을 보여줄 수 있어야 한다. 교회는 성경에서 명확히 제시된 기준과는 다른 삶을 살고 있음을 보여줘선 안 된다. 성경적 기준은 우리를 복된 삶으로 인도한다는 믿음의 역사를 보여줄 수 있어야 한다. 교회는 소위 브랜드의 가치를 높여 사람들에게 허황된 기대를 심어줘서는 안 된다. 성도들을 통해 사람들이 오직 예수님에 대해 궁금증을 갖도록 해야 할 뿐이다.

까르띠에, 에르메스, 샤넬, 루이비통, 크리스챤 디올…. 이 명품 브랜드의 공통점이 무엇인지 아는가? 모두 프랑스 국적이다. 프랑스가 명품 대국이 된 것은 전통을 포장하는 스토리의 실력이 탁월하기 때문이다. 고급스러움을 넘어 사치스러웠던 궁정문화는 후대에 엄청난 무형의 유산을 남겼다. 거기에 상류층의 정신적 유희는 인문학의 발달이라는 탄탄한 기반을 이루었다.[56] 이런 유산들은 결국 지금의 프랑스를 명품 대국으로 만든 원천이다. 그렇다면 한국에 명품이 없는 이유는 무엇일까? 오늘날의 프랑스를 있게 한 것 같은 문화적 유산의 부재일까? 그렇지 않다. 오히려 탁월한 유산을 명품으로 끌어갈 만한 탄탄한 스토리가 없기 때문은 아닐까?

그러나 한국교회에는 훌륭한 신앙 유산과 탁월한 스토리가 존재한다. 1907년 평양대부흥 이후 일어난 놀라운 사건들을 우리는 잘 알고 있다. 그중 1908년 일본 주재 감리교회 감독 메리맨 C. 해리스가 미국 메릴랜드주 볼티모어에서 4년마다 열리는 총회에서 보고한 내용의 한 부분을 들어보자.

> "성직 聖職 소명을 느낀 사람들이 수십 명이었고, 한 장소에서 200명이나 되는 많은 군중이 모여 성경공부를 하고 있다. 수천 명의 사람이 글 읽기를 배우고 질문을 한다. 주정뱅이들, 도박꾼들, 도둑놈들, 간음한 자들, 살인자들, 스스로 의인 행세를 하는 유교 신자들, 죽은 것이나 다름없는 불교도들, 수천 명의 마귀 숭배자가 그리스도 안에서 새사람이 되어 옛 것은 영원히 사라졌다."[57]

이외에도 남에게 손해 또는 손상을 입힌 사람은 집을 찾아다니며 사과했고, 타인의 재물을 절도한 사람은 직접 찾아가 갚는 일도 있었다. 당시 평양과 중국을 왕래하던 한 중국인 상인은 "자신과 거래했던 기독교인이 찾아와 수년 전 부당이익을 취해 모은 것이라며 거금을 환불해주는 것을 보고 매우 놀랐다"는 이야기를 하기도 했다.

우리에게는 1907년의 평양대부흥 스토리만 있는 것이 아니다. 소래 교회처럼 세계에서 유래를 찾기 힘든 자생적 교회 설립이나 선교사 입국 전에 이미 번역된 성경의 존재, 더 나아가 중국의 한인들을 통한 모국의 복음 전파라는 멋진 이야기도 있다. 한국교회의 초기 역사는 지금 우리가 모범으로 삼아야 할 수많은 브랜드, 즉 모범적 교회의 보고 寶庫 다. 이 위대한 신앙 유산에 집중한다면 우리가 지금 해야 할 브랜딩의 방향이 무엇인지 분명히 알 수 있지 않을까? 만약 한국교회가 성령의 이끄심으로 복음을 살아내는 성도를 세우는 것에 지금부터라도 집중한다면 다시 일어날 수 있는 일들이기 때문이다. 이제 숨을 고르고 한국교회에 주어진 영적 유산을 살펴야 할 때가 되었다. 그리고 잃어버리고 끊어져 버린 스토리의 줄기를 다시 이어야 한다. 우리가 어디서 떨어졌는지 생각하고 회개하여 처음 행위를 가져야 하기 계 2:5 때문이다. 그럴 때 우리 앞에 닥친 새로운 상황에서도 가슴이 웅장해지는 브랜드와 함께 흔들림 없이 전진할 수 있을 것이다.

3. 성도, 이미지 메이킹이 아니라 하나님 형상으로
– 재클린 케네디와 예수 그리스도

이미지 메이킹의 시대

버락 오바마 대통령은 미국 44대 대통령이었다. 대선에서 공화당의 존 매케인과 치열한 유세 끝에 승리하여 미국 최초의 아프리카계 미국인으로 당선되었다. 오바마 대통령의 이미지 메이킹은 평범하고 소탈한 패션 감각의 심플한 베이직 스타일이었다. '수트 5벌의 전략'으로 승리를 맛보았다. 멋을 내지 않은 듯한 수트 차림과 청바지 차림으로 유세를 하여 호평을 받았다. 재킷과 넥타이 없이 흰색 셔츠 차림의 청렴한 이미지는 경기 불황을 이기기 위해 열심히 일하는 모습을 잘 보여주었다고 한다. 서민적이고 검소한 이미지는 한 단계 업그레이드된 스타일로 분석되었다. 그는 잘생긴 얼굴에 남다른 매력을 갖추어 패션 리더로서 부드럽고 편안한 이미지로 어필하였다. 소박하지만 세련된 모습으로 이미지 메이킹에 성공한 사례이다.

포스트 코로나 시대에 디지털 전환 속도는 엄청나게 빠르게 진행되고 있다. AI, 메타버스, 블록체인, ChatGPT 등 디지털을 기반으로 비즈니스뿐 아니라 삶의 패러다임이 급격하게 변하고 있다. 이런 시대에서 자기 혁신이 없으면 다른 사람에게 뒤처지기 마련이다. 하루가 다르게 급변하는 시대에 자신의 이미지를 바꾸어 성공의 가도에 올라타려는 사람이 많은 것이 사실이다. 어떻게 하면 호감이 가는 얼굴을 만들고 세련된 패션을 완성할 것인가를 고민하는 시대이다. 어찌 사람만 그러하겠는가? 요즘은 기업도 변신에 변신을 거듭하고 있다. 기업의 로고를 바꾼다. 기업의 이미지를 바꾸기 위해 컨설팅을 받기도 한다. 기업의 로고를 바꿈으로 매출이 기하급수적으로 늘어난 기업도 있다고 한다. 심지어는 교회도 이런 상승기류에 편승하려 한다. 교회 리모델링을 통해 하드웨어를 바꾸기도 한다. 목회자의 옷도 코디해 주는 사람이 있으며 영상을 위해 화장도 권하는 것을 본다. 그런데 외양만 리모델링한다고 이미지 메이킹에 성공할 수 있을까?

맥스웰 몰츠는 「성공의 법칙」에서 다른 이야기를 하고 있다. 그의 이야기는 귀 기울여 들어볼 만하다. 그는 성형외과 의사였다. 수많은 임상을 통해 외모가 바뀌었을 때 사람들의 내면 변화를 관찰했다. 어떤 사람들은 외모가 나아졌음에도 불구하고 여전히 부정적인 자아, 실패에서 벗어나지 못한다는 사실을 발견했다. 몰츠는 우리 내면에 각인된 불행과 실패의 자아 이미지를 바꾸지 않고서는 인생을 변화시킬 수 없다는 것을 깨닫게 되었다고 한다. '마음의 성형수술'이 반드시 필요하다는 것이다. 그는 '모든 자기 혁신은 자아 이미지를 바꾸는 것에서 출발한다'라고 강조했다. 의미 있는 연구이다. 이미지 메이킹의 시대에 꼭 필요한 메시지이다. 이미지의 변신도 필요하지만, 더 중요한 것은 자아 이미지를 혁신하는 데에 방점을 두고 있다.

이미지 메이킹이 무엇인지 그 정의를 먼저 내려보자. 오늘날 이렇게 많이 회자되는 이미지 메이킹이란 무엇인가? 우소연과 한수정이 공저한 「셀프 이미지 메이킹과 브랜딩 전략」에 보면, '이미지 메이킹이란, 말 그대로 이미지를 만든다는 의미이지만 개선한다라는 의미로 보는 것이 더 좋겠다'라고 한다. 이미지의 어원은 라틴어 'imitari : 흉내내다'라는 명사형 어미에 '-ago'를 붙인 'imago'로, 사전적 의미는 '형태', '모양', '느낌', '영상', '관념' 등을 뜻한다. 보다 구체적인 뜻으로는 '상, 표상, 심상' 등을 말한다. 그렇다면 이미지 메이킹은 어떻게 해야 하는가. 이미지 메이킹을 위한 5단계를 아래와 같이 소개한다.

Know yourself   너 자신을 알라

↓

Develop yourself   너 자신을 개발하라

↓

Packing yourself   자신을 포장하고 상품화시켜라

↓

Market yourself   자신을 알리고 광고하라

↓

Be yourself   나다움을 개발하라

일반 사회는 이미지 메이킹을 위해 얼마나 고군분투하는지 모른다. 그것이 급변하는 시대에서 살아남고 이기는 전략이라고 한다. 참으로 치열한 시대에 우리가 살고 있지 않은가?

성공하려면 재클린 케네디처럼

세기의 아이콘 재클린 케네디. 이미지 메이킹의 원조는 재클린 케네디 여사라고 볼 수 있다. 그녀는 명문 가정에서 태어났지만, 평범한 외모를 가졌다. 그러나 그녀에게는 탁월한 패션 감각과 이미지 메이킹 스킬이 있었다. 재치 있는 화술로 대중과 남성들을 사로잡았다. 어렸을 때부터 방대한 독서량과 엄격한 자기 관리로 이미지 메이킹을 했다. 그녀는 상류층 남성들이 열광하는 지적이고 우아한 이미지를 가졌다. 그녀가 이런 이미지를 만들 수 있었던 것은 아버지의 영향이었다고 한다. 이종선은 「따뜻한 카리스마」에서 '미국 사교계에서는 재클린 케네디의 이미지를 안개나 양파에 비유했다'라고 잘 표현하고 있다. 그녀의 아버지는 매력적인 사람이 되기 위해서는 언제나 자신을 다 드러내지 말라고 가르쳤다고 한다. 늘 안개에 싸인 것처럼, 또는 벗겨도 벗겨도 새로운 겹이 나오는 양파처럼 신비로운 존재로 비쳐야 한다는 것이었다. '그 결과 안개 같고 양파 같은 신비로운 여인의 이미지를 구축하게 됐다.'

또한 2011년 김혜정의 논문 <2000년대 이후 현대 패션에 나타난 재클린 케네디 오나시스의 패션스타일>에 의하면, '재클린 케네디 오나시스의 스타일은 패션사에서 뚜렷한 특징이 없던 미국을 전 세계에 널리 알리는 계기가 되었으며 디자이너들에게 꾸준히 영감을 주는 주제일 뿐 아니라 일반인에게도 계속적으로 사랑받고 있다'고 한다. 재클린 케네디는 전형적인 미인의 얼굴이 아니었다. 비범하게 자신의 단점을 매력으로 바꾸는 방법을 공부하면서 터득했다. 그리고 아이러니하게도 그녀가 백악관 입성 이후 자신의 단점을 가리기 위해 사용한 패션 아이템은 엄청난 유행을 탄다. 그 시대 미국에는 그녀의 스타일을 따라 하는 여성들로 넘쳐났다고 한다. 재클린 케네디는 성공한 여인의 표상으로 자리매김했으며, 이에 이미지 메이킹의 원조라는 명성을 얻게 되었다. 외모뿐 아니라 지성을 훈련하여 여자뿐 아니라 남성들에게도 호감을 샀던 퍼스트레이디였다. '성공하려면 재클린 케네디처럼'이란 신화를 만들었다. 성공 신화는 누구나 꿈꾸는 행복의 파랑새가 아닌가? 어떻게 하면 그 행복의 파랑새를 잡을 수 있을까? 화장을 잘하고 더 나아가 분장을 하며 심지어는 위장을 하면서까지 좋은 이미지를 만들려고 하는 것이 사실이다.

이런 성공 신화는 교회 안에서도 발견할 수 있다. 대형 교회를 꿈꾸는 목회자들이 있다. 어느 부흥 목회자가 필자에게 전한 이야기를 잊지 못한다. 자신은 텔레비전 방송을 하기 위해 이미지를 바꾸었다고 한다. 무명의 목회자에서 유명한 목회자로 변신했다고 한다. 메이크업을 잘하고 멋진 옷 연예인 같은 복장 을 입고 트로트 형식의 찬양을 잘한다고 한다. 그분은 나에게도 그런 이미지 메이킹을 하라고 권유하였다. 조금만 신경 쓰면 방송을 잘 탈 것 같다고 칭찬 아닌 칭찬을 하였다. 과연 그럴까? 목회자도 교회도 이미지 메이킹을 통해 변신하면 무얼 어떻게 하겠단 말인가? 이미지 메이킹보다 더 좋은 길은 없을까? 이 시대가 원하는 목회자와 교회상은 없을까?

보기에 흠모할 만한 것은 없지만 무엇인가 있는 사람

2010년 대장암으로 48세의 젊은 나이에 선종한 이태석 신부! 그는 분쟁이 가득한 남수단 내 작은 마을 톤즈에서 상처받은 아이들과 울고 웃었다. 질병을 치료하며 여러 감동을 남긴 그가 세상을 떠난 뒤 10년이 지나 어떤 일이 벌어졌는가? 이태석 신부의 제자들을 추적하여 영화를 만들었다. 2020년에 개봉한 '부활'이라는 영화이다. 그의 가르침을 받은 톤즈 아이들과 청소년들은 의사, 약사, 공무원으로 성장했다. 남수단에 이태석 신부가 뿌린 희망의 씨앗은 그의 제자들이 키워 큰 꽃밭이 되었다. 이 영화를 제작한 구수환 감독은 불교 신자인데 가톨릭 신부의 영화를 감독했다. 영화에 등장한 이태석 신부의 제자들은 한결같은 이야기를 한다. "이태석 신부님은 환자를 진료하기 이전에 먼저 손을 붙잡아 주었습니다. 가는 곳마다 손을 잡고 개인적인 이야기를 먼저 나눈 뒤 진료를 하였습니다." 그 제자들도 똑같이 그렇게 한다고 한다. 환자이기 이전에 한 사람의 영혼을 귀하게 보았던 것이다. 이런 이태석 신부의 정신이 구수환 감독을 마음을 사로잡았다고 한다. 이 시대가 아무리 빠르게 변하고 이미지 메이킹의 시대라 할지라도 사랑과 섬김, 그리고 용서라는 기독교 정신이 제대로 작동하면 사람들은 감동을 받는다. 이 시대의 사람들도 그런 사람을 찾고 있지 않을까?

이미지 메이킹의 원조, 패션계의 대부, 본받고 싶은 리더 등이 있을 수 있다. 그런데 이런 모델들은 시대가 지나가면 곧 잊힌다. 변하는 시대에 적합한 모델이 아닐 수도 있다. 그러나 영원히 변치 않는 모델이 있다. 외형의 변화보다 내면의 변화, 이미지 변신보다 하나님 형상의 회복에 있어 전형적인 모델이 있다. 비록 사람들이 흠모할 것이 하나도 없지만, 무엇인가 있는 분, 바로 예수 그리스도이시다. 그분은 하나님의 형상 본체이시다. '이는 하나님의 영광의 광채시요 그 본체의 형상이시라' 히 1:3. 그러므로 우리는 하나님 형상의 회복에 더 큰 관심을 가져야 할 것이다. 이 형상은 창조 때에 주어진 것이다. '하나님이 자기 형상 곧 하나님의 형상대로 사람을 창조하시되 남자와 여자를 창조하시고' 창 1:27. 하나님의 형상이란 무엇인가? 정성욱 교수는 <하나님의 형상이란 무엇인가?>라는 아티클에서 '하나님의 형상 the Image of God, Imago Dei 은 창세기 1장에 나타난 형상 첼렘 과 모양 데무트 에 따라 창조됨'이라며 다음과 같이 말했다. "성경 전체의 맥락과 창세기가 기록된 당시의 고대 근동의 문화를 고려할 때 '형상'이라는 말은 반영, 반사, 대표, 아들권이라는 의미를 담고 있다." 즉,

하나님의 형상을 가진 인간은 하나님을 반영하는 존재이다. 인간을 볼 때 우리는 하나님의 모습이 반사됨을 알 수 있다. 또한 인간은 하나님을 대표하는 자로, 심지어 대신하는 자로 창조되었다. 더욱 귀한 것은 인간이 하나님의 형상으로 창조되었다는 사실이 갖는 의미를 이해할 때 발견된다. 하나님의 형상으로 창조되었다는 표현 안에는 '신의 아들권을 가진 자', 즉 '왕족'이라는 의미가 내포되어 있다. 참 놀라운 이야기가 아닌가? 이런 놀라운 사실을 기억하면서 하나님의 형상의 본질이 무엇인지 숙고해 보아야 한다. 정성욱 교수는 이 질문에 대한 세 가지 전통적 관점을 다음과 같이 이야기한다.

첫째는, 실체론이다 the substantive view.

실체론은 인간의 영혼, 이성, 자유의지 같은 인간이 소유하고 있는 본질적 요소가 하나님의 형상이라고 보는 관점이다. 또는 사랑, 의, 지식 같은 인간이 가지고 있는 속성들이 하나님의 형상이라는 관점이다.

둘째는, 관계론이다 the relational view.

관계론은 인간이 다른 인간과 관계를 맺으며 살아가려는 성향 또는 관계를 맺으며 살아갈 수 있는 능력, 즉 관계성이 하나님의 형상이라는 관점이다. 이는 칼 바르트나 에밀 부르너 같은 신정통주의 신학자들에 의해 주창되었다. 관계성은 인간이 다른 인간과 함께 누리는 인격적 관계성을 의미한다. 이는 특별히 아버지와 아들과 성령이 매우 깊은 인격적 관계와 친교를 누리고 있음에서 착안한 것이다.

어느 날 한 남자가 하나님께 물었다고 한다. "하나님, 왜 여자를 저토록 부드럽고 아름답게 지으셨나요?" 그러자 하나님이 대답하셨다. "네가 그녀를 사랑하도록 하기 위함이란다." 그러자 그 남자가 또 물었다. "그렇다면 하나님, 왜 그들을 저렇게 비논리적이고 감성적인 존재로 만드셨나요?" 그러자 하나님이 대답하셨다. "그녀가 너를 사랑할 수 있도록 하기 위함이란다."

셋째는, 기능론이다 the functional view.

기능론에 의하면 하나님이 사람에게 부여하신 기능, 특별히 피조물을 다스리고 통치하는 기능이 바로 하나님 형상의 본질이라는 것이다. 사람은 하나님의 대리 통치자로서 세상을 다스리고 관리하는 책임을 부여받았다.

각자의 신학적 관점에 따라 하나님의 형상을 이해하겠지만, 사실은 이 세 가지 관점 모두를 통합하는 것이 바람직한 형상론이다. 즉 하나님의 형상으로 창조되었다는 말은 사람이 영혼과 이성과 자유의지를 가지고, 진리와 사랑과 의와 같은 속성을 소유한 존재라는 것이다. 뿐만 아니라 인간은 인격적인 관계를 맺을 수 있는 존재이며 동시에 하나님의 대리 통치자로서 만물을 다스리는 기능을 소유하고 있는 존재라는 것을 말한다. 우리는 이러한 통합적 관점을 배울 필요가 있다. 사실 예수 그리스도는 이런 하나님의 형상을 회복하려고 이 땅에 오셨다. 그리고 그런 하나님의 형상을 우리에게 보여주셨다.

'이는 하나님의 영광의 광채시요 그 본체의 형상이시라' 히 1:3.

이미지 메이킹의 시대에서 우리 성도들이 가져야 할 마음과 태도가 여기에 담겨있다. 하나님의 형상이신 예수 그리스도를 닮아야 할 것이다. 그분 안에 있는 사랑, 의, 지식을 소유해야 할 것이다. 주님과 아버지 하나님, 그리고 성령님이 가지고 계신 사랑의 관계를 배워야 할 것이다. 더욱이 세상을 의와 사랑으로 다스리는 통치권을 행사해야 할 것이다.

무엇이 되어 무엇을 보여줄까

하나님의 형상이신 예수 그리스도를 닮아야 한다. 작은 예수가 되어야 이 세상의 소금과 빛이 될 수 있다. 크리스천 중 어떤 분은 세상의 소금이 아니라 일명 '짠돌이'가 되는 분도 있다. 돈 지갑이 회개해야 하는데 지갑을 도통 열지 않는다. 점심 한 끼라도, 아니 싸고 맛있는 라면이라도 살 줄 알아야 하는데 너무 인색한 성도가 있지 않은가?

어느 목사님은 선교사로 헌신하기로 작정하신 분이었다. 같은 사무실을 쓰는 목회자와 늘 같이 점심 식사를 했다. 대부분 그 목회자가 점심을 샀고 가끔 다른 목회자가 식사를 사기도 했다. 그런데 그분은 단 한 번도 식사를 사는 법이 없었다. 돈이 없으면 라면이라도 살 수 있는데 말이다. 그런데 선교사로 가겠다고 늘 말했다. 선교사로 이 땅에 오신 예수 그리스도는 우리에게 모든 것을 내어 주셨다. 사실 우리 그리스도인들은 무엇을 하기 이전에 무엇이 되어야 한다. 우리의 영원한 모델이신 어린 양 예수 그리스도를 닮아야 한다는 말이다.

우리 주님은 하나님의 형상인 우리에게 중요한 진리를 가르쳐 주셨다. 먼저, 우리 자신을 하나님께 드려야 함을 말씀하셨다. 주님을 닮아 하나님께 드리는 삶을 강조하신 것이다. 세금을 누구에게 내야 하느냐의 문제에 대한 주님의 답은 놀라운 진리를 우리에게 가르쳐 준다. '가이사의 것은 가이사에게, but·그러나 하나님의 것은 하나님께 드리라'라는 진리이다. 국가에 내야 할 것은 내야 한다. 가이사의 화상이 그려진 동전을 통하여 세상의 의무를 행해야 할 것을 말씀하신다. 가이사의 화상이 있는 것은 가이사에게 내야 한다. 그러나 하나님의 것은 하나님에게 드려야 한다는 진리이다. 동전에 있는 화상과 같이, 인간 속에 있는 하나님의 형상을 기억나게 하는 것이다. 하나님의 형상이 있는 인간은 그 주인이신 하나님께 드려지는 것이 마땅하다고 강조하신 것이다. 우리 주님은 질문에 대한 답을 정확히 하시면서, 그 강조점은 뒤에 두셨다. 하나님의 형상을 가진 인간은 그 주인인 하나님께 드려야 마땅하다! 우리의 삶은 하나님의 것이다. 우리 속에는 하나님의 형상이 심겨져 있다. 그러므로 우리는 하나님의 것이다. 우리의 삶은 내 것이 아니라, 내 인생은 나의 것이 아니라, 하나님의 것이다.

먼저 하나님의 형상을 회복하는 일이 필수다. 인간 속에서 깨어진 하나님의 형상을 회복하는 일이 중요하다. 요컨대 인간은 '폐위된 왕족' Deposed royalty 이었다. 폐위된 왕족으로 마귀와 사망의 노예가 되었던 것을 회개해야 한다. 주님을 영접함으로 성령의 역사로 인하여 하나님의 원 형상을 회복해야 한다. 하나님의 원 형상을 회복하는 지름길은 하나님처럼 사랑의 사람이 되는 것이다. 산상수훈에 나오는 팔복의 성품을 회복하여야 한다. 심령이 가난해져야 한다. 애통해야 한다. 의에 주리고 목말라야 한다. 온유해야 한다. 긍휼히 여겨야 한다. 마음이 청결해야 한다. 화평케 하는 자가 되어야 한다. 의를 위하여 핍박도 달게 받아야 한다.

'우리는 하나님의 작품입니다. 선한 일을 하게 하시려고, 하나님께서 그리스도 예수 안에서 우리를 만드셨습니다. 하나님께서 이렇게 미리 준비하신 것은, 우리가 선한 일을 하며 살아가게 하시려는 것입니다' 엡 2:10, 새번역.

무엇이 되면, 무엇을 할 수 있게 된다. 하나님의 형상으로 무엇을 보여줄 수 있는가?

첫째로, 우리의 말이 하나님을 닮아야 한다.

하나님께서 말씀하시는 대로 다 되었다. 빛이 있으라 하시니 그대로 되었고 물과 물로 나뉘라 하니 그대로 되었다. 하나님의 말씀에는 창조의 능력이 있다. 그러므로 말씀하시면 그대로 이루어진다. 하나님께서는 이런 말씀의 능력을 사람에게만 주셨다. 우리는 하나님처럼 창조의 능력은 없지만 말의 능력, 말대로 되는 힘을 받았다. 잠언 18장 20절-21절은 '사람은 입에서 나오는 열매로 말미암아 배부르게 되나니 곧 그의 입술에서 나는 것으로 말미암아 만족하게 되느니라 죽고 사는 것이 혀의 힘에 달렸나니 혀를 쓰기 좋아하는 자는 혀의 열매를 먹으리라'고 이를 증언한다. 혀에서 나오는 말로 살기도 하고 죽기도 하는 것이다. 말을 어떻게 사용하느냐에 따라 복을 누리기도 하고 저주받기도 한다.

말에는 세 가지 힘이 있다. '견인력, 동인력, 성취력'이다. 우리 속담에도 말이 씨가 된다고 했다. 말이 중요하다. 성도들은 입술의 언어를 점검해야 한다. 아름다운 말, 축복하는 말, 격려하는 말, 생명의 언어, 믿음의 말, 긍정적인 말이 나와야 한다. 말 한마디로 천 냥 빚을 갚기도 한다. 말 한마디로 힘을 돋우기도 한다. 말의 품격을 올려야 한다. 우리의 말이 하나님을 닮는 것이 곧 하나님의 형상을 회복하는 길이다.

둘째로, 우리의 다스림이 하나님을 닮아야 한다.

'하나님이 그들에게 복을 주시며 하나님이 그들에게 이르시되 생육하고 번성하여 땅에 충만하라, 땅을 정복하라, 바다의 물고기와 하늘의 새와 땅에 움직이는 모든 생물을 다스리라 하시니라' 창 1:28.

하나님께서는 우리에게 능력을 주셨다. 자연을 다스릴 수 있는 능력을 주셨다. 세상을 정복하도록 명령을 주셨다. 그래서 인간이 동식물을 정복하고 다스릴 수 있다. 아무리 무서운 동물이라도 인간이 제압할 수 있다. 그런데 인간의 다스림이 무지막지하면 곤란하다. 자연이 파괴된다. 요즈음 자연재해는 인간의 무책임한 다스림 때문이다. 또한 국가, 교회를 다스림에 있어 하나님의 방법으로 다스려야 한다. 좋은 지도자는 하나님을 닮아서 지혜롭게, 복되게 다스리는 사람이다. 가정을 다스림 또한 하나님의 자비와 사랑의 다스림이 있어야 한다. 하나님 아버지의 마음으로 자녀들을 대해야 한다. 좋은 아버지, 좋은 어머니가 되기를 기도해야 한다. 그리고 그렇게 실천하는 것이 중요하다.

셋째로, 타자를 위한 태도가 하나님을 닮아야 한다.
취리히의 신학자 달페르트의 '하나님의 형상론'에 의하면, 하나님의 형상이란 타자를 위한 태도에서 나타나야 한다. 그에 의하면 하나님의 형상을 인간의 이성에 두면 과학적 발전 앞에 초라해지는 인간을 발견한다고 한다. 그도 그럴 것이 하루가 멀다 하고 신기술이 출현하고 있기 때문이다. 그러나 하나님의 형상을 관계론적인 모습에서 발견하는 것이 중요하다. 관계를 중심으로 하나님의 형상론을 주장한 사람 중에 하나가 본회퍼이다. 공동체 신학에 깊은 관심을 가졌던 본회퍼는 하나님의 형상에 대한 이해를 '타자를 위한 존재'로서의 예수 그리스도의 원상에서 끌어내고자 했다. 하나님의 형상을 닮았다는 것은 타자를 위해 자신을 헌신하는, 즉 '~을 위한 존재'로서 자유의 의미를 가지고 있다. 예수 그리스도는 이러한 타자를 위한 자유를 계시하시는 하나님 형상의 원형이시다. 이상은 교수는 그의 논문 <기술 혁명 시대에 돌아보는 하나님의 형상론: 달페르트의 인간론 고찰>에서 달페르트의 형상론을 이렇게 정리했다.

"사람들이 자기 스스로를 위해 살지 않고 다른 사람들을 위해 살아갈 때, 그리고 다른 사람들을 위해 '장소'가 될 때 곧 하나님의 형상이 된다." 그러니까 곧, 타자를 위한 삶이 이루어지는 하나님의 현재의 장소가 바로 하나님의 형상인 것이다.

포스트 코로나 시대에 필요한 인간상은 이미지 메이킹이 아니라, 하나님의 형상으로 회복된 성도이다. 본질과 마음이 바꾸어져야 좋은 이미지가 만들어진다. 꾸며진 이미지가 아닌 본질과 본성으로 성숙된 인격이 곧 하나님의 형상인 것이다. 말과 통치의 자세, 그리고 타자를 위한 헌신과 사랑이 곧 하나님의 형상이다.

또 다른 세기의 여인으로 오드리 헵번이 있다. 헵번은 영화 '로마의 휴일' Roman Holiday 의 여주인공으로 세계적으로 엄청난 인기를 끌었다. '티파니에서 아침을' Breakfast at Tiffany's 에서 뉴욕 5번가에 위치한 티파니 보석상의 쇼윈도 앞에서 커피를 들고 크루아상을 먹는 모습은 명장면으로 스크린의 대명사로 불렸다. 그녀는 영화계 은퇴 이후 유니세프 대사로서 인권운동과 자선사업 활동에 참여하였다. 제3세계 오지 마을에 가서 아이들을 도와주었다. 그런 활동에서 미소 짓는 노년의 헵번이 보여준 모습은 젊을 적 미녀의 이미지 못지않게 유명해졌고, 세계적인 찬사를 받았다. 특히 1992년 암 투병 중임에도 불구하고 소말리아에 방문하여 봉사활동을 한 것은 유명하다. 그녀가 사랑했던 시, '시간이 검증한 아름다움의 비결'을 소개한다.

매혹적인 입술을 가지고 싶다면
친절한 말을 하라.
사랑스런 눈을 가지고 싶다면
사람들의 선한 점을 보아라.
날씬한 몸매를 가지고 싶다면
그대의 음식을 배고픈 자와 나누어라.

예쁜 머릿결을 가지고 싶다면

하루에 한 번, 어린이가 그 손가락으로 그대의 머리카락을 쓰다듬게 하라.

아름다운 자세를 가지고 싶다면

결코 그대 혼자 걸어가는 것이 아님을 알도록 하라.

재산보다는 사람들이야말로

회복되어야 하고, 새로워져야 하며, 활기를 얻고,

깨우쳐지고, 구원받고 또 구원받아야 한다.

누구도 내버리지 말라. 이 사실을 기억하라, 도움의 손길이 필요할 때

그대는 그것을 자신의 손끝에서 찾을 수 있으리라.

나이가 들어감에 따라 그대는 손이 두 개인 이유가

하나는 자신을 돕기 위해서, 하나는 다른 이를 돕기 위해서임을 알게 되리라.

오드리 헵번의 유언이라고 돌아다니는 이 시는 헵번이 좋아했던 시인 샘 레벤슨이 쓴 시로, 숨을 거두기 1년 전 크리스마스 이브에 자식들에게 들려주기도 했다. 성도는 이미지 메이킹도 중요하지만, 시간이 검증한 아름다움을 간직해야 한다. 하나님의 형상을 회복함으로.

4. 목회자, 그의 브랜드를 말하다

브랜드의 시대

브랜드의 시대이다. 브랜드 시대에는 목회자도 브랜딩해야 한다. 예수님은 세상 최고로 브랜딩되어 있는 분이시다. 4차 산업혁명 시대에는 기업, 교회는 물론 목회자도 브랜딩해야 한다. 목회자가 브랜딩해야 하는 이유는 브랜드는 사람들의 인식[58] 이기 때문이다. 그리고 세상에 복음을 전하는 방편이 되기 때문이다. 브랜드는 자신을 대변하는 징표이고, 남들에게 자신의 존재를 알리고 남들과 자신을 구분 짓게 하는 이름표이다.[59] 기업이 제품으로 사람들 마음을 사로잡으려면 좋은 품질만으로는 부족하다. 좋은 품질에 상응하는 브랜드 이미지를 심어주어야 한다.[60] 교회도 세상에 예수님처럼 좋은 이미지를 보여주어야 한다. 교회의 이미지는 세상의 신뢰도로 드러난다. 교회의 신뢰도는 2011년도 조사에서 늘 꼴찌를 면치 못하던 국회보다 낮았다. 비신자들의 교회에 대한 신뢰도는 3.6%에 불과하다. 교회의 신뢰도는 사람들이 교회를 어떻게 인식하고 있는지를 보여주는 리트머스 시험지다. 목회자의 브랜드는 신뢰도와 연결된다. 그러므로 목회자는 교회에서, 그리고 세상에서도 제대로 브랜딩해야 한다.

세상은 브랜드를 중요하게 여긴다. 국가도 브랜드가 중요하다. 한국의 여권 파워는 2위권에 속한다. 이는 국격이 높아졌다는 반증이다. 국가 브랜드는 국가 이미지 상승에만 머물지 않는다. 외국 관광객의 한국 방문을 늘리기도 하고 기업체의 마케팅과도 연결된다. 브랜드에 가장 많은 신경을 쓰는 곳은 기업이다. 사람들이 브랜드에 따라 제품을 구매하기 때문이다. 사람들은 스마트폰을 구매할 때 애플 혹은 삼성을 구입한다. 텔레비전 경우, 예전에는 일본의 소니를 으뜸으로 삼았지만 지금은 한국의 삼성과 LG 제품을 구매한다. 유럽, 미국은 물론 동남아시아에서 텔레비전, 세탁기 등은 삼성과 LG 제품이 대부분을 차지한다. 신뢰할 만한 브랜드이기 때문이다. 기업이 브랜드를 중시하는 것은 고객이 그 기업을 어떻게 생각하느냐가 마케팅과 직결되기 때문이다. 마케팅과 직결된다는 것은 사람들이 그 제품에 관심이 있다는 것이다. 박지현은 「하나부터 열까지 신경 쓸 게 너무 많은 브랜딩」에서 관심의 중요성을 이렇게 말한다. '브랜딩의 시작은 관심에서 시작된다'[61] 라고 말이다.

우리는 사람들이 예수님께 관심을 가지도록 해야 한다. 목회자에게 관심을 가지도록 해야 한다. 목회자에게 관심을 가질 때 예수님을 전할 수 있는 옥토와 같은 환경이 만들어진다. 목회 현장이라면 목회에 플러스 요인으로 작용한다. 교회는 최고의 브랜드를 이미 갖고 있다. 예수님이라는 브랜드이다. 예수님은 브랜드 중 최고의 브랜드이다. 사람들은 교회는 혐오할지라도 예수님은 사랑한다. 그것은 예수님이 인간이 소유하고자 하는 '사랑의 브랜드'이기 때문이다.

팬데믹 이후 혐오의 대상이 된 교회가 세상에서 제 몫을 감당하려면 사람들이 선호하는 브랜드가 되어야 한다. 팬데믹 기간 중 한국교회는 수적으로 급감했다. 그리고 영적으로 쇠퇴하고 있다. 그 이유는 이타적인 브랜드에서 이기적인 브랜드로 변한 데 있다. 교회는 사람들에게 좋은 인식을 줘야 한다. 좋은 인식, 즉 브랜드가 세상에 하나님 나라를 만드는 데 일조한다. 국가나 기업, 특히 교회의 브랜드는 신뢰할 수 있어야 한다. 기업의 브랜드는 그들이 갖고 있는 제품과 서비스의 매출을 결정한다. 교회와 목회자 역시 세상에서 인정받는 브랜드가 되어야 한다. 목회자의 브랜드에 따라 한국교회의 위상이 결정되기 때문이다. 목회자의 브랜드에 따라 교회의 영적 상태가 결정된다. 이는 브랜드는 결과와 직결되는 것이기 때문이다. 임태수는 「날마다, 브랜드」에서 브랜드와 제품은 구분지어 생각할 수 없다고 말한다. '브랜드는 곧 제품이다. 이 둘은 구분지어 생각할 수 없다'[62] 라고 말이다.

브랜드가 곧 제품이듯이 목회자의 브랜드는 곧 복음 사명이다. 교회는 지속적으로 세상에 하나님의 교회다운 브랜드를 만들어야 한다. 교회다운 브랜드는 한순간에 만들어지지 않는다. 오랜 시간이 걸린다. 지속적인 신뢰 쌓기를 통해 만들어진다.

브랜드의 시대다. 브랜드 시대에 맞게 목회자는 교회와 자신을 브랜딩해야 한다. 고객의 입장에서 브랜드는 실체와 이미지가 만들어 내는 총체적인 과정이다.[63] 브랜딩은 자신들의 브랜드 가치를 재발견하고, 그것들을 생활자의 가치로 변환해 최종적으로 생활자들의 충성도를 높이는 활동이다.[64] 그러므로 목회자도 잘 브랜딩해야 한다.

브랜딩이란 이름이자 심벌과도 같은 브랜드를 브랜드답게 만들어가는 모든 과정이다.[65] 브랜딩이 잘된 회사들이 있다. 구글하면 '검색'이 떠오른다. 유튜브하면 '동영상'이 떠오른다. 볼보하면 '안전'이 떠오른다. 팀 켈러 목사를 생각하면 '설교'와 '도시 선교'가 떠오른다. 옥한흠 목사 하면 '제자훈련'이, 하용조 목사 하면 '경배와 찬양'이 떠오른다. 이동원 목사를 생각하면 '설교'가 떠오른다. 이처럼 브랜딩된 목회자는 후배 목회자들과 교인들로부터 평생 이름이 오르내린다. 브랜딩이 되면 사람들의 신뢰를 얻는다. 그가 목회하는 교회를 신뢰한다. 교회를 친근하게 여기게 된다.

하버드 경영대학원 역사상 첫 한국인 종신교수이자, 학생들이 뽑은 '최고의 교수상'을 연이어 수상하기도 한 문영미 교수는 그의 저서 「디퍼런트」에서 경쟁이 치열해지면서 모든 기업이 똑같아지고 있으며 이에 남들과 비슷한 전략으로는 살아남을 수 없다고 말한다. 즉, 생존방식으로 남들과 어떻게 차별화해야 하는가를 말한다. 다른 조직과의 차별화는 브랜딩을 통해 이루어진다. 그렇다면 교회는 어떻게 브랜딩해야 하는 걸까. 교회와 동의어로 사용되는 목회자를 브랜딩하면 된다. 브랜딩이 되면 그 교회가 어떤 교회냐를 한마디로 나타낼 수 있다. 사람들이 그 교회를 가야 하는 이유가 명확해진다. 사람들은 복음을 받아들일 때 목회자를 떠올린다. 사람들은 교회를 정할 때 그 목회자가 어떤 사람이냐를 중요시 여긴다. 그런데 브랜딩이 되면 구구절절 설명하지 않아도 된다. 책을 처음 쓸 때는 자신이 누구인지 구구절절 설명해야 한다. 하지만 작가로서 브랜딩이 되면 간단한 소개로도 충분히 설명된다. 브랜드가 되면 여러 말이 필요 없다. 브랜드의 시대, 목회자는 브랜딩해야 한다. 목회자가 브랜딩 되면 사람들에게 긍정적인 이미지가 심겨진다.

개인 브랜드의 시대

지금은 개인 브랜드 시대이다. 과거에는 개인이 아니라 국가의 브랜드가 중요했다. 그 이후에는 삼성, 현대 등의 기업 브랜드가 중요했다. 외국에서 한국은 몰라도 삼성은 알던 때가 있었다. 지금도 한국보다는 삼성, 현대를 더 친근하게 여긴다. 지금은 개인 브랜드 시대이다. 유튜브, 페이스북, 인스타그램, 틱톡 등으로 개인을 브랜드화한다. 개인이 브랜드가 되면 엄청난 수입을 올린다.

라이언이라는 미국 꼬마가 있다. 그 아이의 유튜브 조회 수는 세계에서 제일 높다. 그 아이는 유튜브로부터 가장 많은 돈을 받는 크리에이터다. 그가 방송을 시작했는데 작년 매출이 광고 매출까지 합하면 3000억 원이라고 한다. 2022년 12월 19일 교육부와 한국직업능력연구원은 지난 6-7월 초등학교 6학년과 중학교 3학년, 그리고 고등학교 2학년 학생 2만 2,702명을 대상으로 조사한 초·중등 진로교육 현황을 발표했다. 조사 결과 초등학생의 희망 직업 순위 1위는 운동선수, 2위는 교사였으며 3위는 유튜버 등 크리에이터였다. 크리에이터는 2020년과 2021년에는 4위였는데 한 계단 오르면서 4위인 의사보다 높은 순위를 기록했다. 중학생의 희망 직업으로 1위는 교사, 2위는 의사, 3위는 운동선수 순으로 나타났고 고등학생은 1위 교사, 2위는 간호사, 3위는 군인 순이었다.

개인 브랜드의 시대가 되자 최근 10대 청소년부터 20대 초반의 젊은 세대를 중심으로 '크리에이터'에 대한 인기가 대단하다. 그들은 단순히 크리에이터를 동경하는 데 그치지 않고 하나의 직업으로 크리에이터가 되겠다며 준비한다. 입시업계에서 오랜 기간 진로·진학 컨설턴트로 활동해 온 한 관계자는 "공부 잘하는 아이들조차도 '의사 될래, 100만 유튜버 할래?'라고 물으면, 머뭇거림 없이 너무 당연하다는 듯 인기 크리에이터가 되고 싶다고 말할 정도"라고 전한다. 2022년 9월 12일 국회 기획재정위원회 소속 강준현 더불어민주당 의원이 국세청에서 받은 자료에 따르면 2020년 귀속 기준 '미디어콘텐츠 창작업'에 종사하는 1,719명의 총 수입금액 매출 은 1,760억 원으로, 1인 평균 1억 243만 원을 기록했다. 이 가운데 상위 1%의 평균 수입금액은 12억 7035만 원이다. 상위 10% 기준으로도 평균 수입 5억 1313만 원을 기록한다.

개인 브랜드의 시대는 개인이 브랜딩을 하면 인정을 받을 수 있는 시대이다. 네이버에서 브랜드 경험 기획을 담당하는 김도영은 「브랜드로부터 배웁니다」에서 브랜딩에 대한 한 줄 정리를 이렇게 한다. '자신이 가장 중요하다고 생각하는 가치를, 자신에게 가장 적절하고 의미 있는 방법으로, 가장 자기답게 표현하고 완성해 가는 행위'[66] 라고 말이다. 개인 브랜드의 시대에 목회자는 자신이 가장 중요하다고 생각하는 것으로 자신 만의 브랜드를 만들어하나님 나라 확장에 쓰임받으려 해야 한다.

브랜드를 만드는 데 있어 융합은 필수다

브랜딩을 가능하게 하려면 융합해야 한다. 이에 목회자는 신학에 머물지 말고 인문학과 융합해야 한다. 인공지능 시대는 인간과 기계의 융합이 특징으로, 인공지능은 결국 융합을 통해 나온 결과물이다.

최근 담임목사들은 부목사들이 융합형 인재가 아닌 것을 아쉬워한다. 어떤 목사는 글쓰기를 가르치면서 융합형 인재가 되지 못해 훨씬 탁월한 사역을 할 수 있는데 하지 못하는 것에 대해 아쉬움을 표한다. 글쓰기는 인문학의 꽃이다. 글을 쓰지 못하니 하나님을 세상에 알리는 설교가 세상의 높은 파도를 넘지 못하고 있다.

이광형 KAIST 총장은 2023년 2월 22일 정부세종컨벤션센터에서 열린 '대한민국 디지털 교육 비전 선포식·콘퍼런스'에서 ChatGPT 등장으로 암기 대신 인문교육이 중요해질 것을 다음과 같이 설파했다.

"ChatGPT의 등장으로 암기 위주 교육이 변화할 것입니다. 인공지능 AI 을 건전하고 바람직하게 활용하는 능력을 길러주려면 인성과 인문, 예술 교육이 중요합니다." 아울러 그는 "이미 휴대전화로 검색해서 빨리 사실을 알아내는 것이 능력으로 인정받는다"며 "앞으로는 ChatGPT로부터 얻은 정보를 종합해 새로운 생각을 만들어 내는 능력이 중요해질 것"이라고 했다.

영국의 옥스퍼드대학의 PPE Philosophy, Politics and Economics, 철학·정치·경제 융합 전공 는 영국 총리 배출의 산실이 되었다. 그 이유는 '철학·정치·경제' 과목을 융합한 결과이다. 옥스퍼드가 PPE를 개설한 것은 1920년이다. 러시아의 10월 혁명과 1차 세계대전을 겪으며 혼란해진 세상을 구한다는 목적으로 순수 인문학만이 아닌 정치·철학·경제 융합 학과를 개설했다. 이는 결국 영국인들은 정치·철학·경제 전공을 지도자가 갖추어야 할 덕목으로 여긴다는 말이기도 하다.

잠수함발사탄도미사일 SLBM 을 만들고 쏘려면 융합이 필수이다. SLBM은 잠수함에서 거대한 미사일을 금속통에 담아 물 위로 쏘아 올리고, 물

위에서 다시 금속통이 터지고 안에 있던 미사일이 수백 킬로미터를 날아가 정확히 1미터 타깃 안에 명중한다. 이 문제는 하나의 전공으론 어림도 없다. 수학, 물리학, 기계공학은 기본이고 항공우주공학에 화학공학이 융합되는 건 필수적이다. 위치정보시스템 GPS 을 비롯한 통신, 전자회로 설계도 꼭 필요하고 무엇보다 이 모든 것을 통합하고 제어하는 소프트웨어 설계가 전 과정에 적용되어야 한다. 엄청나게 많은 분야의 전공자가 함께 일해야 하는 것은 물론이고 모든 업무가 창의적이어야 한다.

경영학자 김병규는 「호모 아딕투스」에서 미국 대학교에서 가르치던 때를 상기하며 박사과정 지원자들 중에서 낯선 분야에 전문성을 가진 사람을 채용하려 한다며 이렇게 말한다.

"미국에서 교수로 재직하던 시절, 매년 박사과정 지원자들을 받고 그중 어떤 학생을 입학시킬지에 대해 동료 교수들과 논의했습니다. 그런데 교수들은 어떤 분야를 전공한 지원자를 선호할까요? 아마 대부분 경영학이라고 생각할 텐데요. 저도 처음에는 그렇게 생각했습니다. 하지만 실상은 이와 정반대였습니다. 경영학에 관해서는 자신이 이미 잘 알고 있기 때문에 박사과정에는 자신에게 낯선 분야에 전문성을 가진 학생을 선발하고 싶어 했습니다. 가령, 경영학은 전혀 모르지만 뇌과학이나 예술 분야의 연구 경험이 있는 학생이 오히려 경영학을 전공한 학생보다 더 긍정적으로 평가되는 것이죠. 다른 분야의 전문성을 가진 학생이 들어오면 교수들의 연구에 새로운 지식과 관점이 더해지면서 연구의 질이 향상되리라는 점은 쉽게 기대할 수 있습니다."[67]

김병규가 이렇게 서술한 까닭은 융합을 할 수 있을 때 연구의 질이 향상될 수 있기 때문이다. 더불어 그는 우리는 융합의 시대에 한 발 더 나가야 한다고 한다. 예일대학교 총장 피터 샐러베이는 융합을 지나 이종 결합을 해야 한다고 말한다. 그는 ChatGPT 시대의 대학은 학생들에게 어떤 역량을 길러줘야 하느냐는 질문에 이렇게 답했다.

"학생들은 비판적으로 사고하는 법, 명확하게 의사소통하는 법, 팀으로 일하는 법, 지식을 융합하는 법 등을 배워야 한다. ChatGPT가 이런 능력 자체를 대신할 순 없다."

목회자가 그의 브랜드로 말하려면 이제부터라도 신학과 인문학 등과 융합된 공부를 해야 한다. '융합의 시대'인 인공지능 시대에는 전공 학문과 그 외 다른 학문, 나와 사물, 사물과 사물을 연결하고 융합해야 한다. 융합할 때 비로소 자신의 브랜드를 만들 수 있는 가능성에 한 발짝 다가설 수 있다.

이름 석 자를 브랜드로 만들라

'내 이름 석 자가 브랜드이다.'

전 제일기획 부사장이자 최인아 책방 대표인 최인아가 2007년 〈조선일보〉에 썼던 칼럼에서 한 말이다.

'소비자로서 구입하는 제품이나 서비스뿐만 아니라 우리 자신이야 말로 하나의 브랜드라는 생각은 그전부터 했었는데 미디어에 쓴 것은 이때가 처음이었습니다.'[68]

우리 자신이 브랜드여야 하므로 목회자는 이름 석 자를 세상에 내놓을 수 있는 브랜드로 만들어야 한다. 사람들이 삼성의 갤럭시, 애플의 아이폰, 나이키, 스타벅스, 맥도날드 등은 안다. 이처럼 목회자는 다른 사람들이 모두 알 수 있도록 브랜드가 되어야 한다. 팬데믹 이후, 목회가 어려운 시기에 목회자는 브랜드로 곡선의 길을 직선의 길로 만들 수 있도록 해야 한다. 목회자 자체가 누구나 알 수 있는 교회의 브랜드여야 한다. 팬데믹이 끝난 시점에 목회자는 이름 석 자를 브랜딩하는 데 집중해야 한다. 브랜딩이란 실체를 바탕으로 사람들의 인식을 만드는 작업이다. 사람들에게 섬기는 교회 목회자에 대한 좋은 인식을 만들어야 한다.

브랜딩이 되면 사람들이 찾는다. 동네 스타벅스에만 가도 늘 사람들로 붐빈다. 사실상 다른 카페와 차별화를 느끼기 어렵다. 그렇지만 사람들이 붐비는 것은 스타벅스라는 브랜드 때문이다. 목회자는 이름 석 자를 브랜딩해야 한다. 목회자의 이름 석 자를 브랜딩할 때 기억해야 할 것이 있다. 사람들은 멋진 브랜드를 만들고자 할 때, 그 브랜드를 알도록 하는 것에만 집중하기 쉽다. 그리고 우리에게 관심 없어 하는 사람들의 마음을 돌리는 데 많은 시간을 들이기 쉽다. 그러나 그보다는 우리만의 스타일을 명확히 하고 그것을 좋아해 줄 수 있는 편을 만드는 데 집중해야 한다.[69]

네이버에서 브랜드 경험 기획을 담당하는 김도영은 「브랜드로부터 배웁니다」에서 애플은 자신들의 언어를 만드는 데 집중한다고 말한다. '애플이 사용하는 언어들을 들여다보면 톡톡 튀는 단어나 기존에 없던 말을 새로 만드는 대신 자신들이 선택한 단어들을 끊임없이 갈고 닦으며 힘을 실어 간다는 느낌을 받거든요. 이미 사람들에게 익숙한 단어더라도 또 다른 생명력을 불어넣을 수 있겠다 싶으면 이를 본인들의 언어로 만드는 데 엄청난 공을 들이는 겁니다.'[70] 목회도 마찬가지다. 자신이 잘하는 것에 더 공을 들이면 멀지 않아 이름 석 자를 브랜딩할 수 있다.

목회자의 브랜드가 최초상기율이 되도록 해야 한다

팬데믹 이후 목회자는 자신만의 브랜드를 만들어야 한다. 만들 때, 그 브랜드는 '최초상기율' TOM, Top of mind 에서 최우선이 되도록 해야 한다. '최초상기율'이란 한 분야에서 고객들이 가장 먼저 떠올리는 브랜드의 비중이다. 즉 소비자가 여러 경쟁 상표 가운데 특정 상표를 가장 먼저 머리에 떠올리는 비율이다. 제자훈련 하면 사랑의교회 옥한흠 목사,

설교 하면 지구촌교회 이동원 목사, 큐티 하면 우리들교회 김양재 목사, 가정교회 하면 휴스턴 서울교회 최영기 목사, 설교 글쓰기 하면 아트설교연구원 김도인 목사, 교회교육 하면 교회교육연구소 박양규 목사, 문학 하면 이정일 목사를 떠올리듯이 떠올려지도록 해야 한다.

어떤 것이든 시간을 요한다. 교인들이 가장 먼저 떠올릴 수 있는 브랜드가 되려면 시간이 필요하다. 최인아는 브랜딩을 '시간과 함께 가치를 축적해 나가는 작업이다'[71] 라고 정의한다. 어떤 것이든 최초상기율은 시간의 가치 축적으로 가능하게 된다.

최초상기율에서 최우선이 된다는 것은 파워 브랜드가 되었다는 말이다. 목회자 브랜드가 파워 브랜드가 되면 고객이 기꺼이 찾고, 더 사랑하며 그 가치를 인정한다. 파워 브랜드가 형성된 교회는 오지 말라고 해도 사람들이 모인다. 반대로 파워 브랜드가 형성되지 않은 교회는 오라고 요청해도 오지 않는다. 목회자가 최초상기율의 브랜딩이 되면 '이름값'을 톡톡히 한다. 브랜딩 디렉터인 전우성은 「마음을 움직이는 일」에서 브랜딩을 다음과 같이 '이름값 한다'는 말로 표현한다.

"보통 누군가가 그 사람다운 모습을 보여줬을 때 우리는 '이름값 한다'고 말합니다. 저는 이 이름값이라는 단어가 브랜딩과 매우 비슷하다고 생각해요. 사람이 자신의 이름값을 하는 것처럼, 브랜드도 그 브랜드다운 모습을 만들고 그것을 어떤 방식으로든 보여줘야 합니다. 그것이 바로 브랜드의 이름값을 만들어가는 과정인 '브랜딩'인 것이죠. 그런 과정과 행동이 쌓여 사람들에게 그 브랜드다운 모습이 무엇인지 인지되었다면? 사람들은 그 모습을 그 브랜드를 쓰는 자신과 연결 지어 생각하게 돼요. 마치 제가 나이키를 구매하는 것처럼요."[72]

파워 브랜드가 되면 이름값만 하는 것이 아니다. 모두에게 인정과 사랑을 받는다. 이름값은 시간이 갈수록 커진다. 목회자 브랜드의 시대에 목회자는 자신의 이름값을 할 때까지 갈고 닦아야 한다. 브랜드를 만들기 위해 시간을 허투루 흘려보내지 않고 자신만의 노하우를 쌓고 또 쌓아야 한다. 목회자의 브랜드가 최초상기율에서 최우선이 되려면 최소 5년 정도 걸릴 것을 작정해야 한다. 책이 고전이 되려면 몇백 년의 시간이 걸린다. 어떤 것도 시간이 걸리지 않고 된 것은 없다. 음악 산업에서 카탈로그 앨범을 마케팅하려면 통상 18개월이 걸린다고 한다. 신용카드는 그 일상화에 30년이 걸렸다. 인터넷 대중화에는 15년 이상이 걸렸다. 155회 아쿠타가와상 수상작이자 일본에서만 100만 부 이상 팔린 「편의점 인간」의 저자 무라타 사야카는 실제로 18년 동안 편의점에서 근무했다. 18년이란 편의점 아르바이트의 경험이 BBC 선정 '2020년 최고의 책'으로, <뉴욕타임스> 선정 '2020년 주목받는 100권'에 이름을 올리게 했다. 책을 저술하는 데도 오랜 시간이 걸린다. 동시에 책을 알리고 판매하는 데도 그 시간 이상을 들여야 한다. 바버라 헨드릭슨은 이렇게 말한다.

"나는 저자들에게 책을 쓰고 출판하려면 얼마나 오래 걸리는지 생각해 보라고 말하면서, 그 정도의 시간을 책을 알리고 판매하는 데 바쳐야 한다고 충고한다."

목회자는 2024년을 자신의 브랜드를 만드는 해로 삼아야 한다. 최초상기율에서 최고가 되는 꿈을 꾸는 원년으로 삼아야 한다. 그렇다고 누구에게나 기회가 오지 않는다. 더 간절한 목회자에게 기회가 온다. 절실함이 하나님께 더 매달리게 하고 절박함이 자신만의 브랜드를 만들며 간절함이 목회자의 브랜드가 최초상기율에서 최고가 되도록 해준다.

코모디티 브랜드가 되면 안 된다

목회자의 브랜드를 만드는 데 있어 그 브랜드가 '코모디티' Commodity 가 되면 안 된다. '코모디티'란 꼭 그것이라야 할 이유가 없어 고객이 다른 것으로 바꿔 구입해도 될 만한 상품을 말한다. 한국교회 브랜드는 코모디티가 되어 있는 것 같다. 유튜브 시대가 되자 교인조차도 기독교 콘텐츠가 아니라 세상 콘텐츠를 더 즐긴다. 이는 교회 콘텐츠가 코모디티가 되었다는 말이다. 이전에는 사람들이 종교를 갖는다면 그 선택은 기독교여야 한다고 했다. 지금은 기독교인조차도 타 종교로 종교를 바꾸는 것을 대수롭지 않게 여긴다. 그 이유는 교회의 브랜드가 코모디티가 되었기 때문이다. 심지어는 교인이 무속적인 것, 예를 들어 타로 등을 하는 것에 주저하지 않는다. 인공지능 시대에 교회가 한국 사회에 존재해야 할 가치를 느끼지 못한다는 말도 주저 없이 한다.

사회에서 목회자의 브랜드가 미미하다고 해도 틀린 말이 아니다. 교인도 목회자의 브랜드를 신뢰하지 않으니 세상에서의 브랜드는 존재가 없을 수밖에 없다. 특히 담임목사의 브랜드는 더 취약하다. 팬데믹 기간에 담임목회자에 대한 의존도가 현저하게 줄어들었다. 팬데믹 이후 교인은 적어도 세 명의 목회자를 둔다고 한다. 목회자가 세 명이란 말은 자신이 출석하는 교회의 담임은 코모디티가 되었다는 말이다. 목회자 브랜딩에 있어 중요한 목표는 그 브랜드가 코모디티가 되지 않게 하는 것이다.[73] 브랜드가 코모디티가 되지 않으려면 철저한 자기 관리를 해야 한다. 그리고 브랜딩 디렉터인 전우성의 말처럼 브랜딩을 할 때 본캐 本 Character의 준말 를 중심으로 만들어야 한다. 그는 퍼스널 브랜딩은 절대적으로 부캐 副 Character의 준말 가 아니라 본캐를 중심으로 해야 한다고 말한다. 부캐로 브랜딩하면 코모디티로 전락할 확률이 높다. 자신의 주종목이 아니기 때문이다. 브랜드가 주종목이 되려면 다른 사람들이 쉽게 대체할 수 없는 나만의 가치를 브랜드로 만들어야 한다. 그럴 때 목회자 브랜드는 코모디티가 아니라 최초상기율이 된다.

목회자는 교회에서 성도의 '구루'가 되어야 한다

목회자는 성도의 '구루'여야 한다. 성도의 구루가 되었다는 것은 교회에서 목회자의 브랜드가 명확하게 규정되었다는 것이다. '구루' guru 란 힌두교나 불교에서 종교적 스승을 일컫는다. 구루는 자아를 터득한 신성한 교육자이다. 구루로부터 한 수의 가르침을 받을 수 있기에 나라든, 경영이든, 교회든 구루가 있어야 한다. 특히, 불확실함과 경쟁의 심화 및 패권이 두드러진 시대에 국가에는 확신에 찬 목소리로 국가의 미래에 대해서 분명한 방향을 제시해 주는 사람이 필요하다. 국가 구루 중한 명을 예로 든다면 정치경제학자, 역사철학자, 스탠퍼드대학교 교수인 프랜시스 후쿠야마가 대표적일 것이다.

구루를 가장 필요로 하는 곳이 경영 일선이다. 경영은 보이지 않는 전쟁이 벌어지는 곳이다. 자칫 잘못하면 회사가 사라질 수 있는 환경이다. 경영 구루는 꽤 있다. 「톰 피터스 탁월한 기업의 조건」을 쓴 톰 피터스, 「좋은 기업을 넘어 위대한 기업으로」를 쓴 짐 콜린스 등이다. 경영 구루란 경영의 진수를 터득한 경영 멘토이자 경영 고수이며 경영 대가이다. 제4차 산업혁명으로 인해 디지털 시대가 되었다. 디지털 시대가 되니 디지털 구루가 있어야 한다.[74] 경영자는 중독경제 시대에 자신의 중요한 결정에 도움을 줄 수 있는 사람을 찾는다. 회사의 미래에 대해 분명한 방향성을 제시해 주는 사람을 찾는다. 지혜로우면서도 자신이 신뢰할 수 있는 사람인 구루가 필요하다.

교회에도 구루가 필요하다. 교인에게 목회자가 구루여야 한다. 삶과 신앙의 중요한 것에 질의할 수 있는 구루여야 한다. 그렇지 않다면 다른 목회자를 찾아간다. 교인뿐 아니라 세상 사람에게도 목회자는 구루여야 한다. 삶에서 중요한 것을 대화할 수 있는 구루여야 한다. 예전에 한국 초대형 교회 목회자는 미국의 목회 그루를 찾아가 개인 수업을 받았다는 말을 들은 적이 있다. 초대형 교회 목회자가 미국 교회의 구루를 찾았다는 것은 그것이 자신의 목회에 큰 도움이 되었다는 뜻이다. 한국 불교에는 구루는 아니지만 속 시원하게 사람들의 질문에 답하는 법륜 스님이 있다. 사람들이 온갖 고민을 스님에게 질문한다. 그러면 법륜은 속 시원하게 대답해 준다. 그의 답변은 유튜브에서 최고 조회 수를 자랑한다. 한국교회에도 구루 목회자의 출현이 절실하다. 목회자는 사회와 교회의 구루와 같은 존재여야 한다. 불안의 아이콘인 디지털 시대를 맞아 시대를 헤쳐 나갈 수 있는 길잡이인 디지털 구루를 찾듯이 성도는 신앙의 문제, 삶의 어려운 의사 결정, 팬데믹 이후를 어떻게 살 것인가에 대해 혜안을 주는 목회자를 원한다.

인격이 목회자의 브랜드를 결정짓는다

목회자의 브랜드 중 최고는 인격이다. 한 분야의 탁월함보다 더 가치 있는 것은 목회자의 인격이다. 인격을 갖춰야 목회자답게 살아갈 수 있다. 목회자가 인격을 갖춰야 세상으로부터 존경을 받고 비로소 행복한 목회가 된다. '좋은 사람'이 있는가 하면 '좋지 않은 사람'이 있다. 사람들은 좋은 사람과 가까이하고자 한다.

사람 좋다고 소문이 자자한 목회자가 개척을 시작했다. 꽤 많은 사람이 그 교회를 찾아온다. 그 사람들은 좋은 목회자와 함께 신앙생활하길 원한다. '좋은 목회자'란 어떤 목회자인가? 다른 사람에게 인정받는 사람이다. 인기가 많은 사람이 아니라 성경적인 가치관을 가진 사람이다. 삶의 모습이 남의 부러움을 살만한 사람이다. 다른 사람에게 선한 영향력을 주는 사람이다. 이기적인 것으로 무장된 사람이 아니라 이타적인 것으로 무장된 사람이다. 자신과 마음이 맞지 않아도 희생과 헌신을 기꺼이 하고자 하는 사람이다. 배려와 나눔으로 따뜻함이 넘치는 사람이다. 공감의 시대에 걸맞게 공감력이 풍부한 사람이다.

국가를 이끄는 사람에게 국민이 요구하는 것은 능력보다 인격이다. 인격에 문제가 있으면 공직을 맡지 않는 것이 좋다. 정순신 국가수사본부장은 자녀 문제로 임명된 지 하루 만에 사퇴했다. 인격에 문제가 있으면 대중의 사랑을 받기도 쉽지 않다. 예능프로그램 '불타는 트롯'에서 결승 1차에 우승한 황영웅은 학교 폭력과 군대 폭력으로 인해 상해 전과가 있다는 것으로 논란이 크게 일자 결국 중도 탈락했다. 인격이 갖춰지지 않으면 원치 않는 탈락의 고배가 기다린다. 성직자인 목회자는 좋은 사람이 아니면 안 된다. 세상은 목회자에게 많은 기대를 한다. 소위 그들의 높은 기준에 적합한 목회자이기를 바란다. 목회자는 정치인보다, 기업인보다, 법조인보다 좋은 사람이어야 한다. 그렇지 않다면 앞으로 목회자로서 존재하는 것에 대해 심각하게 고민해야 한다. 세상은 목회자에게 가장 높은 윤리성을 요구한다. 목회자는 늘 질문을 하고 질문을 받는다. 세상으로부터 존경받을 수 있는 면허증을 가졌는가? 존경받는 목회자가 브랜드를 갖춘 목회자이다.

목회자 인격에 '린디 효과'가 있어야 한다

목회자의 인격은 '린디 효과' Lindy Effect 를 나타내야 한다. 2024년도 목회자는 사람들에게 인격이 남다른 목회자로서 각인되어야 한다. 그러기 위해서는 목회자 인격에 린디 효과가 드러나야 한다. 린디 효과란 '오래 살아남으면 그만큼 수명이 연장된다'라는 이론이다. 즉 기술이나 아이디어와 같이 소멸하지 않는 것의 미래 기대 수명이 현재 나이에 비례한다는 이론이다. 어떤 것이 현재 존재하거나, 살아남은 기간이 길수록 남은 기대 수명도 길어진다. 이 효과를 대중화시킨 투자자이자 작가인 나심 탈레브는 이렇게 말했다. "어떤 책이 40년 동안 출판됐다면 앞으로 40년은 더 출판될 거라고 말할 수 있다. 그 후에도 10년 더 살아남는다면, 다시 50년은 더 출판될 수 있다. 매년 사라지지 않는 것은 '기대 수명' Life expectancy 이 두 배로 늘어난다." 다시 말해, 고전 Classic 은 고전

으로 남고, 시간이 지날수록 더 고전이 된다. 창작품에 대한 일종의 '복리'인 셈이다.[75]

목회자에게도 린디 효과가 드러나야 한다. 만약 린디 효과가 드러나지 않으면 세상은 목회자를 존경할 만한 인격자라고 생각하지 않는다. 한국교회가 쇠퇴하고 있는 가장 큰 이유는 목회자의 인격에 린디 효과가 사라졌기 때문이다.

아이들에게 영어 동화 읽기의 중요성을 강조하는 카페 '슬로우 미러클 마법학교'에는 '목수님께'라는 카테고리가 있다. '목수님께'는 신앙에 대한 궁금증 등을 올리는 질문 코너이다. 이 코너에 '하나님을 꼭 믿어야 하나요?'라는 질문 중 이런 글이 있다. '어떤 사람들은 크리스천이면서도 나쁜 짓을 하고, 심지어는 목사들도 악행을 합니다. 어떤 사람들은 크리스천이 아니어도 선하게 살아갑니다.' 이런 글을 통해 우리는 교인은 그렇다 치더라도 목회자의 인격까지 사람들이 인정하지 않고 있음을 알 수 있다. 류시화 시인은 「사랑하라 한 번도 상처받지 않은 것처럼」에서 '우리 시대의 역설'을 통해 '건물은 높아졌지만 인격은 더 작아졌다. 고속도로는 넓어졌지만 시야는 더 좁아졌다. 소비는 많아졌지만 더 가난해지고 더 많은 물건을 사지만 기쁨은 줄어들었다'라고 했다. 이를 목회자에게 적용할 수 있다고 생각한다.

과거에 부모들은 자녀들을 인격적인 사람으로 키우려고 했다. 그러나 밀레니얼 세대인 1980년대 초반에서 2000년대 초반에 출생한 세대 부모는 달라졌다. 그들 중 25.1%는 자녀가 하고 싶은 일, 좋아하는 일을 하게 되길 원한다. 반면 '자녀가 인격을 갖춘 사람으로 크는 것'을 원하는 부모는 22.4%로 2위였다. 밀레니얼 부모들은 자녀의 인격 형성보다는 자녀가 좋은 직장, 자기가 하고 싶은 일을 하기를 원한다. 그러니 부를 꿈꾸는 세대, 부자가 존경받는 시대에는 '매출이 인격'이 되고 있다. 독일의 저명한 철학자이자 「리스본행 야간열차」의 작가인 페터 비에리 교수는 「삶의 격」에서 인간은 물체, 물건으로 격하되었다고 한다. 인간이 인격이 아니라 물건으로 격하될지라도 목회자는 인격의 표상이 돼야 한다. 세상에서 인격의 대명사로 목회자를 지목할 수 있어야 한다. 하지만 목회자의 인격은 더 추락하는 것 같다. 목회자는 인격적인 면에서 최고여야 하는데, 세상은 정반대로 생각하는 것 같다. 언젠가 어느 대학 교수가 이렇게 말하는 것을 들었다. 그는 "세상의 기업체 회장은 윤리적으로 문제가 되면 사퇴를 한다. 하지만 목회자는 사회에서 지탄을 받아도 소수 교인의 지지를 받으면 사퇴하지 않는다"라고 비판했다. 목회자의 인격이 세상 기업체 회장보다 못하다는 것이다.

목회자의 인격에 문제가 있다고 지적하는 시대다. 2024년을 기점으로 목회자는 인격에 린디 효과가 드러날 수 있도록 힘써야 한다. 목회자 인격의 표상인 예수님을 닮아야 한다. 예수님의 인격은 지금까지 지속된 린디 효과를 보여준다. 교회의 근거는 예수님의 삶과 인격이다. 목회의 근간은 목회자의 인격이다. 린디 효과를 지닌 인격말이다. 지형은 목사는 「격차의 시대, 정이 있는 교회와 목회」에서 이렇게 말한다. '사람이 되신 말씀, 곧 그리스도 예수님의 삶과 인격이 교회의 근거다.'[76] 목회자가 예수님의 인격을 닮는다면 인격의 린디 효과는 계속될 것이다.

2장
Content Church 콘텐츠 교회

1. 역시 문제는 콘텐츠다

한국 위상은 콘텐츠가 일조했다

콘텐츠에 의해 결정되는 시대이다. 한국 문화의 힘은 K-콘텐츠에 근거한다. 콘텐츠의 힘이 한국의 위상을 높였다. 노가영, 김봉제, 이상협이 공저한 「2023 콘텐츠가 전부다」에서는 이렇게 말한다. '이젠 콘텐츠가 권력이 되었고, 콘텐츠가 전부가 되었다.'[77] 이 책에서 한정훈 Jtbc 미디어 전문기자는 '콘텐츠가 전부인 시대가 도래했다'라고 한다. 콘텐츠 시대가 도래한 결과, 플랫폼이 죽고 콘텐츠가 사는 시대라고까지 말한다.[78] 그는 넷플릭스나 유튜브는 콘텐츠가 없다면 자연사하게 된다는 충격적인 말도 한다. 이처럼 세상은 콘텐츠가 전부라, '콘텐츠' 시청자인 '나', 그리고 '스크린'만 남는 최소한의 시청 패러다임이 되어 가고 있다.

콘텐츠 시대에 콘텐츠를 생성함에 있어 ChatGPT의 활용도가 높아지고 있다. LG그룹 계열사에서 28년간 근무한 이세훈은 「챗GPT 시대 글쓰기」에서 ChatGPT가 콘텐츠 생성에 기여한다고 말한다. '대량의 텍스트 중심 콘텐츠 생성, 편집과 교정 작업 지원, 외국어 번역, 연구와 사실 확인'에서 특히 두드러진다고 말이다.[79] 세상은 콘텐츠에 의해 위상이 결정되는 상황이 되었다. 한국의 높아진 위상도 콘텐츠가 결정적이다. 한국의 높아진 위상의 중심에는 K-콘텐츠가 있다. 한국은 이제 세계의 강국 중 한 나라가 되었다. 이처럼 한국의 위상이 높아진 데는 두 가지가 이유가 있다. 하나는 개발도상국에서 선진국으로의 격상이다. 한국은 2021년 7월 유엔무역개발회의 UNCTAD 에서 개발도상국에서 선진국으로 격상됐다. 이 기구의 회원국이 선진국으로 지위가 바뀌기는 1964년 기구가 만들어진 뒤 한국이 처음이다. 선진국으로의 지위 변경은 세계 무대에서 한국의 위상을 공식적으로 인정받는 상징성이 있다.

최근 미국의 수도 워싱턴에서 발간되는 <US News>에서 발표한 세계 10대 강국 순위에서 한국은 6위를 차지했다. 1위 미국을 필두로 10위까지 발표했는데 그 순위는 중국, 러시아, 독일, 영국, 한국, 프랑스, 일본, 아랍 에미리트, 이스라엘 순이다. 강대국의 순위를 정한 기준은 첫째, 외교 정책과 영향력. 둘째, 국방 예산. 셋째, 세계 경제에 미치는 영향. 넷째, 지도자. 다섯째, 강력한 군사 동맹 등이다. 우리나라가 강대국 순위에 든 다른 이유 하나는 K-콘텐츠이다. 한국은 K-팝, K-영화, K-드라마, K-웹툰, K-게임 등으로 한국, 그 자체로 콘텐츠가 되었다.[80] 2022년 넷플릭스 전체 회원 중 60% 이상이 한국 콘텐츠를 시청했다고 한다. K-콘텐츠의 힘은 2022년 7월 넷플릭스가 한국 예능 상견례 행사에서 강하게 언급한 말에서 알 수 있다.

"한국을 논하지 않고는 글로벌 엔터테인먼트를 말하기 힘들다."[81]

앞으로 한국의 콘텐츠 영역은 점점 확장될 것이다. 영화, 음악, 드라마를 지나 K-웹툰으로 확장될 전망이다. K-콘텐츠 산업에서 가장 건강한 생태계는 웹툰이기 때문이다.[82] 이는 K-웹툰이 글로벌 만화 시장에서 1-2위 사업자로 확실히 자리매김한 데서 알 수 있다.

콘텐츠는 점점 더 중요해진다. 플랫폼 시대에 콘텐츠는 중요함 이상으로, 이제 콘텐츠가 열쇠를 쥐게 되었다. 사람들을 플랫폼으로 모으는 것은 결국 콘텐츠이기 때문이다. 영화 '모가디슈'는 사회적 거리두기 4단계라는 최악의 상황에서 360만 명이라는 관객을 동원했는데 그 이유가 콘텐츠 때문이라고 한다면, 콘텐츠의 힘은 절대적이라고 할 수 있다. 흥행하는 영화는 재미로 인해 몰려들지만, 시대를 담은 탄탄한 콘텐츠가 없으면 흥행할 수 없다. 이처럼 콘텐츠가 중요하다. 중요한 정도가 아니라 콘텐츠에 의해 국가, 기업, 개인의 삶의 질이 결정될 정도다.

교회의 쇠퇴, 그 중심에 콘텐츠가 있다

팬데믹을 거치면서 교회의 중심축이 흔들렸다. 이제는 예전의 영적 성장과 성숙의 기회가 온다는 희망을 가질 수 없다. 교회가 다시금 영적 성장과 성숙의 희망을 가지려면 갖출 것이 있다. 교회만의 탁월한 콘텐츠이다. 교회는 이미 성경이라는 최고의 콘텐츠가 있다. 그럼 어떤 콘텐츠를 말하는 것인가?

첫째, 교회는 교회다움으로 돌아가야 한다.

다른 말로 본질에 더 집중해야 한다. 교회가 지금까지 내면을 채우기보다는 외형 불리기에 집중했다면 이제부터는 내면인 본질, 곧 교회 콘텐츠에 집중해야 한다. 「목회트렌드 2024」에서 교회 안의 문제를 다섯 가지로 언급했다. 그중 한 가지는 콘텐츠의 부재로, '온라인 시대에 맞는 콘텐츠가 턱없이 부족했다'[83] 라고 서술하고 있다. 세상은 아이디어 시대이자 콘텐츠 시대로 변모했다. 이제 교회도 교회만의 콘텐츠를 집중 계발해야 한다. 교회가 성장에서 성숙으로 이어질 때 필요한 것은 콘텐츠이다. 교회만의 탁월한 콘텐츠가 있을 때 교회가 교회다워질 수 있다.

둘째, 개인화 시대에 맞는 맞춤 콘텐츠가 있어야 한다.

21세기는 개인의 시대이다. 공동체를 강조해 온 교회는 개인에게 관심이 덜했다. 개인에게 관심이 부족하다 보니 각 개인에게 맞춘 콘텐츠를 만드는 데 소홀했다. 개인에게 소홀하니 교회가 개인의 시대에 방향을 잡지 못하고 헤매는 것이다. 교회는 공동체도 중요하지만 개인도 중요함을 안다. 개인이 중요하니 개인에게 조금 더 관심을 기울여야 한다. 개인이 모여 공동체를 이룬다. 개인들의 취향이 모여 문화가 된다. 개인들의 취향이 모여 트렌드를 만든다. 개인들이 산업을 움직인다. 그리고 개인들이 교회를 구성한다. 그러므로 개인이 중요한 시대이다.

교회는 지금까지 하나님께만 더 맞추려고 했다. 그러나 이제는 개인에게도 맞추려고 해야 한다. 교회는 하나님에게 집중하되, 그동안 소홀했던 사람에게도 관심을 쏟아야 한다. 개인에게는 자신이 중요하다. 그 개인은 자기 취향이 무엇인지 정확하게 안다. 그들은 자기 취향에 맞게 콘텐츠를 찾고 선택한다. 교회에 대한 기대도 마찬가지다. 개인은 교회가 개개인에게 맞춤 콘텐츠를 제공해 주길 바란다. 팬데믹으로 개인은 유튜브와 넷플릭스를 시청하는 데 더 많은 시간을 보냈다. 그 이유는 개인에게 맞춤 콘텐츠를 제공해 주었기 때문이다. 개인의 취향에 맞춰 준 콘텐츠에 열광하는 것은 당연했다. 교회는 팬데믹 이후 첫해인 2024년에 개인에게 맞는 양질의 콘텐츠를 계발해야 한다. 과거에는 교회에서 제공하는 콘텐츠를 그대로 받아들였다. 지금은 어떠한가. 그대로 받아들이지 않고 자신이 어떤 콘텐츠를 원하는지 말한다. 그리고 자신의 취향에 맞는 콘텐츠를 선택한다.

개인은 영화나 드라마 등도 개인의 취향에 맞게 선택한다. 「2023 콘텐츠가 전부다」에서는 영화도 개인의 취향에 따라 주도적으로 선택한다고 한다. '과거에는 영화 콘텐츠 선택의 폭이 넓지 않았다. 콘텐츠 공급자의 마케팅에 따라 이리저리 휩쓸려 다녔다. 그저 주어진 콘텐츠를 열심히 소비했던 것이다. 그런데 이제는 극장용 영화는 물론, 각종 OTT와 유튜브에서 쏟아내는 콘텐츠까지 모두 포함해 그중에서 내가 볼 콘텐츠를 주도적으로 선택하고 있다.'[84] 개인이 시청할 콘텐츠를 주도적으로 선택하는 때이다. 사람들은 교회 콘텐츠도 교회가 제공하는 것을 그대로 시청하지 않는다. 자기 취향에 맞는 교회 콘텐츠를 찾는다. 찾아도 없다면 자기 취향에 맞는 세상의 콘텐츠를 시청한다. '이왕이면 다홍치마'라고 개인은 양질의 콘텐츠를 시청하고자 한다. 교인일지라도 교회 콘텐츠가 양질이 아니면 세상 콘텐츠로 눈을 돌린다. 그러므로 2024년도 교회는 양질의 교회 콘텐츠를 만드는 데 진력해야 한다. 팬데믹 기간에 일반서적은 더 많이 팔렸다고 한다. 하지만 기독교 서적은 판매량이 급감했다. 왜 그런가? 교회 콘텐츠가 세상 콘텐츠보다 양질이 아니기 때문이다.

셋째, 목회자의 설교가 지금보다 한 단계 업그레이드된 콘텐츠여야 한다.

교회 콘텐츠를 대표하는 것이 설교다. 교회를 대표하는 설교 콘텐츠가 세상에서는 각광을 받지 못하고 있다. 심지어 교인도 설교를 외면하기까지 한다. 잭 트라우트는 「포지셔닝」에서 미국의 가톨릭 신부들의 설교를 예로 들며, 오늘날 최고의 종교 연설가는 교회가 아닌 일요일 아침 텔레비전 화면에서 볼 수 있다고 한다. 그러면서 그는 설교가들을 가장 먼저 훈련시켜야 한다고 강조한다.

'가장 먼저 할 일은 설교가들을 훈련시키는 것이었다. (중략) 오늘날 최고의 종교 연설가는 교회가 아닌 일요일 아침 텔레비전 화면에서 볼 수 있다.'[85]

이는 미국 가톨릭만의 문제가 아니다. 한국교회도 다르지 않다. 교회 콘텐츠가 텔레비전보다 떨어지니 최고의 종교 연설가는 교회가 아닌 일요일 아침 텔레비전 프로그램이 되었다. 설교자들의 설교가 양질의 콘텐츠가 못 되자 교인들이 세상 콘텐츠에 몰려들고 있다. ChatGPT가 등장했다는 것은 세상의 콘텐츠는 눈부시게 성장하고 있다는 것을 말해준다. 그럼 교회 콘텐츠는 어떤가? 교회의 콘텐츠는 답보를 거듭하고 있다. 몇십 년 전 것을 그대로 사용하는 경우가 부지기수다. 가장 염려되는 것은 설교 구성이 30년 전과 별로 달라지지 않았다는 점이다. 세상은 'One Point'로 강의가 이루어지지만, 교회는 'Three Point'로 설교를 한다. 논리적인 글쓰기가 기본인 시대에 논리적인 글이 안 되는 설교자가 부지기수다. 콘텐츠의 논리성만 봐도 세상 콘텐츠와 교회 콘텐츠를 비교할 수 없다.

넷째, MZ세대와 알파세대가 교회를 떠나고 있다.

어떤 교회는 MZ세대와 알파세대가 팬데믹 이전보다 50% 이상이 줄었다. 주일학교 학생 수가 100명에서 30명으로 줄은 교회나 알파세대를 찾아볼 수 없는 교회가 즐비하다. 많은 교회의 예배에서 백발이 성성한 교인들만 빼곡하다. MZ세대와 알파세대가 교회에서 보이지 않는다. 왜 그럴까? MZ세대와 알파세대에게 맞는 콘텐츠가 없기 때문이다. 세상은 MZ세대가 좋아할 만한 콘텐츠로 넘쳐 난다. 탁월한 콘텐츠로 만들어진 노래, 영화, 드라마, 웹툰, 게임 등을 여기저기서 만날 수 있다. 하지만 교회에는 MZ세대와 알파세대가 원하는 콘텐츠가 턱없이 부족하다. 성경도 MZ세대에 맞게 만들어져 나와야 하는데 기성세대에 맞춰져 있다. 그러니 흥미를 줄 수 없다. MZ세대와 알파세대는 낙후되고 고리타분한 교회의 콘텐츠에 관심을 기울이지 않는다.

한국교회가 부흥하던 70-80년대 교회는 세상보다 앞서 있었다. 과거 교육 기관은 학교와 교회밖에 없었다. 연극, 찬양 등 문화 활동도 교회가 세상을 앞섰다. 지금은 세상보다 앞선 것이 거의 없을 정도다. 교회는 교회가 한국 사회보다 낮다는 생각에 빠져 있는 것 같다. 콘텐츠만 놓고 보면 전혀 그렇지 않다. 한국 콘텐츠는 세계적 수준이 되었다. 한국교회 콘텐츠는 세계 시장에 나와 있지 못하다. 2023년 넷플릭스의 선택과 집중은 한국 콘텐츠였다. 한국 콘텐츠가 탁월하기 때문이다. 「2023 콘텐츠가 전부다」에서는 넷플릭스의 정책에 대해 이렇게 말한다. '넷플릭스의 선택과 집중은 아시아와 K-콘텐츠이다.'[86]

교회의 쇠퇴 요인 중 하나가 교회 콘텐츠의 시대에 맞지 않은 고리타분함이다. 교회의 부흥기에는 교회 콘텐츠가 세상 콘텐츠보다 앞섰다. 교회 쇠퇴기에는 교회 콘텐츠가 세상 콘텐츠보다 뒤떨어진다. 한국교회는 최고의 콘텐츠인 성경을 보유했다. 인공지능 시대에는 시대에 맞는 교회 콘텐츠를 세상에 내놓아야 한다. 교회는 2024년을 시대에 맞는 양질의 콘텐츠를 만드는 원년으로 삼아야 한다. 그렇지 않으면 MZ세대와 알파세대를 점점 더 교회에서 찾기 어렵게 될 것이다.

교회는 콘텐츠에 관심 있는가?

교회가 쇠퇴기를 맞은 이유는 인공지능 시대에 맞는 양질의 콘텐츠가 부족한 데 있다. 이는 교회가 양질의 교회 콘텐츠 계발에 관심이 없기 때문이다. 교회는 사람을 키우는 곳인데, 건물을 키운다. 교회는 콘텐츠로 사람을 교육하는 곳인데, 교육관을 짓는다. 즉 교회는 교회 콘텐츠에 관심이 없다. 교회는 기성세대가 좋아하던 콘텐츠만 보유하고 있다. 이런 말이 있다.

"고대 시대에 최고의 콘텐츠는 신화였다. 중세 시대 최고의 콘텐츠는 종교였다. 현대 시대 최고의 콘텐츠는 유튜브다. 모든 콘텐츠의 공통은 스토리다."

위의 말은 교회는 중세 시대에나 안성맞춤인 종교라는 말이다. 이렇게 말하는 것은 그만큼 교회가 시대와 발맞춤을 못하고 있다는 것이다. 박양규 목사는 '한국교회 콘텐츠는 500년 전 종교개혁 전에 머물고 있다'고 한다. 이 말은 교회는 콘텐츠에 전혀 관심이 없다는 것과 일맥상통한다. 태초부터 있었던 교회 콘텐츠인 성경을 영원히 우려먹겠다는 심산이다. 하나님도 구약과 신약에 따라 다른 모습으로 우리에게 다가오셨다. 그렇다면 교회는 21세기에 맞는 콘텐츠로 세상에 다가가야 한다.

우리 시대에 가장 핫한 작가 중 한 명인 아트스피치앤커뮤니케이션 대표인 김미경은 10년 전인 2014년에 「아트 스피치」에서 '콘텐츠'의 중요성에 관해 다음과 같이 말했다.

"전문 스피치는 나만이 할 수 있는 말, 나만의 독특한 콘텐츠를 갖춰야 비로소 할 수 있다. 예를 들어 아프리카에서 봉사하며 말년을 아름답게 보냈던 오드리 헵번이 국제 구호단체에서 강연한다고 생각해 보자. 그녀는 평생 스피커와는 거리가 먼 삶을 살았지만 강연장은 사람들로 미어터질 것이다."

그녀는 스피치에서 가장 중요한 것은 발음이 아닌 콘텐츠라고 말한다. 아무리 사투리가 심하고 혀가 짧아도 들을 만한 말이면 청중은 다 듣게 돼 있다. 스피치는 다양한 요소로 완성된다. 따라서 할 말만 있다면 한두 가지 요소로도 청중을 감동시킬 수 있다. 그녀는 스피치를 하는 전문 스피커는 남다른 콘텐츠로 무장하라고 한다. 이처럼 세상은 이미 10년 전에 콘텐츠의 중요성을 말했는데 교회는 콘텐츠의 중요성을 10년이 지난 이제야 언급하기 시작한다.

교회의 콘텐츠를 생산하는 목회자는 설교 전문 스피커이다. 전문 스피커인 목회자는 남다른 콘텐츠로 무장된 뒤 설교해야 한다. 전문 스피커인 설교자는 타인의 삶을 업그레이드시키거나 최소한 좋은 영향을 주는 것은 물론 한 영혼을 살려야 한다. 그러려면 영성과 삶의 경험, 그리고 지혜와 지식이 담긴 콘텐츠의 사람이 돼야 한다.

김미경이 한 말 중 "아무리 달변이라도 콘텐츠가 들을 만한 가치가 없다면 헛일이다. 내면을 채우는 강연이 아니라 시간만 낭비하는 강연이라면 처음부터 유통 자체가 불가능하다"라는 말은 충격적이었다. 이 말을 목회자에게 적용하면 어떨까? 목회자는 교인이 들을 만한 콘텐츠로 준비되어 있어야 한다. 교회 콘텐츠가 준비되어 있지 않으니 인공지능 시대에 교회 콘텐츠가 유통되지 못하는 것이다. 사람들에게 교회 콘텐츠는 시간만 낭비하는 콘텐츠로 인식되고 있다. 교인들은 말하지 않지만, 설교 시간은 시간 낭비라는 생각을 한다. 아무리 몇십 구절의 성경 구절을 인용해도 교인에게 시간 낭비한다는 인상을 준다면, 이는 그 목회자의 콘텐츠에 심각한 문제가 있음을 반증하는 것이다.

목회자가 설교, 강의를 하려면 가장 먼저 갖추어야 할 것이 콘텐츠이다. 즉 '교회에서 시급하게 갖춰야 할 것은 콘텐츠다.' 교회를 떠난 교인들이 교회로 돌아와야 한다. 그들이 교회로 돌아오게 하는 요소 중 하나가 양질의 콘텐츠이다. 교회는 양질의 콘텐츠 만들기에 관심을 가져야 한다. 그럴 때 질문이 바뀐다. 사람들이 교회로 속히 돌아오려고 할 것이다. 우리는 질문해야 한다. 그리고 질문을 바꿔야 한다. '교회는 콘텐츠에 관심이 있는가?'에서 '교회는 어떤 콘텐츠를 만들고 있는가?'로.

교회는 교회 콘텐츠를 많이 만들어야 한다

교회는 콘텐츠 만들기에 역량을 쏟아부어야 한다. 교회는 완전히 새로운 콘텐츠 세상 Whole New Contents World 에 대한 준비가 필요하기 때문이다.[87] 세상은 콘텐츠 중심의 생태계를 견고히 하고 있다. 콘텐츠 중심의 생태계를 견고히 하는 이유는 '아이디어 하나로 정상에 오를 수 있다'[88]는 것을 누구나 알기 때문이다. 제자훈련이라는 아이디어 콘텐츠를 갖추면 교회도 성장하는 예를 무수히 보았다. 그러므로 영적 부흥 못지않게 콘텐츠 중심의 생태계를 견고히 해야 한다.

세상에는 콘텐츠 온리 Only 의 시대[89]가 다가오고 있다. 교회에는 이미 세상에 없는 유일한 콘텐츠가 있다. 문제는 시대에 맞는 유일한 콘텐츠가 없다는 것이다. 2024년 교회는 수많은 교회 콘텐츠를 만들어야 한다. 교회에는 콘텐츠가 꽤 있다. 문제는 시대에 맞지 않는 예전의 콘텐츠라는 점이다. 시대가 바뀌었으면 바뀐 시대에 맞는 콘텐츠가 필요하다. 주일학교 지도자들이 하는 말 중 하나가 '주일학교 교재가 시대에 맞지 않는다'라는 것이다. 그렇다고 다른 교재는 괜찮은가? 다른 교재도 크게 다르지 않다. 시대에 맞지 않으니 교인도 시대에 맞춰 주는 세상 콘텐츠에 기웃거린다.

한국은 콘텐츠 강국이다. 넷플릭스에서 한국의 콘텐츠를 시청하는 사람이 60%에 육박한다. 테드 서랜도스 넷플릭스 공동 CEO가 한국 콘텐츠 K-콘텐츠 의 점유율을 극찬하며 장기적인 투자를 약속했다. "전 세계 회원의 60%가 한국 콘텐츠를 보고 있으며, 향후 4년간 25억 달러 약 3조 3,000억 원 를 한국 콘텐츠에 투자할 것입니다"라고 말이다. 서랜도스 CEO는 '지난 4년 동안 전 세계 넷플릭스 회원들의 한국 콘텐츠 시청이 6배 증가했다'라고 전했다. 온 세상 사람들이 한국 콘텐츠를 시청하니 교인들도 한국 콘텐츠가 무엇이 좋은지 관심이 많다. 한 번 시청하면 한국 콘텐츠에서 헤어 나오지 못한다. 그 결과, 교인들은 교회 콘텐츠보다는 세상의 좋은 콘텐츠에 더 많은 시간을 쏟는다.

교회는 적어도 교인들이 교회 콘텐츠에 관심을 기울일 수 있도록 양질의 콘텐츠를 만들어야 한다. 그러려면 교회들은 콘텐츠를 만들 수 있는 인재를 키워야 한다. 좋은 콘텐츠를 만들 수 있는 사람에게 과감하게 투자해야 한다. 기독교 작가들은 세상과 견주어도 손색이 없는 콘텐츠를 만들기 위해 힘을 쏟아야 한다.

2024년 교회가 교회 콘텐츠를 많이 만들어야 할 이유가 있다. 많은 콘텐츠를 만들면 교회의 콘텐츠가 사람들로부터 각광받게 되기 때문이다. 콘텐츠를 많이 만들면 영향력이 증대된다. 캘리포니아주립대학교 UC 데이비스 캠퍼스의 저명한 심리학 교수인 딘 키스 사이먼튼은 2,000명의 유명한 과학자와 발명가의 업적을 조사했는데, 대부분 39살에 역사에 족적을 남길 만한 업적을 세웠다. 많은 학자가 30대 후반에서 40대 초반에 가장 많은 논문을 냈기 때문이다. 2024년 교회가 많은 콘텐츠를 만들면, 교회는 제2의 부흥기를 맞이할 수 있다.

AI를 활용해야 한다

양질의 교회 콘텐츠, 혹은 교회 콘텐츠를 만드는 것은 그다지 어렵지 않다. ChatGPT를 활용하면 된다. 다만 양질의 콘텐츠를 만든다는 보장이 없는 것이 아쉽기는 하다. 아무튼 쓸 만한 교회 콘텐츠를 만드는 데 생성형 인공지능인 ChatGPT를 활용하는 것도 한 가지 방법이다. 특히, ChatGPT는 개교회에 적합한 콘텐츠를 만들 수 있도록 도와준다. 세계는 ChatGPT를 활용해 콘텐츠를 만들고 있다. ChatGPT로 인해 콘텐츠 제작이 훨씬 쉬운 환경이 조성되었다. 윤서아 외 4명의 저서 「나도 AI 콘텐츠 제작으로 돈 벌어볼까?」에서는 AI를 활용한 콘텐츠 제작은 시간을 단축하고 공간의 한계를 뛰어넘을 수 있게 했다고 말한다.[90] 현재 ChatGPT는 뉴스, 제품 설명, 시, 소설, 음악, 영화, 게임 등에 활발하게 활용되고 있다. 그 이유는 ChatGPT는 비교 학습을 통해 새로운 콘텐츠를 만들 수 있기 때문이다.[91] 교회도 ChatGPT를 활용해 교회와 목회를 위한 콘텐츠를 활용해야 한다. ChatGPT를 활용하려면 먼저 프롬프트 Prompt 를 활용할 수 있어야 한다. 프롬프트는 블로그 글쓰기처럼 사적인 영역에서부터 전문적인 영역 글쓰기와 번역, 요약, 문장 완성, 질문 응답, 콘텐츠 생성, 감성 분석, 의료 정보, 채팅 봇, 음성인식, 작곡 등에 활용을 가능하게 해준다.[92]

과거에는 교회나 목회 현장에서 다른 교회나 다른 목회자의 좋은 자료를 활용하는 것도 큰 효과가 있었다. 그러나 이젠 누구나 작가가 되는 시대이기에 다른 교회나 다른 목회자의 좋은 자료를 활용하는 것을 중지해야 한다. 자기 교회에 맞는 콘텐츠, 자기 목회를 위한 콘텐츠를 만들지 못한다면 경쟁력을 갖출 수 없다. '우리 것이 좋은 것이여!'라는 말이 있다. 교회와 목회자는 내 교회에 맞는 콘텐츠를 만들어야 한다. 우리 교회와 내 목회에 맞는 콘텐츠를 만들어야 한다. 이런 콘텐츠는 ChatGPT를 통해 무한대로 만들어 교회와 목회에 활용할 수 있다. 교회마다 교회에 맞는 콘텐츠가 있어야 한다. 만약 규모가 있는 교회임에도 그에 맞는 콘텐츠가 없다면 세상은 교회를 만만하게 볼 것이다. 이에 목회자는 목회를 할 때, 다른 교회나 다른 목회자의 좋은 자료를 쉽게 활용하고자 하는 생각을 버려야 한다. 자료의 보고인 ChatGPT를 활용해, 교회와 목회에 적합한 콘텐츠를 만들어야 한다.

고전으로 남는 교회 콘텐츠를 만들고자 노력해야 한다

콘텐츠에는 두 가지가 있다. 하나는 남겨진 콘텐츠이다. 다른 하나는 남아 있는 콘텐츠이다. 이왕 만들 콘텐츠는 고전으로 남을 만한 콘텐츠로 만들어야 한다. 성경처럼 고전으로 남는 콘텐츠는 언제나 강력한 영향을 미친다. 고전으로 남을 만한 콘텐츠를 만들려면 남다른 아이디어가 있어야 한다. 그 아이디어는 오리지널리티 Originality, 즉 독창성으로부터 출발한다. 경영학자인 김병규는 그의 저서 「호모 아딕투스」에서 독창성의 중요성을 다음과 같이 설명한다.

'구성원들의 경험이나 지식, 사고방식이 유사하면 창의적이고 혁신적인 아이디어가 나오기 어렵죠. 그래서 기업과 조직의 발전을 위해서는 오리지널리티 Originality, 즉 독창성을 가진 사람이 필요합니다.'[93]

그는 독창성의 가치는 계속 높아지지만 독창성을 갖추기는 점점 더 어려워지는 세상이라고 한다.[94] 갖추기 어려운 독창적인 아이디어가 있으면 오랫동안 사람들에게 관심을 받는다. 그러므로 가치가 점점 높아지는 독창성 있는 콘텐츠를 만들어야 한다.

독창성 있는 콘텐츠에는 메타포가 담겨 있다. 예수님은 복음서에서 비유법을 사용한 탁월한 콘텐츠를 보여주셨다. 마찬가지로 교회 콘텐츠도 메타포를 사용해 탁월한 콘텐츠가 되도록 해야 한다. 김용규, 김유림은 「은유가 바꾸는 세상」에서 은유 메타포 가 중요하다고 한다. 예수님은 비유를 사용한 설교로 세상을 바꾸셨다. 은유가 세상을 바꿀 수 있을까? 저자들은 그렇다고 말한다.[95] 은유가 세상을 바꿀 수 있는 것은 은유가 사고의 문제이기 때문이라고 한다.

"은유는 '언어의 문제'가 아니라 '사고의 문제'로, '표현의 방식'이 아니라 '개념화의 방식'으로 '수사법의 한 형식'이 아니라 '정신의 보편적 형식'으로 자리 잡았다."[96]

우리는 알고 있다. 예수께서 비유를 통해 말씀하신 진리는 영원하다. 중국의 고전들은 비유 사용에 남다르다. 그렇다면 교회는 비유가 포함된 콘텐츠를 만들어야 한다. 그 콘텐츠는 어느새 고전이 된다. 고전과 같은 콘텐츠는 사람들이 다른 사람에게 추천한다. 좋은 영화, 좋은 책 등 혼자 보기 아까우면 다른 사람에게 추천한다. 마찬가지로 고전과 같은 교회 콘텐츠는 다른 사람, 즉 가족과 친구, 지인에게 추천한다.

미국 최대의 벤처 투자사인 와이 콤비네이터 Y Combinator 의 창립자 폴 그레이엄은 이렇게 말한다.

"스타트업의 성장률을 높이는 최고의 방법은 친구들에게 추천할 수 있을 만한 제품을 만드는 것이다."

이처럼 스타트업의 성장률을 높이는 최고의 방법이 친구들에게 추천할 수 있는 제품이듯이, 교회 콘텐츠도 친구들에게 추천할 수 있어야 한다. 교회 콘텐츠가 사람들에게 관심을 끌지 못하는 이유는 친구들에게 추천할 만한 콘텐츠가 못되기 때문이다. 라이언 홀리데이는 「라이팅 유니버스」에서 "클릭 한 번으로 뭐든지 공유될 수 있는 세상에서 '아이디어'는 아무것도 아니다"[97]라고 말한다.

교회는 세상에서 그저 공유되는 콘텐츠가 아니라 추천할 수 있는 콘텐츠를 만들어야 한다. 곧, 고전이 될 수 있는 콘텐츠를 만들고자 해야 한다.

콘텐츠를 활용할 수 있는 플랫폼도 만들어야 한다

교인이 좋아하는 콘텐츠, 개인이 관심을 갖고 다른 사람에게 추천하는 콘텐츠, 고전으로 남을 만한 콘텐츠를 만들었다면, 다음으로 콘텐츠의 마당인 플랫폼을 만들어야 한다. 플랫폼을 통해 교회 콘텐츠의 우수성을 홍보해야 한다. 플랫폼이란 'Plat' 구획된 땅 과 'Form' 형태 의 합성어다. 21세기에는 구글, 유튜브, 네이버만이 플랫폼이 아니다. 개인이 주로 사용하는 유튜브, 페이스북, 인스타그램 등도 플랫폼이다. 김난도는 「트렌드 코리아 2022」에서 오늘날에는 카카오톡·페이스북·인스타그램·메타버스 등 넘쳐나는 플랫폼들이 저마다 각기 다른 인간관계를 선사한다고 한다. 노가영 외 3인의 「2022 콘텐츠가 전부다」에서는 누구나 SNS 채널 하나는 꼭 가지고 성장시킬 것을 추천한다.

한양대학교 교수인 유영만의 「폼 잡지 말고 플랫폼 잡아라」에서는 선한 영향력을 끼치는 플랫폼의 중요성을 다음과 같이 말한다.

"미래는 '폼' 잡는 사람보다 타인의 아픔을 나의 아픔처럼 품어주며 '플랫폼'에서 선한 영향력을 행사하는 사람이 이끌어 간다. 플랫폼은 일종의 정거장이다. 내가 어딘가를 가려면 반드시 가야 하는 곳이 정거장이다."[98]

일종의 정거장인 플랫폼에서 선한 영향력을 행사하는 사람이 미래를 이끌어 간다면 교회는 선한 영향력을 줄 수 있는 플랫폼을 만들어야 한다. 18세 이상 성인 중 72%는 최소한 2개 이상의 플랫폼을 이용하고 18-24세 성인 중 27%는 10개 이상의 플랫폼을 이용한다. 2019년 1인당 이용하는 소셜 미디어의 플랫폼은 평균 5.8개였으나 2023년에는 10.2개까지 증가한 것으로 보인다. MZ세대에게 인스타그램은 개인에게 선택이 아닌 필수적인 비즈니스 플랫폼이 되었다.

교회가 플랫폼을 만들어야 하는 이유는 플랫폼은 사람들에게 메시지를 전달하는 데 사용하는 수단이자 접근방법이 되었기 때문이다. 교회는 단순하게 홍보할 수 있는 플랫폼만을 만드는 것으로 그치면 안 된다. 교회를 성장시키고, 성숙시키는 플랫폼을 만들어야 한다. 유영만 교수는 플랫폼이 나를 성장시킨다며 다음과 같이 그 위상을 한 단계 업그레이드시킨다.

'오늘날의 사람들은 플랫폼을 조금 다르게 생각한다. 상당수의 사람들이 소셜 미디어 팔로워 숫자나 TV쇼의 시청률 같은 것으로 플랫폼을 이해한다. 나는 그런 인식이 지나치게 단순화된 것이라고 본다. 플랫폼은 당신의 창작물이 무엇이든 간에 그 결과물을 통해서가 아니라 그것을 위해 당신이 일구고 성장시킨 것을 뜻한다. 이것이 내가 바라보는 플랫폼이다.'[99]

　　교회는 그저 소셜 미디어라는 플랫폼을 잘 사용하는 것에 그쳐서는 안 된다. 교회의 플랫폼은 교회가 만든 콘텐츠로 인해 사람들의 관심을 받아 교회도 성장하게 하는 플랫폼이어야 한다. 교회는 교회만의 경쟁력을 갖춘 플랫폼을 가져야 한다. 그럴 때 다른 사람의 처분에 맡긴 것에 불과한 플랫폼으로 그치지 않게 된다. 유영만 교수는 콘텐츠를 만드는 사람에게 죽음과 같은 것은, 자신의 콘텐츠를 다른 사람들의 처분에 맡기는 것이라고 한다.[100] 그는 지금 바로 당신의 플랫폼을 세우라고 한다. 그것도 첫 번째 작품을 내기 전에 플랫폼을 구축하라고 한다. 그럴 때 그 작품이 오래 살아남을 가능성이 한층 높아진다고 한다.

　　교회의 경쟁력은 교회만이 갖출 수 있는 콘텐츠에서 나온다. 그리고 교회의 경쟁력은 계획된 의도를 갖고 구축한 플랫폼에서 나온다. 교회는 교회 플랫폼을 구축하되, 양질의 콘텐츠를 담을 수 있어야 한다. 유영만 교수는 '작품을 여러 개 만들 수 있고, 그래야 하나의 확실한 경력을 가질 수 있으며, 그래야 당신의 작품이 그저 한 권의 책, 한 편의 영화, 하나의 앱으로 그치지 않는다. 당신은 그보다 더 많은 것을 창조하는 사람이어야 한다'[101] 라고 말한다.

교회는 교회 콘텐츠의 활용을 넘어서서 세상에도 전달될 수 있는 플랫폼을 만들어야 한다. 그리고 더 창조적인 콘텐츠를 만들어야 한다.

2. 성경, 스토리로 콘텐츠의 보고를 열어라

네러티브의 시대

일본 출신 작가 시오노 나나미가 있다. 대표작은 15권으로 구성된 「로마인 이야기」이고, 르네상스 시대나 십자군 이야기, 세 도시 이야기, 전쟁 시리즈 등을 썼다. 우리는 역사라는 시각에서 그녀가 쓴 책을 읽으며 교훈을 얻지만 정작 본인은 그것을 역사소설로 간주한다. 소설이라는 허구의 시각에서 보더라도 작가는 이탈리아, 르네상스, 십자군 같은 역사를 자신만의 콘텐츠로 풀어내는데, 그게 참으로 놀라워 보인다. <위키백과>에 보면 시오노 나나미는 위안부를 부정하고 있고, 역사를 개인적인 취미로 읽은 뒤 재구성하여 책을 펴낸 까닭에 오류가 나타난다. 이런 약점에도 불구하고 시오노 나나미가 한국 내에 두터운 독자층을 형성하고 있는 건 그녀의 책에는 서사 Narrative 가 주는 이야기의 힘이 담겨 있기 때문이다. 이 점이 우리가 주목해야 하는 지점이다. 스토리텔링의 가장 중요한 과녁은 언제나 독자의 가슴이다. 기독교가 주변으로 밀려나고 있고 교회가 약해져 가는 이때, 시오노 나나미는 우리가 무엇에 주목해야 하는지를 보여준다. 성경은 진리의 책이고 복음의 메시지를 담고 있는 하나님의 말씀이지만 지금 시대는 그 성경을 이야기란 관점에서 풀어낼 수 있는 누군가를 필요로 한다. 70년대, 80년대엔 부흥회를 통해 성경의 메시지를 풀어내는 게 받아들여졌지만, 지금은 전혀 통하지 않는다. 시대의 트렌드가 변했기 때문이다.

  넷플릭스가 보여주듯 지금은 이야기의 시대이다. 휴대폰 하나만 있으면 무엇이든 다 할 수 있다. 은행 업무부터 세금, 학교 수업이나 모임까지도 다 가능하다. 한 유튜브 방송에선 휴대폰 하나만 주고 일주일 살이를 시켰는데 일주일을 버티는 게 그다지 힘들지 않았다. 휴대폰과 넷플릭스에 빠져 있는 성도들을 대상으로 성경을 가르치려면 흡인력 있는 이야기 방식에서 보듯 나태한 일상을 흔들고 긴장하게 만들어야 한다. 우리 시대는 정보와 데이터로 넘쳐나고 있기에 성경을 설명할 때 구속사 같은 강력한 메시지를 쏟아내는 것만으로는 부족하다. 예전과 달리 이제는 성도들이 목회자의 설명이나 주장을 무조건적으로 받아들이지 않는다. 예전엔 창조를 당연하게 받아들였지만 이제는 아니다. 특히 청년들은 과학적인 증거가 뒷받침되는 창조론에 대해선 거부반응을 보인다. 합리적으로 이해가 되지 않기 때문이다.

  우리는 개인이 중요하고 내 생각이 중요하며 상식이 중요해진 시대를 살고 있다. 사회가 전체적으로 서구화되고 있기에 이제는 교회 안에서 일어나는 믿음의 사역이라도 단순한 주장만으로는 안 되고 뭐든 스토리를 겸비해야 하고, 조화를 이루어야 하며, 공감을 얻어야 한다. 얼마 전까지만 해도 강해설교가 잘 받아들여졌지만 이제는 아니다. 그 이유는 지금 시대는 분석이 아니라 통합 즉, 큰 그림을 원하기 때문이다. 산업화 시대와 그 이후의 정보화 시대 땐 집중과 전문화가 요구되었다. 하지만 사회의 흐름이 소프트 파워로 바뀐 지금엔 단지 이상만 갖춘 제자의 삶은 더 이상 충분하지 않다. 이제는 신앙생활이 개인의 삶에도 구체적으로 연결되어야 한다. 이제 성도들은 예전만큼 헌신적이지 않다. 지금 성도들은 신앙생활을 통해서 만족을 얻기 원하는데, 이게 잘 이루어지지 않을 때 외부에서 그것을 찾아서 충족하려 한다. 신앙생활은 진지하고 자기희생적이며 의미를 만들어 내는 일이지만 성도들은 생산자로서의 삶보다는 소비자의 삶에 익숙해져 있다. 자기가 원하는 설교를 자기가 원하는 때에 듣고 싶어 하고 희생적인 신앙생활보다는 자기에게 유익을 주는 방식으로 신앙생활을 선택적으로 하고 싶어 한다. 우리는 이런 변화를 눈여겨봐야 한다.

우리의 경험과 지식, 사고의 대부분은 이야기로 정리된다

우리가 사는 사회에선 팩트가 중요하다. 팩트는 근거를 통해 신뢰를 주기 때문이다. 하지만 그 팩트가 우리에게 든든한 느낌은 주지만 우리가 통계나 수치라는 팩트를 가지고 어떤 결정을 내리는 경우는 드물다. 인간은 팩트보다는 본능적으로 웃고 울고 놀라거나 실망하며 공분의 감정을 지르는 감정의 전달을 통해 뭔가를 결정하는 경향을 보인다. 최고의 이야기가 머리가 아니라 가슴에서 나오는 것도 이 때문이다. 인간의 뇌는 한 명 한 명과 개인적으로 마주할 때 감정적인 반응을 보인다. 영화 '타이타닉'이 보여주듯 북대서양에 가라앉은 녹슨 쇳덩어리에도 이야기가 들어가면 상황은 달라진다. 팩트가 아니라 누군가의 이야기로 들려지게 되는 순간 관객은 몰입한다. 뉴스도 이런 순간을 포착한다. 주변에서 보면 착한 가게 주인이 있다. 그게 기사화되면 사람들은 그 가게를 찾아가서 돈으로 혼쭐을 낸다. 그렇게라도 해서 돕고 싶은 것이다. 사람을 움직이게 만드는 결정적인 힘은 팩트가 아니라 팩트에 담긴 이야기이다.

문화가 서로 다르다고 해서 하나의 표정을 놓고 서로 다른 감정을 떠올리는 경우는 없었다.[102]

미국 UCLA의 폴 에크만 교수가 사람의 다양한 표정을 담은 사진으로 흥미로운 실험을 했다. 그가 한 실험에선 인간의 뇌가 어떻게 서로 다른 기능을 보이는지를 확인하는 것이었다. 좌뇌는 학습에 의해 우수해지지만 우뇌는 학습이나 경험과 그리 큰 관련이 없다. 표정을 볼 때 우뇌는 얼굴의 각 부분을 종합적으로 해석한 뒤 이를 토대로 결론을 내렸고, 놀랍게도 사진 속 인물의 감정까지도 읽어내었다. 좌뇌는 순차적이고 우뇌는 동시적이다. 좌뇌는 본문 해석에 강하고 우뇌는 문맥 해석에 강하다. 좌뇌는 세부적으로 분석하고 우뇌는 큰 그림을 그린다. 인간은 양쪽 뇌를 모두 사용하여 새로운 사고를 만들어 낸다는 걸 뇌과학이 보여주는데, 이게 콘텐츠를 만드는 방식에도 영향을 미치고 있다. 인간은 삶이 풍요로워질수록 자신의 존재 의미를 확인하고 싶어한다. 컬럼비아대학교의 앤드류 델방코 교수는 이렇게 설명한다.

"현 시대의 가장 두드러진 문화적 특징은 초월성에 대한 채워지지 않는 열망이다."[103]

경제적 풍요로 과거엔 소수만이 가능했던 자아실현을 이제는 누구나 원하면 할 수 있는 시대가 되었다. 그런 변화가 인터넷과 넷플릭스를 통해 확인되고 있다. 과거엔 소수만이 정보를 쥐고 있었다. 하지만 이제는 검색만 하면 누구나 자신이 원하는 정보를 실시간으로 확인할 수 있다. 게다가 넷플릭스의 영향으로 우리는 이야기를 통해 초월성을 갈망하는 내면의 열망에 대한 만족을 채운 뒤 이를 공유한다. 요즘 그 바쁜 사람들이 영화나 드라마는 챙겨서 본다. 시간이 없을 땐 주말에 시리즈를 몰아서 본다. 사람들이 팩트가 아닌 허구라는 이야기의 세계에 빠져든다는 것은 그들 안에 초월성에 대한 갈망이 있다는 것을 간접적으로 보여주는 것이다. 이러한 갈망을 성도들 역시 갖고 있다. 성경을 배우고 읽지만 그것을 학습이 아니라 이야기라는 방식으로 경험하고 싶어 한다. 학습과 달리 이야기는 독자인 내가 주인공과 함께 서도록 만든다.

교훈이 주지 못하는 것

신학의 눈으로 보면 인간은 죄인이다. 인간은 부패한 본성으로 인해 끊임없이 하나님의 마음을 아프게 하며 믿음에서 멀어진다. 사사기를 읽으면 그런 인간의 삶이 패턴으로 나타난다. 죄를 지으면 하나님이 경고를 하지만 귀담아듣지 않는다. 그럼 하나님이 이웃 나라를 통해 고난을 주신다. 그러면 괴로워서 하나님께 부르짖고, 그러면 하나님은 사사를 보내 고난을 해결해 주신다. 잠시 평안을 누리지만 다시 죄를 짓는다. 이런 죄에 대한 패턴이 구약시대를 관통하고 있고 그런 패턴이 성도들의 삶에서도 재현되고 있을 것이다. 하지만 이런 모습을 각성시키기 위해 구약시대엔 하나님이 선지자를 이 땅에 보내셨다. 우리가 사는 시대에 하나님은 인간의 부패한 삶을 어떻게 각성시키고 계실까? 지금은 선지자가 하던 그 역할을 작가가 하고 있다는 생각이 든다. 선지자는 영적 각성을 통해 각성시키지만 작가는 '나라면 어떻게 했을까'를 통해 각성시킨다. 교훈이 주지 못하는 게 있다. 대상자를 상황 속에 몰입시키는 것이다. 교훈은 제3자의 시각에서 보이는 현상을 지적한다. 그게 객관적이지만 대상자의 공감을 불러일으키기는 어렵다. 하나님은 다윗을 각성시킬 때 나단을 통해 이야기를 들려주셨다. 다윗을 상황 속에 밀어 넣고 그 속에서 자신이 한 행동을 보도록 한 것이다. 교훈은 팩트를 강조하지만 이야기는 맥락을 강조한다. 맥락에 들어가면 복기를 하게 된다.

복기는 바둑용어다. 기사들은 승패가 갈린 뒤 자신들이 둔 순서대로 복기를 한다. 패한 기사는 복기를 통해 어떤 수로 인해 승패가 갈렸는지를 알게 된다. 진 경기를 다시 두는 게 심정적으로 불편할 텐데도 이것을 빼먹는 경우는 드물다. 대개는 복기를 하면서 승패가 갈린 점을 확인한다. 이런 복기를 문학적 표현으로 바꾸면 '자기 인식'이다. 내가 뭔가를 깨닫는 지점, 곧 익숙한 것을 낯설게 혹은 낯선 것을 익숙하게 보는 지점이다. 자기 인식을 기독교의 시각에서 보면 묵상이 될 것이다. 묵상은 성경 본문에서 나와 연결되는 지점을 찾아내는데, 이것을 존 밀턴은 「실낙원」에서 이렇게 표현한다.

> "제가 청했습니까, 창조주여, 흙으로 나를 빚어달라고? / 제가 애원했습니까,
> 어둠에서 끌어올려 달라고?"

「실낙원」의 이 두 시행은 고난당하는 욥을 이해하는 눈을 열어주며 동시에 소설 「프랑켄슈타인」을 관통하는 주제를 이끌어 낸다. 소설은 인간이 어떤 존재인가에 대한 답을 들려준다. 작가 메리 셸리는 과학자이자 창조자인 프랑켄슈타인 박사를 추격하는 괴물 몬스터를 통해 인간은 누구인가에 대한 자신만의 답을 보여준다. 작가가 보여주는 그 답을 따라가다 보면 죄인인 우리 역시 인간의 삶에 스민 신비와 복잡성을 통해 인간의 본질을 이해하고 인간으로서 공유해야 할 보편적인 가치를 어떻게 깨달아 가는가를 성경 인물을 통해 보게 된다.

성경공부를 이야기 식으로 바꾼다면

요즘 교회에서 독서 모임을 자주 한다. 코로나 이후 대안을 찾는 과정에서 독서 모임도 하나의 대안이 되고 있다. 독서 모임이 생각보다 중요한 것은 성도들의 속마음을 드러낼 거의 유일한 출구이기 때문이다. 묵상이 좋은 대안이지만 묵상을 통해 속마음을 깊이 꺼내는 것은 쉽지 않다. 일단은 묵상을 위한 질문이 제한적이고 주어진 시간이 너무 짧기 때문이다. 하지만 독서 모임은 이것을 단번에 해결한다. 성경 모임은 기본적으로 정해진 틀이 있다. 이 모임에 참여하는 사람들 역시 자신들이 해야 할 암묵적 규칙을 잘 알고 있다. 믿음과 기도와 말씀을 주기적으로 언급해야 한다. 하지만 문학작품을 가지고 독서 모임을 하면 이런 제한으로부터 해방된다. 그리고 중요한 것은 주인공의 선택과 고민을 통해 자신의 생각을 자연스럽게 연결하여 설명하게 되는데 이 과정에서 '내 안의 나'를 자연스럽게 알게 된다.

성경 모임 역시 문학적인 방식을 적용하면 훨씬 유익하다. 성경공부 모임을 하면 목회자가 설명하고 성도들은 듣거나 받아 적기 바쁘다. 목회자가 설명을 해야 하는 게 당연하지만 목회자가 설명을 줄이고 대신 일반 독서 모임처럼 적절한 자극을 주면서 질문을 하면 성도들이 그 본문을 두고 고민하는 속내를 알게 된다. 참여자 중 한 사람이 자신의 고민을 풀어내면 전체 참여자가 공감하게 되면서 뜨거워진다. 성경 본문을 다 이해하지 못해도 그 짧은 본문이 주는 맥락이 이해가 되면 그게 성도들의 삶에 직접적으로 영향을 미친다. 자신의 생각을 드러낼 언로가 만들어졌기에 자신의 진짜 속내를 드러내는 것이다. 성도들이 드라마나 영화에 몰입하는 것도 자신의 속내를 드러낼 출구를 찾지 못하기 때문이다. 일단 좋은 영화를 만나면 그 영화에 빗대어 자신의 속내를 자연스럽게 드러내게 되고 공감을 얻게 된다. 성경공부를 할 때 목회자는 짧은 시간에 성경이 무엇을 말하는지 알게 해 주고 싶어 한다. 그것이 갖는 신학적 의미, 구속사적 연결, 그리고 우리가 어떻게 묵상하고 또 신앙생활에 적용하는지 등을 말이다. 하지만 경험적으로 보면 많이 말한다고 많이 전달되는 게 아니다. 초점을 맞추면 적게 말해도 전체를 말한 것만큼 전달이 된다. 그것이 무슨 뜻인지를 추리소설 「나미야 잡화점의 기적」 속 문장이 보여준다.

'내가 몇 년째 상담 글을 읽으면서 깨달은 게 있어. 대부분의 경우, 상담자는 이미 답을 알아. 다만 상담을 통해 그 답이 옳다는 것을 확인하고 싶은 거야.'[104]

지금은 이야기의 시대이고 성도들은 자신들이 처한 상황을 정확히 알고 있다. 다만 그 속내를 잘 드러내지 않기 때문에 성도들이 길을 잃은 것처럼 보일 뿐이다. 이런 성도들과 소통하려면 감정적으로 소통하는 법을 이해해야 하고 그걸 이해하려면 먼저 공감해야 한다. 지금은 성경이든 상담이든 아니면 직업이든 뭐든 검색을 하면 거의 다 찾을 수 있는 시대가 되었다. 이제 중요한 것은 정보가 아니라 공감이다. 성경 읽기나 성경공부도 정보가 아니라 공감을 목표로 해야 한다는 생각이 든다. 한국 옛날이야기는 뒷동산, 이무기, 도깨비라는 범주를 넘어서지 못한다. 하지만 성경은 그 시작부터 태초, 에덴동산, 출애굽, 홍해가 갈라지고, 40년간 광야를 떠돌고, 유월절과 성막이라는 상징을 통해서 하나님을 만나는 길을 보여준다. 이런 성경 이야기가 성도들의 머릿속에서 재현되는 이야기 기술을 터득하면 넷플릭스도 따라오지 못한다.

이야기의 기술

빌 클린턴 대통령은 정치를 설명하면서 '[정치란] 사람들에게 더 나은 스토리를 전하는 것'이라고 말했다.[105] 정치를 두고 한 어떤 설명보다도 이 정의가 간결하고 정확하다는 생각이 든다. 클린턴 대통령은 더 나은 이야기를 전하는 게 정치라고 했는데 이 맥락에서 보면 박항서 효과도 비슷한 것 같다. 베트남 축구협회 사무국장 '하이 안'이 이런 말을 했다. "베트남에선 축구선수가 이제 직업이 됐다."

박항서 감독으로 인해 축구선수에 대한 인식이 바뀐 것이다. 박항서 감독은 축구가 인기를 얻게 된 결과, 오토바이를 타던 선수들이 벤츠를 타게 되었다고 말한다. 이제 베트남 사람들도 축구로 먹고살 수 있다는 생각을 하게 되었고 축구선수들이 어린이들의 선망의 대상이 되었다.

축구 덕분에 베트남 아이들은 꿈을 꾼다. 유명한 선수가 되어 유럽 같은 나라에서 경기를 뛰는 꿈을 말이다. 성경도 구속사를 중심으로 풀어내더라도 그 안에서 성도들의 개별적인 삶과 연결될 수 있는 접촉점이 엄청나게 많을 것이다. 누군가 베트남 아이처럼 현실적인 삶을 살되 유럽 프로 무대에서 축구선수로 뛰겠다는 '이룰 수 없는 꿈'을 꾼다면 모세나 요셉, 다니엘이 그게 어떤 삶인지를 구체적으로 보여줄 것이다. 박항서 감독이 보여준 기적을 성경 속 인물만큼 잘 보여주는 예는 드물다.

작가는 이야기꾼이다. 그는 사람들이 꼭 읽어주었으면 하는 이야기를 들려준다. 그가 풀어내는 이야기는 소설인데 그 소설의 목표는 둘 중 하나이다. 어떤 것을 얻거나 어떤 것으로부터 도망치는 것이다. 앞의 어떤 것은 '각성'이고 뒤의 어떤 것은 '죽음의 위협'이 잠재된 것이다. 소설가는 각성과 죽음의 위협이 담긴 이야기를 들려주며 한 가지를 꿈꾼다. 바로 독자가 어떤 식으로든 만족스런 감정적 체험을 하는 것이다. 작가가 이야기로 보여주는 감정적 체험이 성경을 콘텐츠로 전환할 때 드러난다. 로마사에 대한 연구서는 엄청나게 많다. 하지만 그 방대하고 정교한 사실적 자료가 있음에도 불구하고 사람들은 연구서를 읽지 않는다. 지루하고 딱딱하기 때문이다. 하지만 그 지루하고 딱딱함 속에 이야기가 덧입혀지자 사람들은 스스로 로마사를 찾아서 읽는다. 이게 시오노 나나미가 한 일이고 우리가 주목해야 할 지점이다.

3. 교회, 외모뿐 아니라 중심도 채우라

세상의 달콤한 유혹으로 내면 채우기

현정 씨는 그 사람 때문에 속에서 천불이 났다. 자신의 선의를 뒤통수치는 것으로 되돌려 준 그 사람이 너무 미웠다. 밤에 자다가도 갑자기 깨기 일쑤였다. 그럴 때면 시편의 다윗처럼 하나님께서 자신을 대신해서 그 사람을 벌해 주시기를 기도했다. 현정 씨는 혼란스러웠다. 성경에는 분명히 원수까지 사랑하라고 써 있다. 하지만 그 사람을 용서하고 사랑하기에는 힘들었고, 또 그렇게 하기도 싫었다. 기도해도 풀리지 않는 마음에 같은 교회 신앙 선배인 김 집사에게 자신의 이야기를 나누었다. 김 집사는 그런 사람은 그냥 잊으라고 조언했다. 그 사람을 사랑하고 용서하려고 노력하면 할수록 현정 씨의 마음만 상하는 일이니 그 사람 때문에 고민하지 말라고 했다. 현정 씨는 자신의 상한 마음을 먼저 알아주고 달래주는 김 집사가 고마웠다. 하지만 마음 한편에서는 김 집사로부터 마음이 어렵고 용서하기 힘들더라도, 그럼에도 불구하고 말씀을 따르도록 노력해야 한다고, 공동체가 자신과 함께 기도하겠다는 반응을 기대하고 있었는지도 모르겠다는 생각을 했다.

그러던 어느 날, 현정 씨는 인스타그램을 통해 '자신의 마음을 지키는 방법'이라는 포스팅을 우연히 보게 되었다. 자신의 마음을 지키기 위해서 예의를 지키지 않는 사람들, 상식선 이하의 사람들은 무시하라는 짧은 글을 읽었다. 이상하게도 다친 마음이 위로받는 것 같았다. 그 뒤로 현정 씨의 인스타에는 그와 유사한 글이 추천 포스팅으로 계속 떴고, 현정 씨는 성경 말씀이나 기도로 마음을 다스리는 것이 아니라 인스타에 뜨는 그런 종류의 글로 마음을 다잡았다. 다른 사람을 생각하기보다는 나 자신에게 집중하고, 자신의 감정을 최우선으로 고려하라는 글은 '이웃을 네 몸과 같이 사랑하라', '누가 네 오른쪽 뺨을 치거든, 왼쪽 뺨마저 돌려 대어라' 등의 지키기 힘든 성경 말씀보다 훨씬 더 달콤하게 다가왔다. 현정 씨는 믿음의 공동체로부터 해법을 얻는 대신 알고리즘이 주는 위안을 선택했다.

현정 씨만이 아니다. 우리 모두 이런 일을 겪고 있다. 많은 사람이 아침에 일어나자마자 스마트폰과 함께 하루를 시작하고, 잠들기 전까지도 스마트폰을 본다. 인터넷상의 각종 메시지들은 이제는 개인의 외면을 치장하는 것에 집착하지 말고 내면을 채우는 데 열심을 내라고 말한다. 그러면서 '네 자신에게만 집중해', '네가 원하는 것을 최우선으로 생각해', '네 감정에 충실해'라고 유혹한다. '회원님을 위한 추천'이라는 개인의 욕구에 딱 맞춘 알고리즘으로 계속해서 우리를 끌어당긴다.

세상은 계속해서 '자기 자신'을 세상의 중심에, 자신의 중심에 두라고 말한다. 이 말은 상당히 매혹적이다. 하나님을 믿는 사람들조차 이 가치관을 쉽게 받아들인다. 코로나19 시기를 거치면서 이 메시지는 많은 사람의 폐부에 파고들어 교회를 나가지 않거나, 마음에 드는 교회를 이곳저곳 골라 가면서 예배를 드려도 그것이 자기 자신의 마음에 괜찮은 것이라면 문제가 없다고 생각하게 만들었다. 이와 같은 성도들의 가치관 변화는 그동안 교회가 외형에 치중하면서 소리 없이 생명력을 잃어간 결과다. 잘 들리지 않는 예배의 말씀은 삶과 말씀의 괴리를 만들었다. 개인의 기호에 따른 취미 활동을 선택하는 것이 기도와 성경공부 등의 전형적인 교회 소그룹 모임에 참여하는 것보다 더 낫게 되었다. 요새처럼 보이는 견고한 그들만의 리그는 결국 언젠가는 문이 닫힐 세상 속의 종교적인 컨트리클럽으로 전락했다. 성도들은 사실보다도 감정이 더 우선시된 사회에서, 감정에 충실할 수만 있다면 절대적이었던 기준도 개인의 가치에 맞게 바꿀 수 있는 시대의 흐름에 자신을 맡기게 되었다. '사람마다 자기 소견에 옳은 대로 행하였더라' 삿 17:6 라는 말씀이 재현되고 있는 요즘이고, 그렇더라도 아무 문제가 없는 시대다.

교회는 회개했다. 코로나19를 통해 교회는 세상 사람들의 존경이 아닌 지탄의 대상이 되었다. '목사와 그리스도인, 교회'라는 단어는 이중성으로 찌든 혐오스러운 단어로 전락했다. 교회는 본질로 돌아가야 한다고 통렬히 반성했다. 양적 성장을 추구하던 것을 멈추고 세상의 기대와 달리 정직과 공의를 잃어버린 것에 대해 회개했다. 그동안 교회는 자신의 내면을 가꾸기보다는 목사의 박사 학위와 보기에 그럴듯한 건물과 공간, 여러 가지 시대마다 유행하는 교회 프로그램 등에 의지해 왔다. 지역사회를 섬기는 것보다 자기 몸집 불리기에만 관심이 있었다. 결국 교회는 팬데믹 기간 동안의 사회적 변화에 제대로 대처하지 못했고, 세상으로부터의 신뢰와 존경을 잃으면서 성도들을 잃었다. 깨어있는 목회자들과 기도하는 사람들은 이제는 눈에 보여지는 교회의 외모만 가꾸는 것이 아니라 중심을 채우자고 목소리를 높였다. 그렇다면 교회의 중심은 과연 무엇으로 채워야 하는가? 교회를 다시 소생시킬 콘텐츠는 무엇인가?

회복의 출발점: 하나님의 마음

곧 문을 닫게 생긴 한 교회가 있었다. 10년 사이에 급격하게 줄어든 성도 수를 보면 앞으로 짧게는 몇 달, 길게는 몇 년 안에는 교회 간판을 뗄 처지에 놓였다. 담임목사와 얼마 남지 않은 성도들은 교회의 존폐 위기 앞에서 한마음으로 기도했다. 그들이 기도했을 때, 모두가 동일하게 깨달은 것은 그동안 그 공동체 안에는 하나님과 공통된 마음이 없었다는 것이다. 하나님을 사랑하는 것같이 보였지만 모두 각자의 안목과 생각대로 서로를 판단했다. 또 심방이나 경조사 등 성도들의 필요를 채우기 위해서만 교회를 활용했다. 그 교회는 지역 사람들에게 복음을 전하지 않은 지 오래되었고, 마을에 어떤 영향력도 끼치지 못했다. 동네 편의점 주인에게 이 교회를 아느냐고 물어보면 전혀 알지 못한다는 답이 돌아왔다. 하나님의 사랑이 이미 그들에게 주어졌지만 그들은 하나님을 사랑하지 않았다. 하나님을 사랑하지 않으니 이웃과 지역사회, 더 나아가 선교지에 있는 사람들에게도 주님의 사랑은 흘러갈 수 없었다. 생명력 없는 예배가 드려졌다. 목사는 교인들의 눈치를 보며 그들의 구미에 맞는 말씀을 전해야 했다. 소그룹 모임에서 진실한 나눔은 없어진 지 오래되었고 각종 기도 모임은 일과 삶이 바쁘다는 이유로 간소화되거나 폐지되었다. 교회는 사망선고를 기다리고 있었다.

교회의 중심은 하나님을 사랑하는 마음으로 채워져야 한다. 하나님을 사랑할 때, 하나님의 마음과 동일한 마음을 가질 수 있다. 하나님과 공통적인 마음 상태에 있으면 '하나님과 함께하는 삶'이 이루어진다. 그러면 우리는 단지 하나님에 '대해' 생각하는 것이 아니라 하나님과 '함께' 생각하게 된다.[106] 그럴 때, 하나님의 사랑, 기쁨, 평화, 심지어 슬픔과 분노, 고뇌까지도 공감할 수 있다.

위에 예로 들었던 교회가 어떻게 되었는지 궁금할 것이다. 그 교회는 하나님을 사랑하게 해 달라고, 하나님의 마음과 같은 마음을 갖게 해 달라고 기도했다. 그동안 바빠서 못한다고 외면했던 중보기도 시간을 회복했다. 잠깐만 기도하는 것이 아니라 끈질기게 기도했다. 그렇게 몇 달을 기도했을 때, 교인들은 자신의 필요만을 돌보던 이기적인 모습을 버렸다. 하나님의 마음과 같은 마음이 되었을 때, 그들은 서로 사랑했고 자신의 이웃을 돌아보기 시작했다. 주변의 믿지 않는 사람들에게 복음을 전했다. 또 요새이면서 철옹성과 같은 교회를 벗어나 마을로 들어갔다. 마을에서 연약한 사람들, 도움과 돌봄이 필요한 사람들을 찾았고 필요를 찾았다. 교회는 다시 살아나기 시작했다. 하나님을 사랑하고 그분과 같은 마음을 구했을 때, 예배, 기도 모임, 성경공부, 각종 소그룹 모임, 지역의 필요에 맞춘 사역, 전도 등의 콘텐츠들은 생명력을 얻었고 교회는 회복되기 시작했다.

세상을 이길 진리로: 말씀 콘텐츠

세상의 유혹에 넘어가지 않기 위해서는 세상을 분별할 줄 아는 가치관으로 무장되어야 한다. 그리스도인에게는 세상이 주는 가치관과 비겨 이길 무기가 있다. 그것은 바로 진리인 '성경'이다. 성경 말씀은 하나님 그 자체이며, 영원불멸한 진리이며, 혼과 영을 갈라내며, 영혼을 소생시키는 힘이 있다. 매일 개인의 삶과 공동체 안에서 말씀을 묵상하고 적용해야 한다. 말씀을 깨닫게 해 주시기를 기도하며 말씀에 대해서 가르치고 배워야 함은 기본이다. 그런데 문제는 교회의 공적 예배에서 선포되는 말씀이 성도의 삶을 변화시키지 못한다는 것이다. 공적 예배로부터의 말씀의 감화·감동의 부재는 성도들의 신앙 성장에까지 영향을 미친다. 왜 그럴까? 그것은 전하는 사람에게 문제가 있기 때문이다. 많은 목회자가 진리인 성경 말씀을 잘 전달해야 한다는 것은 알지만 성도들의 귀에 들리지 않는 설교를 하고 있다. 세상을 하나님의 시각으로 바라보고 진단하는 안목과 말씀의 깊이 있는 연구의 부재, 성도들의 삶의 면면에 직접적인 적용점 전달이 없는 설명식 말씀 전달은 말씀의 권위를 점점 더 약화시키고 있다. 목회자는 어떻게 하면 성도들의 귀에 들리는 설교를 해야 하는지 고민하고 공부하며 배워야 한다.

이와 더불어 교회와 성도는 세상의 언어를 성경 말씀 공부를 통해 새롭게 정의해야 한다. 이때, 기독교 가치관이 정립된다. '단어'는 가치관을 구성하는 근간이다. 세상의 것을 그대로 받아들이면 생각의 주인이 될 수 없다. 세상의 단어를 말씀에 비추어 보아 기독교적 관점으로 재정의 내리고 공동체 안에서 공유하며 살아낼 때, 세상의 가치관에서 기독교 가치관으로의 전환이 일어난다. 예를 들면 '열정'이라는 단어의 사전적 의미는 '불타는 열의 또는 관심'이라는 뜻이지만 교회의 열정은 '하나님 나라를 이루고 회복하기 위해 어떠한 대가를 불사하는 열심'이라는 뜻이 될 것이다. '사랑'은 다른 사람을 애틋하게 그리워하고 열렬하게 좋아하는 마음이나 자식이나 제자를 아끼는 마음을 뜻하지만, 교회와 신자의 사랑은 '하나님께서 우리를 구원하시기 위해 자신의 아들을 내어 주신 것', '예수님이 우리에게 자신의 생명을 내어 주신 것 같이 우리도 이웃을 내 몸과 같이 아끼고 귀하게 여기는 것'이라고 재정의할 수 있다. 이렇게 말씀을 통해 재정의된 단어들을 '마지막 어휘'라고 할 수 있다. 마지막 어휘는 지금 여기의 삶에 머무르지 않고 더 숭고한 삶, 자아를 넘어 타자와 공동체로 연결되는 삶을 꿈꾸게 만든다.[107] 교회는 성도들이 세상의 가치관을 넉넉하게 이겨낼 수 있도록 성경공부를 통하여 삶의 근간을 이루는 단어들을 재정의하는 것을 도와야 한다. 기독교 가치관으로 시대의 거대한 흐름 안에서도 흔들리지 않고 소중한 가치들을 기쁨으로 지켜낼 수 있도록 해야 한다. 나아가 다음세대의 자녀들이 믿음과 말씀 안에서 기독교 가치관으로 성장할 수 있도록 도와야 한다.

창조주를 인정함으로: 자연과 사람 중심 콘텐츠

갑자기 6월에 우박이 내린다. 인도에서는 40℃를 넘는 불볕더위로 연일 사람들이 죽어 나가고 있는가 하면, 이탈리아에서는 유래없던 홍수가 찾아와서 많은 도시가 물에 잠기고 인명 피해와 재산 피해가 막심하다. 전 세계적으로 하나님께서 창조하신 것들이 망가지고 있다. 많은 과학자는 인간의 절제되지 못한 욕심으로 '지구온난화'라는 기후변화가 일어났고, 기후변화는 코로나19와 같은 대재앙을 수시로 가져올 것이라고 경고했다. 기후변화는 우리나라에도 극단적인 홍수와 가뭄을 가져다줄 것이다. 탄소배출량 세계 7위인 우리나라는 기후변화의 가해자이면서 동시에 피해자이다.

교회와 신자는 자연에서 벌어지고 있는 문제를 좌시하면 안 된다. 하나님께서 창조하신 것들을 지켜내기 위해 노력해야 한다. 하나님께서 직접 말씀으로 창조하신 자연계를 지키고 다스리는 것은 인류에게 주어진 첫 번째 책무였다. 우리는 과연 이 책무를 잘 지키고 있는지 생각해 보고 행동해야 한다. 「문명의 붕괴」에서 다이아몬드 교수는 한때 찬란했던 문명이 결국 무너져 내린 원인으로 환경 파괴, 기후변화, 적대적인 이웃, 우호적인 이웃의 지원 감소, 문제에 대한 사회의 대응 등 다섯 가지를 꼽았다.[108] 우리는 이 중에서 어떤 부분에서 교회와 성도가 합력하여 실천할 수 있는지 고민해야 한다. 인간 활동의 영향으로 자연생태계가 47%나 사라지고 있다고 한다. 교회와 성도는 하나님의 창조 세계인 자연을 지키기 위해 개인의 삶에서부터의 해결 방안들을 실천하여 그 노력을 공동체적인 차원으로 넓혀 나가야 한다. '현재를 살고 있는 사람들에게는 아직 아무 일이 일어나지 않았으니 괜찮다'라는 이기적인 마음을 버려야 한다. 다음세대를 위하는 마음으로 현재에서부터 할 수 있는 모든 노력을 기울여야 한다. 하나님께서 만드신 자연의 위대함과 아름다움을 찬양하고 보존해야 한다. 교회와 성도는 하나님의 창조하심에 대한 경외함을 회복해야 한다. 이를 실천하기 위해 자연을 보호하고 지키기 위한 창의적인 소그룹 모임을 진행할 수 있다. 환경보호에 대한 교회의 실천은 지역사회를 섬기는 것으로 발전될 수 있다. 지역의 여러 모임과 연계하여 협력할 때 복음 전도의 장으로 활용할 수도 있다.

하나님의 자연에 대한 창조주로의 경외함을 회복하면서 동시에 사람을 창조하신 창조주를 경외해야 한다. 창조주에 대한 경외함의 표현으로 하나님의 형상대로 창조된 사람들을 존귀하게 여기고 포용하고 인정해야 한다. '나는 하나님의 거대한 우주 안에서 영원한 운명을 품고 있는 영원한 영적 존재다.'[109] 여기서 '나' 대신에 '당신'이라는 단어를 넣어서 말해 보라. "당신은 하나님의 거대한 우주 안에서 영원한 운명을 품고 있는 영원한 영적 존재다." 주변 사람들이, 교인들이, 믿지 않는 사람들조차도 하나님의 형상대로 창조된 존귀한 존재임이 느껴지지 않는가?

이를 실천하기 위해 먼저 교회의 지체 중에 소외되는 사람들이 없도록 해야 한다. 갈수록 교회공동체 안에서 소속감을 가지는 성도의 수가 줄어들고 있다. '자신은 이 교회에서 환영받고 있다', '자신은 이 교회에서 꼭 필요한 사람이다', '자신은 이 교회에서 역할이 있다'라는 느낌을 받을 때, 성도들은 교회에 강한 소속감을 갖게 된다. 이를 위해 교회는 모든 성도들에게 주어진 은사를 알아보고 계발하는 장을 마련해 주어야 한다. 구체적인 섬김의 장을 만들어야 한다. 이로써 아주 작은 한 가지 일이라도 책임을 가지고 사랑으로 섬길 수 있도록 격려해야 한다. 또, 은사를 계발할 수 있도록 배움의 기회를 갖는 모임을 활성화할 수 있다. 출중한 노래 실력은 없지만 노래를 배우고 싶은 사람들을 위한 모임, 가르치는 것을 잘하지 못하지만 여러 가지 준비에 꼼꼼한 사람들을 위한 교사지원 모임, 글쓰기를 배워서 기독교 작가를 배출할 수 있는 기초가 될 수 있는 모임 등을 예로 들 수 있다.

곰곰이 생각만 해 보면 할 수 있는 모임이 무궁무진하다. 이런 모임들의 활성화를 통해 각각의 성도가 이미 발휘하고 있거나 잠재되어 있는 은사를 발견하고 서로를 위한 섬김으로 사용할 수 있게 된다. 또, 지역 주민들에게 교회에 나오라고만 말하는 것이 아니라 그들 안으로 들어가야 한다. 성도 간의 사랑의 교제를 만들어 가는 것도 중요하지만 주님께 먼저 사랑을 받은 자로서 사랑을 흘려보내야 한다. 예수님께서는 많은 사람에게 먼저 다가가셨다. '예수님이라면 어떻게 하셨을까', '누구를 찾아가셨을까'를 고민해야 한다. 목회자와 성도들의 관심과 은사에 비추어 주변 사람들의 필요에 대해 고심할 때, 창의적인 사역 방법이 나올 수 있다. 청소년을 위한 이동식 상담소, 재정이 어려운 사람들을 위한 반찬 사역, 지역 주민을 위한 문화강좌, 어린이 도서관과 놀이 공간 제공 등으로 지역과 세상을 품는 사역을 할 수 있다. 이를 통해 그들의 진실한 이웃이 되어 이웃과 사회에 대한 사회적 책임을 수행하면서 세상 끝까지 복음을 전하는 대위임령까지도 지킬 수 있다.

인격의 변화를 중심에: 마음과 생각 키우기 콘텐츠

세상은 더 이상 교회를 믿지 않는다. 한국교회의 신뢰도에 대하여 '신뢰한다'는 응답이 21.0%에 그친 반면, '한국교회를 신뢰하지 않는다'라는 응답은 70.4%로 조사돼 국민의 5명 중 1명만 한국교회를 신뢰하고 있는 것으로 드러났다. 이는 지난 2020년과 비교했을 때보다 10.8%p가 더 낮아진 결과다. 지난 2020년 조사가 진행된 시점이 2020년 1월로 코로나 사태가 본격적으로 시작되기 전임을 감안했을 때, 코로나 사태를 경험한 3년 사이에 한국교회 신뢰도는 더 나빠진 것으로 보인다.[110]

세상은 교회에 실망했다. 교회는 적어도 그렇게 하면 안 되는 거 아니냐고 반문한다. 기독교인과는 상종도 않겠다거나 기독교인은 믿고 거른다는 말이 왜 나왔을까? 기독교인의 인격이 믿지 않는 사람의 인격보다도 훨씬 못하기 때문이다. 격이 없기 때문이다. 예수님을 믿는다고 하고 십자가의 사랑을 믿는다고 하지만, 말씀을 삶으로 살아내지 못하고 성숙한 인격의 열매가 없기 때문에 세상 사람들의 빈축을 쉽게 산다. 신앙생활을 오래했고, 심지어 사역자임에도 불구하고 막말을 일삼거나 성범죄나 아동학대 등 일반인들도 하지 않는 범죄를 저지르는 경우도 뉴스의 단골메뉴로 자주 접할 수 있다.

교회의 목표는 교인들이 이탈하지 않도록 관리하는 것이 아니라 신자 각 개인의 '인격 변화'를 일으키는 것이다. 아는 것과 믿는 것, 믿는 것과 행동하는 것이 같아야 한다. 그럴 때, 믿지 않는 사람들이 교회를 보면서 교회 다니는 사람의 '남다름'을 느끼게 된다. 임마누엘 칸트는 '뒤틀린 목재에서 곧은 것이라고는 그 어떤 것도 만들 수 없다'고 했다. 하지만 믿는 자는 '예수님'이라는 곧은 나무에 붙어 있는 가지이다. 예수님으로 인해 뒤틀렸던 목재인 우리는 곧고 바른 것들, 성령의 열매를 수도 없이 만들어 낼 수 있다. 교회라는 공동체 안에서는 성경 말씀의 토대 위에서 독서와 글쓰기를 통하여 인격을 갈고닦아 나갈 수 있다.

독서와 글쓰기는 성도의 사유 능력을 고도로 발전시킬 수 있는 좋은 방법이다. 유튜브와 SNS에 영육의 시간을 빼앗기지 말아야 한다. 우는 사자들 가운데서도 마음을 지켜야 한다. 그러기 위해서는 성경 말씀으로 무장되면서 동시에 하나님의 지혜를 계시하시는 좋은 책들을 읽어야 한다. 고전문학, 기독교 서적, 우리에게 도전을 주는 책 등을 읽어야 한다. 갑자기 혼자 책을 읽으려면 힘이 든다. 공동체 안에서 독서 모임을 만들어 진행할 수 있다. 함께 읽으면 어렵게 느껴지는 책도 읽어낼 힘이 난다. 또 읽은 책의 내용으로 나눔을 할 때, 자신만의 생각의 고립에서 벗어나 여러 사람의 다양한 생각을 공유할 수 있다. 자신의 아집을 꺾을 줄도 알고 타인의 생각도 받아들일 수 있는 포용력이 생길 때 우리 안에 인격의 성장이 일어난다.

또한, 영성일기나 큐티일기, 신앙 에세이와 기록 등의 글쓰기를 통해 공동체의 자가 치유를 도울 수 있다. 글쓰기는 공동체가 어떻게 신앙 안에서 성장하고 있는지, 성도의 삶 속에 부어주신 하나님의 은혜는 무엇인지에 관해 기록하고 기억할 수 있는 가장 좋은 방법이다. 글쓰기 역시 안 쓰던 것을 갑자기 혼자 꾸준히 쓰는 것은 어렵지만 함께 쓰는 것은 할 수 있다.

흔들리지 않는 교회

사람들이 봤을 때 감탄을 자아내는 외관을 자랑하는 교회, 세상이 흠모할 만한 학력이나 프로그램으로 무장한 교회를 세우는 것이 우리의 목표가 아니다. 주님께서 다시 오실 때까지 주님께서 세우신 교회를 주님 보시기에 기뻐하시도록 세워 나가는 것이 우리의 목표다. 모래 위에 세워진 교회가 아니라 중심이 견고해서 흔들리지 않는 교회가 되게 해야 한다. 교회는 어리석은 우리가 외면하기 쉬운 공동체와 성령의 지혜를 간직한 보물창고다. 하나님의 백성인 교회는 성경 다음으로 신뢰할 만하고 변화를 일으키는 지혜의 근원이다. 지혜가 종적을 감춘 이 시대에 교회의 지체가 된다는 것은 이천 년을 거쳐 세계 곳곳에서 자라고 있는 그리스도의 몸에 합류한다는 뜻이다.[111]

세상을 변화시킬 유일한 공동체로서의 교회의 위치를 회복하기 위해 교회는 교회의 중심을 예배 순서나 음악 등의 형식상의 문제나 교인의 양적 증가, 교회 건물 구입과 확장, 더 많은 헌금 모금 등으로 채우면 안 된다. 하나님을 사랑함으로 이웃을 사랑하는 콘텐츠로, 세상의 빛과 소금이 될 진리를 깨닫도록 도와주는 콘텐츠로, 창조주 하나님을 인정함으로 자연과 사람을 귀하게 여겨 지역사회와 세상을 품는 콘텐츠로, 성도의 인격 성장을 돕는 콘텐츠로 교회의 중심을 채워야 한다. 교회의 중심이 썩어 없어질 것이 아닌 영원한 것으로 채워질 때, 교회의 권위가 회복되고 교회와 성도가 세상의 사랑을 받고, 하나님의 칭찬을 받게 될 것이다.

4. 설교, 콘텐츠는 고래도 춤추게 한다

설교자의 고민

설교자마다 꿈꾸는 설교가 있지만 그것을 실행하는 것은 쉽지 않다. 자신이 생각하는 설교가 있어도 그 설교를 듣는 성도들의 반응이 제각각이어서 이게 설교자에겐 부담이 된다. 성도들의 신앙 수준이 다르기에 저마다 듣고 싶은 설교가 다르기 때문이다. 문제는 이런 격차에도 불구하고 설교자는 모든 성도가 공감하는 설교를 해야 한다는 것이다. 이런 고민을 문학의 눈으로 해 보려고 한다.

성도들이 좋아하는 설교는 '들리는 설교'다. 설교자가 하는 설교가 이해가 되고 공감이 되어야 한다. 이게 쉬워 보여도 절대 쉽지 않다. 설교의 메시지가 들리려면 성도의 삶과 연결되어야 한다. 성도의 삶과 연결되면 설교는 구체적으로 흐르게 되고 성도들이 공감하는 포인트를 적절하게 짚어낼 수 있다. 하지만 문제는 그런 설교를 하려면 설교자가 성도들이 살아가는 세상을 고민해야 한다는 것이다. 건축물에도 트렌드가 있고 노래에도 트렌드가 있다. 시대마다 사람들이 좋아하는 독특한 스타일이 있는 것이다. 한때 강해설교가 한국 성도들에게 큰 은혜를 끼쳤지만 지금 성도들은 적용 '무엇을', '어떻게' 해야 하는지 등 에 관심이 많아졌다. 2천년, 3천 년 전에 일어난 성경 속 사건과 가르침이 오늘을 사는 자신의 삶과 어떻게 연결되는지 알고 싶어 한다. 그리스도인으로 사는 게 힘들고 퍽퍽하기 때문이다.

이런 변화에 큰 영향을 미친 게 미디어이다. 넷플릭스는 엄청나게 재미난 이야기를 끊임없이 풀어내고 유튜버는 사람들이 클릭하지 않을 수 없는 재미난 콘텐츠를 업로드한다. 알고리즘이 내 취향을 간파해서 내가 컴퓨터에 접속하자마자 나의 취향을 자극할 것들을 보여준다. 설교자는 이런 트렌드에 익숙해진 성도들을 대상으로 은혜를 끼쳐야 한다. 이제 설교자는 설교를 콘텐츠로 만들 수 있어야 한다. 설교자도 설교준비가 쉽지 않지만 성도 역시 설교를 듣는 게 쉽지 않다. 대다수 설교가 늘 들어왔던 내용이기 때문이다. 설교자가 믿음으로 살아야 하고 기도해야 한다고 말한다면 성도들의 마음에 남는 메시지는 적을 것이다. 성도들은 영상에 자극을 받기에 그들의 마음속에 메시지가 뿌리를 내리게 하려면 설교 메시지는 낯설고 신선하고 흥미롭게 전달되어야 한다. 설교자의 고민은 여기에 있다.

버라이어티쇼와 게임

지금 한국에서 인기가 있는 TV 예능을 한번 살펴보기 바란다. '나혼자 산다, 나는 솔로, 미운우리새끼, 안 싸우면 다행이야, 윤식당, 1박2일, 살림남' 같은 프로그램은 다 리얼버라이어티쇼다. 한국에서는 '무한도

전'이 최초로 만들어 낸 장르이다. 실제 상황처럼 구성된 예능에 시청자들이 관심을 보이는 이유가 뭘까? 훔쳐보는 심리를 자극하는 호기심도 있을 것이고 꾸미지 않은 날것 같은 것이 주는 신선함도 있을 것이다. 리얼버라이어티 예능에 시청자가 빠져드는 이유는 추리소설이나 스릴러물이 주는 매력과 비슷하다. 추리소설은 범인이 누군지 그 범위를 조여 가는 긴장감이 매력이고 스릴러물은 범인이 누군지는 알지만 그가 어떻게 범인인지 드러내는 그 과정에서 엄청 긴장감을 준다. 바로 순간순간 내리는 선택이 새로운 상황을 만들어 내고 그 새로운 상황에 적응하는 것을 보면서 시청자는 자신이 그 게임 속에 들어가 있는 착각을 한다.

지금 청년들은 스마트폰을 끼고 산다. 밥 먹을 때도, 버스를 타고 이동할 때도 스마트폰을 본다. TV에서 보니 연인이 데이트를 하면서도 서로 스마트폰을 보면서 대화를 나누고 있다. 그게 이상한 것이 아니라 자연스러운 행동이다. 이제 스마트폰은 공기처럼 당연히 있어야 할 자연스러운 도구인 것이다. 이 스마트폰을 켜고 청년들은 게임을 하고 게임 속 상황을 때로는 현실처럼 착각하기도 한다. 부모세대는 드라마에 몰입하고 청년은 게임에 몰입한다. 삶이 주는 긴장감을 풀기 위한 잠깐의 일탈일 수도 있지만 이런 일탈이 코로나를 만나면서 지역 간 경계를 허물었다. 이제 성도들은 드라마를 선택하듯 좋아하는 설교를 구독·신청하고 듣는다. 자기가 속한 지역 교회 목회자의 설교가 약해도 예전만큼 고민하지 않는다. 유튜브를 통해 언제든 자신이 원하는 설교를 들을 수 있기 때문이다.

설교자는 메신저이자 메시지가 되어야 한다

한국 예능에 유독 리얼버라이어티쇼가 무성하다. '유 퀴즈 온 더 블록'에서 유재석과 조세호가 거리를 걸으면서 우연히 만나는 시민들과 인사를 나눈다. 그러다 '필 Feel 이 꽂히면' 앉아서 대화를 나누는데 그 우연이 마치 잘 짠 구도처럼 흥미진진하게 흘러간다. 이런 예능에 많이 노출되다 보니 성도들도 자신들이 듣는 성경의 메시지를 설교자를 통해 확인하고 싶어 한다. 자신들은 못해도 누군가는 그 말씀을 따라 사는 것을 보고 싶은 것이다.

프랭크 런츠가 쓴 책 「Words That Work」, 번역서 제목은 「먹히는 말」 이 있다.[112] 프랭크 런츠는 미국의 여론 전문가이다. 여론을 다루는 사람이니 말이 대중에게 주는 영향에 대해서 누구보다 민감하게 느끼고 있다. 그래선지 책에 보면 어떤 말이 대중에게 바로 먹히는지를 상세하게 풀어낸다. 그는 이 시대 최고의 비즈니스 경쟁력을 '먹히는 말'로 본다. 그가 내세운 먹히는 말에는 몇 가지 규칙이 있다. 런츠가 1장에서 내세우는 규칙은 열 가지ㅡ 쉬워야 먹힌다, 한마디로 정리하라, 당신의 말이 곧 당신이다, 반복 또 반복하라, 말도 신선해야 팔린다, 소리로 각인시켜라, 독려하고 치켜세우고 촉구하라, 눈에 보이게 말을 하라, 말도 부메랑처럼 던지라, 이유를 제시하라— 이다. 저자가 본문에서 강조하는 것이 서두에 요약되어 있는데 그건 '중요한 것은 당신이 무엇을 말하느냐가 아니라 사람들이 무엇을 듣느냐'이다. 런츠는 청자의 입장에서 사람들이 무엇을 생각하고 느끼는지를 화자는 알아야 한다고 강조한다. 여기서 화자는 교회에서는 설교자일 것이다. 설교자는 대개 메시지에 꽂혀서 어떻게 하면 성경의 메시지를 좀 더 상세하게 풀어낼 것인가를 고민할 것이다. 하지만 여론 전문가 런츠는 메시지보다 메신저에 더 민감하다. 그의 말에 따르면 전달되는 메시지가 아무리 뛰어나도 사람들은 자신의 프리즘 _{감정,} _{선입관, 신념} 을 통해서 듣는다는 것이다.

정치계에서 중요한 언어는 이기는 언어이다. 런츠는 소비자가 광고에서 보는 것은 그 상품을 사용한 후의 소비자 자신, 곧 더 멋있고 섹시하고 밝은 자신이라고 말한다. 소비자가 광고에서 보는 이런 모습을 성도는 설교자에게 기대한다. 자신은 말씀대로 살지 못해도 설교자는 그 말씀대로 사는 것을 요구하고 보고 싶어 한다. 설교자의 고민은 여기에 있다. 이제는 설교자가 메신저이자 메시지가 되어야 한다.

메시지를 걸 고리를 만들어야 한다

신앙생활을 한 사람은 담임목사가 풀어내는 설교가 어느 순간 이전에 한 설교의 반복이라는 것을 안다. 아무리 설교를 잘 준비하더라도 늘 신선하고 새로운 설교를 할 수는 없다. 한국처럼 설교 횟수가 많고 해야 할 사역이 꽉 짜인 상황에서 드라마처럼 밀도 있는 설교를 하는 건 불가능하다. 하지만 드라마에 길들여진 성도는 그런 수준의 설교를 해 주기를 설교자에게 기대한다. 설교자가 성도들에게 설교에 대한 압박을 받는다면 런츠가 쓴 책을 읽기를 권한다. 그리고 공감되는 내용이 있다면 그것을 따라 필요한 참고서를 찾아서 읽기를 바란다. 설교자에게 설교만큼 힘든 것은 없다. 그 설교를 어떻게 해야 하는지를 신학교에서 가르쳐 주지만 그것은 매뉴얼을 읽는 것과 다를 바 없다. 매뉴얼이 도움이 되지만 중요한 것은 설교가 성도의 가슴에 공감과 감동을 불러일으켜야 한다는 것이다. 성도들은 드라마나 영화가 주는 이야기의 공식에 익숙해져 있다. 그런 성도들을 대상으로 설교를 하려면 그 성도가 처한 삶의 맥락을 제대로 읽어야 한다. 그 맥락을 읽어내지 못하면 설교는 그저 과거에 이런 일이 있었고 그때의 상황은 이렇다를 설명하는 것으로 끝날 것이다. 설교를 들을 때는 뭔가 의미심장한 것 같았지만 예배가 끝남과 동시에 머릿속엔 아무것도 기억나지 않는다. 그게 꼭 바람 같다.

설교 메시지가 성도들의 마음속에 뿌리를 내리게 하려면 메시지가 흘러가는 도랑이 만들어져야 한다. 소설에서 보면 작가는 1장에서 바로 그런 작업을 한다. 주인공을 소개하고 주인공이 서 있는 삶의 무대를 보여준다. 그리고 나서 독자를 이야기 속으로 끌어당길 사건을 소개한다. 이 사건이 극적이고 흥미로울수록 독자는 이야기에 빠져든다. 작가가 그 사건의 결말을 지연시킬수록 독자는 점점 더 빠져든다. 설교와 작가의 서사기법이 같을 수는 없지만 우리가 사는 시대는 이야기의 시대이다. 사람들은 이야기 공식에 익숙하다. 리얼버라이어티 예능에도 감동이 있고 서사가 있다. 그런 예능을 통해서도 사람들이 공감하고 응원하고 변화한다. 하나님의 마음을 담아내는 설교가 성도의 마음속에 뿌리를 내리게 하려면 먼저 성도들의 마음속에 흙이 만들어져야 한다. 이야기에 공감하는 감성을 건드려야 한다. 성경 속 인물 중 완벽한 인물은 없다. 구약시대 아브라함과 다윗이 최고였지만 그들의 삶도 들여다보면 실수투성이다. 아브라함이나 다윗을 완벽한 믿음의 사례로 설교하면 그런 삶을 따라서 살 수 있는 사람은 없다. 사람은 따라가지 못한다고 느끼면 바로 포기한다. 성도를 성경의 삶을 따라 살게 하려면 설교자는 인간적인 실수에도 불구하고 하나님이 실수 많은 다윗의 삶을 어떻게 이끌어 가시는지를 보여주어야 한다.

메시지가 성도의 마음에 뿌리를 내리려면 설교자는 성도들의 마음속에 고리를 만들어 주어야 한다. 옷이 아무리 많아도 벽에 옷걸이가 없으면 걸 수 없다. 성경 메시지가 주는 영적 교훈이 많아도 그것을 내 삶과 연결 지을 접촉점이 반드시 있어야 한다. 설교자는 바로 이것을 먼저 제목을 통해서 드러내야 한다. '믿음으로 사는 법'이란 제목보다 '인생에서 진로를 정할 때 그걸 판단하는 기준은 뭘까'로 하면 선명해진다. 영화 평론가 이동진이 「밤은 책이다」[113] 에서 이런 말을 했다. '하루하루는 성실히, 인생 전체는 되는 대로 살고 싶다.' 많은 독자들이 좋아하는 말이다. 불안하고 막막한 하루를 사는 독자가 있기에 평론가의 이 말은 공감이 된다. 공감이 되면 마음속에 고리가 만들어지고, 고리가 만들어지면 그가 하는 말이 자연스럽게 마음속으로 흘러들어 가게 된다. 이런 고리를 설교자는 설교 초반에 만들어 내야 한다.

메시지에 나만의 스타일이 있어야

지금은 개성의 시대이다. 한국 치킨이 외국인에겐 놀라움이다. 그것을 만드는 레시피가 너무 다양하기 때문이다. 한강에서 치킨을 배달로 받아 먹는 것도 놀라운데, 그 맛도 놀라움을 준다. 유튜브 채널 '영국남자'에서 조쉬는 한국 치킨을 주제로 여러 번 영상을 만들었지만 매번 놀라움을 준다. 그만큼 외국 사람들은 한국 치킨이 가지고 있는 스타일에 매력을 느끼는 것이다. 이것이 설교와도 연결된다.

주변에 보면 신동이 있다. 특출나다. 후에 그 특출난 사람이 어떻게 되었는지 근황을 파악하면 아쉬움이 크다. 그 뛰어난 재능을 가지고 하는 일이 단순하기 때문이다. 한국 사람은 어떤 재주가 있으면 모든 걸 다 잘하길 바란다. 모든 것을 다 잘하는 것은 불가능하다. 하나를 더 잘하도록 해야 한다. 이게 설교에도 적용된다. 한 편의 설교에서 모든 설교 요소를 만족시킬 수 있을까? 이론적으론 가능하지만 실제로는 아닐 것이다. 설교자에겐 저마다 자신만의 스타일이 있다. 설교를 하되 그 스타일을 가장 잘 드러낼 방식을 선택하면 된다. 3대지 설교가 자신에게 맞는다면 그런 방식을 더 잘하도록 하면 된다. 이야기 설교가 편하다면 책을 부지런히 읽어서 콘텐츠를 넓혀야 한다. 이야기 소재가 다양해지면 그것을 설교와 연결지어 풀어내면 성도를 깊이 몰입시킬 수 있다. 지금 시대엔 자신만의 스타일을 찾아내는 게 중요하다.

넷플릭스에서 직원을 뽑는 기준이 있다. 그것은 '대체 불가'다. 다른 어디에서도 찾을 수 없는 사람을 넷플릭스는 직원으로 뽑는다. 그리고 기존의 직원 역시 그런 기준으로 검증한다. 그런 기준에 부합하지 못하면 그 직원을 두둑한 연봉을 주어서 내보내고 대신 그런 기준에 맞는 사람을 채용한다. 이것이 설교자에게도 연결된다. 설교자 역시 인터넷 세상을 살아간다. 빼어난 설교가 유튜브에 넘쳐나고 있다. 성도들은 간단한 검색만으로도 자신이 원하는 설교를 찾아서 듣는다. 나만의 스타일이 없다면 성도가 굳이 내 설교를 들으려고 할까? 아닐 것이다. 하나님이 '나'라는 설교자를 통해서만 들을 수 있는 이야기를 분명 주셨을 것이다. '기생충'이나 '오징어 게임'처럼 나만의 독특한 시각과 이야기를 찾아낸다면 설교자는 분명 경쟁력을 가질 것이고 자기만의 설 자리를 확보할 것이다.

성도도 설교에 참여하도록 만들어야

설교는 설교자가 지금껏 살아오면서 배우고 경험하고 깨달은 것에 기반하여 준비된다. 설교자가 살아온 삶의 무게가 그 한 주의 설교에 담겨 나오는 것이다. 설교자가 무슨 생각을 하고 있고 어떤 관점으로 세상을 보며 또 어떻게 '지금 현재'라는 시간을 살아가고 있는지가 한 편의 설교에 그대로 배어서 전달된다. 설교는 메시지를 전달하지만 동시에 간접적으로 설교자의 삶을 전달하고 있는 것이다.

오래전 영국에서 스펄전 목사가 설교를 전할 때다. 그때는 신앙의 호시절이라 스펄전 목사가 한 설교는 그다음 날 일간 신문에 설교문이 실렸다. 그 설교문[114]을 읽으면 놀라움을 금치 못한다. 꼭 신학논문을 읽는 것처럼 헬라어가 자유롭게 인용되고 있고 성경을 풀어내는 깊이가 무척 깊다는 게 단번에 느껴지기 때문이다. 교회가 신앙으로 불타오를 때 성도들은 스펄전 목사가 토해내는 그 설교를 단번에 이해했다. 스펄전 목사가 떠난 지 한 세기가 지났다. 그가 가졌던 설교의 불이 미국으로 건너갔고 그 불이 한국에도 전해졌다. 한국도 설교자들이 사자후를 토해내던 시절이 있었지만 지금은 사라졌다. 큰 교회 목회자의 경우 설교에서 조금만 실수를 해도 금세 기사화가 되어서 곤욕을 치르기도 한다. 무탈해야 하니 무난한 설교를 하게 되고 그 여파로 성도들이 느끼는 복음의 감격이 줄어들었다. 성도들을 움직이게 하려면 설교자의 삶이 설교에 배어 나와야 하는데, 이게 쉽지 않다. 한국 정서에서는 목회자의 개인적인 삶이 드러나는 걸 불편하게 여기기 때문이다. 그러다 보니 설교가 가르치거나 교훈을 주는 쪽으로 흘러가게 된다. 성경 본문이 설교자를 통해 먼저 소화된 뒤 전해지면 훨씬 부드러워질 텐데 여기에 태클이 걸렸다. 이런 어려움 속에서도 반전을 꾀하려면 성도를 설교에 참여시켜야 한다. 성도를 설교에 참여시키는 건 설교를 쓰라는 게 아니다. 설교의 시작은 듣는 게 아니라 설교를 듣고 실천하는 순간이 설교를 진짜 듣는 것이라는 걸 이해하도록 해야 한다는 뜻이다. 성도에게 설교를 실천하게 하려면 반드시 자신에게 불리한 선택을 할 수 있는 상황을 만들어 주어야 한다. 내가 성경 속 인물과 같은 상황 속에 있다면 나는 어떤 결정을 내렸을까? 그런 결정이 지금의 나와 이어져야 한다.

성도를 설교에 참여시키려면 결론을 내린 뒤 통보해서는 안 된다. 이런저런 상황을 설명한 뒤 맥락을 중심으로 어느 쪽을 선택할 것인지를 보여줘야 한다. 넷플릭스에 길들여진 성도들은 선택하는 걸 좋아한다. 자신이 좋아하는 영화 장르를 고르듯 듣고 싶은 설교도 선택적으로 듣는 데 익숙해졌다. 이것을 반전시키려면 그들이 참여할 수 있는 여지를 만들어야 하고 설교의 목적은 실천하는 데 있음을 주지시켜야 한다. 이야기가 설교에 주는 힘은 설득에 있다. 설교가 교훈이 아니라 성도의 삶과 연결되려면 성경 말씀을 풀어내되 설득을 상황적으로 해야 한다. 어떤 상황이 있다. 가령 회사에선 실적을 요구하는데, 그 실적을 올리려면 신앙의 정직성과 어긋나는 행동을 해야 한다. 이런 상황에 성도가 몰입하게 만든 뒤 성도가 저마다 스스로 결정하도록 해 주어야 한다. 믿음으로 산다는 것은 자기만의 짐을 지는 것이다. 그 짐이 책임이고 리스크이다.

5. 사역, 목회력을 키우는 콘텐츠

검증된 콘텐츠로 돌아가라

교회는 교회다움을 유지해야 할까, 아니면 세상의 트렌드를 추구해야 할까? 로드 드레허가 쓴 「베네딕트 옵션」은 많은 것을 고민하게 한다. 현대 기독교에 거대한 홍수가 휩쓸고 갔고, 기독교 사회는 황폐화되었다고 말한다. 대홍수는 바로 세속주의를 말한다. 로드 드레허의 분명한 주장은 교회는 교회만의 문화와 기준을 고수해야 한다는 점이다. 스탠리 하우어워스가 교회는 '게토'가 되는 것이 아니라 삶 속에서 녹아들 것을 강조한다면, 로드 드레허는 교회공동체가 게토가 되는 것까지 강조한다. 그 이유는 교회의 문화를 만들고, 세상 속에서 휩쓸리지 않아야 한다고 밝히기 때문이다. 교회공동체가 게토로 남느냐, 스며드느냐의 차이가 있겠지만 로드 드레허나 스탠리 하우어워스가 분명하게 밝히는 것은 교회가 세속의 문화를 거부하고 교회의 문화를 지켜야 한다는 점이다. 그 이유는 세속으로부터 교회의 경건함과 순결을 지켜야 하기 때문이다.

이런 주장을 들으면 안타깝게 느끼는 것은 한국교회가 걸어가는 행보는 그 반대로 보이기 때문이다. 세상과의 구별을 없애고 비신자들에게 교회의 문턱을 낮춰야 한다는 이유로 지나치게 세상과 동화되는 방법을 취해 왔기 때문이다. 찬송가가 교회에서 사라진지는 오래되었고, 이미 모든 시간을 CCM 장르가 대체했다. 클래식 악기와 전자 악기의 성속 聖俗 을 구분하려는 의도는 없지만 교회의 악기들은 대중이 좋아하는 악기들로 대체되었다. 하나님을 향한 행위가 예배라면, 어느덧 '구도자' 求道者 예배의 비중은 늘어나고 있다. 최주훈 목사는 「예배란 무엇인가」에서 구도자 예배가 부적절한 이유는 예배의 대상이 하나님이 아니라 사람을 향하고 있기 때문이라고 지적한 바 있다. CCM 장르는 크리스천 뮤지션이 제작한 대중음악으로 미국에서 20세기에 출발했다. 그 어원을 보면 '크리스천 현대 음악' Contemporary Christian Music 이다. CCM의 용도는 복음적인 의도를 가진 대중음악이다. 엄밀히 말하면 교회에서 부르는 찬송가가 아닌 찬양은 가스펠송 Gospel Song 이다. 이미 가스펠송을 가리켜 CCM이라고 부르기 시작한 것부터 이상한 징후가 감지되었다. 이것은 '유행'을 타기 때문이다. 만일 한 대형 교회에서 5년 지난 찬양을 고른다면 비웃음을 살지도 모른다. 10년 넘은 경배와 찬양의 곡들을 선곡하면 그 능력을 의심받을 수도 있다. CCM이라는 말에서 이미 교회가 유행에 민감한 곳이 되었다는 흔적을 느낀다. 위에서 전자 악기를 지적한 이유는 그것이 경건하지 않은 악기이기 때문이 아니다. 교회가 세상의 유행을 따라가는 흔적이기 때문이다. 30년 전 예배 시간에 통기타가 등장할 때 불쾌감을 드러냈고, 그 후 전자기타가 등장할 때 거부감을 느꼈기 때문이다. 정서적인 문제로 접근한다면 1720년에 발명된 피아노는 경건하지 못한 악기여야 한다. 그러나 가만히 살펴보면 교회에서 사용하는 악기는 끊임없이 세상 유행의 산물이라는 점이 핵심이다. 교회의 음악이 이러할진대, 다른 부분으로 확대해 보면 교회는 지나치게 유행에 민감하다. 그 이유는 무엇일까? 어떻게 이것을 극복할 수 있을까?

'종교개혁으로 돌아가자'의 실체는 무엇인가?

교회에서 추구하는 콘텐츠는 'Something New'다. 가만히 생각해 보자. 지난 30년 전부터 목회 콘텐츠로 유행했다가 사라진 것들을 떠올려 보자. 왜 한국교회는 새로운 목회 콘텐츠를 이렇게 갈구하는가? 그 이유는 기존의 콘텐츠에 대한 확신이 사라졌기 때문이다. 교회의 아이러니는 이것이다. 강단에서는 초대교회와 종교개혁으로 돌아가자고 말하면서 목회 콘텐츠를 찾을 때면 언제나 새로운 무엇인가를 모색한다는 점이다. 우리가 정경으로 보는 성경은 2천 년 전, 고조선 시대에 기록된 책을 기반으로 한다. 교회의 기준은 500년 전 종교개혁을 표준으로 한다. 우리는 2천 년 전과 500년 전의 그리스도인들과 같은 정경, 같은 콘텐츠를 갖고 있다. 십계명, 사도신경, 주기도문 말이다. 그렇다면 우리가 종교개혁 시대의 성도들보다 더 신앙이 좋다고 말할 수 있을까? 한국교회가 종교개혁자들보다 더 나은 점은 무엇인가? 초대교회와 종교개혁자들이 '적어도' 우리보다 나은 이유는 한 가지가 있다. 재정과 프로그램, CCM, 건물, 조명 때문이 아니다. '정경'이라는 콘텐츠에 대한 확신이 우리보다 훨씬 컸다는 점이다. 우리가 끊임없이 새로운 콘텐츠를 추구하는 이유는, 엄밀히 말해서 정경이라는 콘텐츠에 대한 명확한 확신과 능력을 발견하지 못하기 때문이다. 우리의 신앙이 시대에 뒤떨어져 보이기 때문에 시대에 맞는 모습으로 변해야 하는 것일까?

2017년 종교개혁 500주년을 지나면서 홍수를 이루는 메시지는 '종교개혁으로 돌아가자'는 것이다. '종교개혁'은 너도 나도 외치는 구호지만 정확한 실체가 무엇인지 아무도 자신 있게 말하지 못하는 모호한 대명사와 같다. 그렇다면 종교개혁으로 돌아가자는 구체적인 실체는 무엇인가? 구체적으로 어떻게 종교개혁으로 돌아갈 수 있는가? 타인의 잘못을 '성토'하는 것이 종교개혁으로 돌아가는 방법일까? 내가 마음에 들지 않는 관행들을 타도하고 파괴하면 종교개혁이 실현될 수 있을까? 마음에 들지 않는 교회를 제거한다면 그 그루터기에서 95개조 반박문을 내건 것처럼 종교개혁의 싹이 새롭게 피어나는가? 역사를 연구해 보면 '단언컨대' 타도하고 제거하고 성토하는 방식으로는 결코 종교개혁이 일어날 수 없다. 그런 생각은 1789년 프랑스 대혁명의 방식과 다름없다. 프랑스 대혁명이 일어났으면 그 이후 혁명의 효과와 열매들이 자라야 하지 않을까? 1830년 7월에 혁명이 있었고, 1848년에는 2월 혁명이 있었다. 혁명은 또 다른 혁명을 낳는다. 많은 사람이 외치는 종교개혁의 구체적인 발상은 혁명의 모습과 다름없다.

1517년에 루터가 95개조 반박문을 내걸고 즉시 종교개혁이 정착된 것이 아니다. 종교개혁은 시작이었을 뿐 박해에 대한 저항은 오랜 시간을 경험해야 했다. '저항' Protest 의 흔적이 바로 1529년 슈파이어 회의를 통해 등장한 '프로테스탄트'라는 명칭이다. 그럼에도 불구하고 여전히 지속된 종교박해는 1546-47년의 슈말칼덴 전쟁으로 확대되었고, 1555년에 이르러서야 아우크스부르크 화의 和議 를 통해 정식 종교가 되었다. 다시 말해서 우리가 외치는 종교개혁의 실체는 20-30년간 꾸준히 이루어지는 가르침의 과정을 통해 '스며드는' 방식이다. 그러기 위해서는 20-30년간 변하지 않는 기준이 있어야 하고, 그 기준에 도달하기 위한 가르침이 있어야 한다는 말이다. 종교개혁은 미래를 향한 행위가 아니라 기준과 가르침을 통해 시간이 지나고 우리의 위치가 바뀐 것을 확인하는 것을 말한다. 그렇다면 그 '기준'은 무엇이어야 하는가? 다시 말해서 그 기준을 제시하는 목회 콘텐츠는 무엇인가?

종교개혁 시대의 목회 콘텐츠

종교개혁자들은 '오직 성경'을 외쳤다. 성경으로 돌아가는 것이 그 기준이다. 그렇다면 우리에게 필요한 목회 콘텐츠가 '성경'이란 말인가? 그럴 수도 있고 아닐 수도 있다. 이것이 무슨 말인가? '오직 성경'의 구체적인 방식이 '성경 통독'이 아니기 때문이다. 종교개혁 이전에는 성경이 없었는가? 주후 4세기에 제롬이 번역한 라틴어 성경이 있었다. 성경이 있었으나 아무도 읽을 수 없었던 시기에 루터는 '오직 성경'을 외친 것이다. '오직 성경'이 온전히 효과를 발휘하기 위해서 필요한 핵심이 '번역'이다. 번역이란, 단순히 언어를 변환하는 것에 국한되지 않는다. 청중의 수준에 맞게 변환하는 과정이 번역의 범주 속에 포함된다. 라틴어 성경이 민중과 소통이 되지 않았기에 루터는 1521년에 독일어 성경을 번역했다. 문제는 다수의 문맹자가 있었기에 루터와 그의 동역자들은 또 다른 '번역'을 시도해야만 했다는 것이다. 그것이 찬송, 그림, 성만찬, 건축, 교리 등 다양한 형태로 번역된 결과물이다. 루터는 '내 주는 강한 성이요' 같은 찬송가들을 직접 만들어서 불렀고, 그의 동역자 필립 멜란히톤은 교리라는 형태로 성경의 가르침을 체계화시켰다. 루카스 크라나흐는 루터의 가르침을 그림으로 그렸는데, 이것은 문맹자들이 눈으로 볼 수 있는 말씀이었다. 성만찬은 보이는 말씀으로 사람들에게 그 효력을 발휘했다. 그렇다면 우리는 이 질문에 대답을 해야 한다. 찬송, 성만찬, 교리, 그림이 '오직 성경'이 아니라고 말할 수 있을까? '오직 성경'이란, 성경을 근거로 하는 내용을 청중의 귀에 번역된 형태로 전달된 것을 말한다. 청중을 위해서 성경이 체계화된 교리는 어떤가?

루터의 「대교리-소교리문답」, 「하이델베르크 교리문답」, 「웨스트민스터 신앙고백문」을 생각해 보자. 이런 교리는 '오직 성경'을 번역한 결과물이다. 이 교리를 구성하는 공통된 콘텐츠가 바로 사도신경, 십계명, 주기도문이다. 종교개혁 이후 30년간 사도신경, 십계명, 주기도문을 지속적으로 가르쳤고, 예술로 표현했다. 이것이 번역이다. 이런 지난한 과정이 종교개혁의 시대였고, 그 비결이 바로 종교개혁의 목회 콘텐츠였다. 왜 우리는 종교개혁으로 돌아가자고 말하면서 끊임없이 새로운 콘텐츠를 찾는가? 이렇게 생각해 보자. 사도신경, 십계명, 주기도문을 어떻게 배웠고, 어떻게 사용하는가? 사도신경은 예배의 주문처럼 외우고 있고, 주기도문은 어떤 순서를 마무리하는 용도로 사용한다. 십계명은 '은혜'라는 이름에 가려서 폐기처분된 지 오래다. 과연 우리는 사도신경, 십계명, 주기도문의 깊은 의미를 어떻게 배웠고, 어떻게 가르치는가? 이런 콘텐츠는 칼날의 위협을 이기는 능력이었고, 시대를 바꾸는 진리였다. 그럼에도 불구하고 '동일한' 콘텐츠를 사용하면서도 새로운 콘텐츠를 모색하는 것이 한국교회의 현실이다. 그 이유는 분명하다. 우리에게 전해진 신앙의 유산을 보잘것없다고 생각하기에 새로운 것을 찾는 것이다. 이것은 한국교회가 능력을 잃어버린 이유 중 하나이다. 사도신경이 '알파코스'보다 무기력한 것인가? 주기도문이 방언기도보다 보잘것없는 기도인가? 십계명은 남녀전도회의 정관이나 회칙에 불과한 것인가? 찬송가는 예배 시간에 사용하기 '민망한' 시대에 뒤떨어진 노래인가? 성경 콘텐츠는 이렇게 시대와 환경을 초월하는 힘이 되어 왔다.

현대의 교회가 연약해진 이유는 시대가 변했기 때문이 아니라 성경에 대한 확신이 사라졌기 때문이다. 그래서 끊임없이 세상의 유행을 따라가고, 새로운 것을 추구한다. 혼란한 시기일수록 본질로 돌아가야 하듯이, 어려운 시대일수록 새로운 콘텐츠를 찾는 것이 아니라 성경으로 돌아가야 한다. 성경의 진리를 시대에 맞게 체계적으로 표현한 것이 교리다. 교리는 평탄한 순간에 만들어진 적이 없었다.

① 루터의 「소교리-대교리 문답」은 가톨릭으로부터 '이단'으로 정죄당하던 순간에 민중에게 성경을 쉽게 가르치기 위해서 만든 콘텐츠다.

② 아우크스부르크 「신앙고백문」은 루터를 추종하던 무리가 박해에 직면하던 절체절명의 순간에 프로테스탄트 무리를 위해 변호한 콘텐츠다.

③ 「기독교 강요」는 칼뱅이 제네바에서 성경적인 질서를 세우기 전에 추방을 당하고, 개신교 난민들을 돌보는 중에 작성했던 콘텐츠다.

④ 「하이델베르크 교리문답」은 박해받던 칼뱅파 교도들을 위해 작성한 신앙 콘텐츠다. 1555년 아우크스부르크 화의를 통해 루터파는 정식 종교로 인정을 받았지만, 칼뱅파는 여전히 이단으로 취급되었기 때문이다.

⑤ 스페인이 네덜란드를 침공해서 80년 전쟁이 벌어졌다. 스페인은 피의 법정을 만들어서 수많은 개신교 교도를 처형했다. 이런 시기에 개신교도들에게 신앙의 우월함과 성경의 진리를 전하기 위해서 귀도 드 브레가 만든 콘텐츠가 「벨직 신앙고백서」다.

⑥ 영국 내전을 통해 수많은 사람이 핍박을 받고 대립하던 시기에 청교도 혁명이 발생했다. 이때 기독교 신앙을 확립하기 위해서 만든 콘텐츠가 「웨스트민스터 신앙고백문」이다. 이것은 역사상 가장 많은 학자와 많은 예산, 오랜 기간을 들여서 만든 것으로 최고의 교리라는 평가를 받는다.

⑦ 20세기에 나치가 독일에서 집권했을 때, 나치 기독교의 거짓에 맞서기 위해 종교개혁을 기반으로 칼 바르트, 디트리히 본회퍼 같은 지도자들이 만든 콘텐츠가 바로 1934년에 선포된 '바르멘 선언문'이다.

모질고 혹독한 시기를 거치면서 이런 콘텐츠는 죽음의 위협보다 더 큰 능력을 그리스도인들에게 주었다. 이런 콘텐츠는 시대의 등불이었고, 영혼의 등불이었다. 우리에게 새로운 것이 필요하다면 그것은 우리가 사는 시대가 위의 시대보다 더 혹독하기 때문이 아니라 성경을 의지하는 확신이 턱없이 부족하기 때문이다.

콘텐츠의 핵심은 '번역'이다

우리에게 어떤 콘텐츠가 필요한지 살펴보았다. '오직 성경'을 외친다고 해서 그것이 성경 통독을 말하는 것이 아니듯이, 번역이 없다면 콘텐츠의 능력도 반감된다. 같은 성경이지만 제롬의 라틴어 성경과 루터의 독일어 성경의 폭발력이 달랐던 이유는 번역에 기인한다. 아무리 뛰어난 「웨스트민스터 소요리문답」이라고 하더라도 번역이 제거된 콘텐츠라면 그 결과를 우리는 잘 알고 있다. 1647년의 「소요리문답」은 영국의 청교도 역사를 바꾼 콘텐츠이지만 번역 없이 암송할 때, 우리는 세례-입교 문답을 할 때 무기력하게 얼버무리는 「웨스트민스터 소요리문답」의 껍데기만 경험한다. 우리에게 필요한 목회 콘텐츠는 '오직 성경'이다. 성경이 아닌 어떤 것도 교회의 콘텐츠가 될 수 없다. 교회는 성경이라는 반석 위에 서 있기 때문이다. 성경의 핵심 내용을 체계적으로 요약된 것이 종교개혁 시대의 콘텐츠였던 사도신경, 십계명, 주기도문이다. 그렇다면 이것을 어떻게 번역할 수 있는지 그 방법을 생각해 보자.

① 성경, 십계명, 사도신경, 주기도문을 접해 보자

성경에 내 인생을 맡길 수 있는가? 나는 성경의 가르침을 위해서 목숨을 버릴 수 있는가? 사도신경을 외우면서 그것이 내 신앙을 형성하는 진정한 정체성이라고 확신하는가? 그리스도의 죽음과 부활, 재림과 심판을 정말 믿는가? 십계명과 주기도문도 이렇게 묵상해 보자. 이 콘텐츠 앞에 정직하게 서 보자. 만일 이것이 시시하고 하찮게 느껴진다면 그 사람의 목회 콘텐츠는 다른 어떤 것도 필요 없다. 다른 새로운 콘텐츠를 발견했다면 교인 숫자는 늘릴 수 있을지 모르겠지만 그리스도의 능력이 깃들지는 않을 것이다. 우리가 발견해야 할 콘텐츠는 다른 새로운 것이 아니라 '성경과 교리'다. 이것이 동의 되지 않으면 더 이상 이 내용을 읽을 필요가 없다. 그러나 성경에서 확신을 얻는다면 다음 항목을 살펴보자.

② 왜 그런지를 말해 보자

성경이 내 삶의 근간이고, 사도신경이 내 신앙을 이루는 정체성이라고 느낀다면 '왜' 그런지 설명할 수 있어야 한다. 주기도문을 통해 '아빠 하나님'의 진심을 경험했다면 왜 그것이 나에게 중요한 의미가 있는지 말할 수 있어야 한다. 십계명이 왜 중요한지에 대해서 책과 여러 가르침을 통해 중요성을 확신했다면 누군가에게 왜 그런지 설명할 수 있어야 한다. 이것이 없다면 아직 확신을 덜 가졌다고 할 수밖에 없다.

③ 핵심은 번역이다

왜 그런지 확신을 가졌다면 누군가에게 제시할 수 있어야 진정한 목회 콘텐츠가 된다. 콘텐츠의 완성은 내 입에서 나올 때가 아니라 누군가의 귀로 들어가서 이해되는 순간이다. 내가 성경의 한 구절에 감동을 했다고 그것을 타인에게 구절 그 자체를 들이미는 것은 '폭력'이 된다. 그것을 위해 상대방에게 맞는 형태로 번역해야 한다. 종교개혁 시대에 루터는 찬송을 만들었고, 크라나흐는 그림을 그렸다. 존 번연은 복음을 설명하기 위해 우화 형태로 「천로역정」을 썼다. 존 웨슬리의 형제 찰스 웨슬리는 광부, 노동자, 하층민들에게 성경을 전하기 위해서 입에 달라붙는 운율로 찬송시를 만들었다. 이것이 존 웨슬리의 감리교 부흥운동에 있어서 찰스 웨슬리가 없으면 안 되는 이유다.

④ 콘텐츠는 단회적이지 않다

루터가 종교개혁을 시작한 것은 1517년이고, 아우크스부르크 화의가 일어난 해는 1555년이다. 30년이 넘는 시간 동안 이런 콘텐츠를 지속적으로, 반복적으로 번역해서 가르쳤다. 시간이 지나면서 확산된 프로테스탄트 무리를 발견하게 된 것이다. 10년이면 교회에 500번 출석을 하게 된다. 팬데믹 기간 동안 150번의 주일을 보냈다. 대면이냐 비대면이냐를 놓고 논쟁을 벌이던 시간에 아이들에게 150개의 콘텐츠를 가르쳤다면 신앙의 공백은 최소화되었을 것이다. 루터의 동역자 크라나흐의 150개 그림을 하나씩 가르쳤더라면 어땠을까? 「천로역정」 같은 작품들을 제시했다면 어떻게 달라졌을까? 팬데믹 기간에 비대면을 접하면서 확실히 확인했다. 클릭을 하는 것은 콘텐츠에 좌우된다는 사실을 말이다.

제2의 종교개혁을 꿈꾸며

우리는 종교개혁을 외치고 있다. 종교개혁은 혁명적인 방식이 아니라 콘텐츠를 통해 지속적이고, 반복적인 가르침을 통해 뿌리를 내렸다. 이것이 우리가 벤치마킹을 해야 하는 지향점이다. 지금까지 수많은 사람이 목회력을 키우는 콘텐츠를 모색해 왔다. 교회를 변화시키기 위해 다양한 형태를 예배 형식 속에 들여놓았다. 시간이 지나면서 더 새로운 무엇인가를 추구하고 있다면 우리가 '본질'이라고 부르는 것이 결코 견고한 터가 되지 못한다는 것은 분명한 사실이다. 우리는 신앙의 원형이 되는 초대교회로 돌아가야 한다. 신앙의 표준이 된 종교개혁에 우리의 기준을 늘 비교하며 점검해야 한다. 그렇다면 말로만 초대교회와 종교개혁을 외치거나, 혹은 새로운 콘텐츠를 찾아 나설 것이 아니라 그 시대를 변화시켰던 불변하는 콘텐츠에 뿌리를 내려야 한다. 왜냐하면 그때의 하나님이 지금도 살아 계시기 때문이다.

1934년의 '바르멘 선언'

끝으로, 우리는 디트리히 본회퍼 목사를 언급하면서도 그가 정작 어떤 콘텐츠를 만들었는지에 대해서는 잘 모른다. 역사상 가장 혹독하고 암울한 시절에 독일의 그리스도인들을 지탱시켜 주었던 콘텐츠가 바로 '바르멘 선언'이다. 히틀러의 나치 기독교에 굴복하지 않은 그리스도인들이 독일 부퍼탈의 바르멘 지역에 모여서 성경을 토대로 신앙을 고백한 것을 가리켜서 '바르멘 선언'이라고 한다. 이 선언문의 주역이 바로 디트리히 본회퍼였다. '바르멘 선언'을 묵상해 보며 목회 콘텐츠를 모색하는 우리에게 어떤 느낌이 드는지 생각해 보자. 지면상 '성경, 예수 그리스도, 교회'에 대해서만 언급한다.

[바르멘 선언문]

서문

고백교회 총회는 우리의 신앙고백과 독일의 교회를 파괴하는 나치 기독교에 맞서 믿음으로 일치단결하여 그들에게 저항하고자 한다. 그들은 거짓된 신조, 폭력, 위선적인 이념을 통해 독일교회를 하나로 통합하려고 시도하지만 독일 복음주의 교회는 성령을 통한 믿음 안에서, 하나님의 말씀인 성경으로만 하나가 될 수 있다. 바르멘 선언이 성경과 교부들의 신앙고백과 일치하는지 일치하지 않는지 확인해 보라. 만일 우리의 선언이 성경에 위배된다면 듣지 않아도 된다. 그러나 만일 우리가 성경에 근거한다면 (나치에게서 오는) 모든 두려움과 유혹을 극복하고 하나님의 말씀에 순종함으로써 믿음의 길에 함께 참여하라.

1. 성경에 대하여(요 10:1, 9; 14:6)

성경이 우리를 위해 증언하는 대로 예수 그리스도는 우리가 사나 죽으나 듣고 믿고 순종해야 할 유일한 하나님의 말씀이다. 그러므로 우리는 교회가 선포의 원천으로서의 이 유일한 하나님의 말씀 이외에, 그리고 그것과 나란히 다른 어떤 사건이나 권력, 인물이나 사실을 하나님의 계시로 인정해야 한다고 가르치는 잘못된 가르침을 거부한다.

2. 예수 그리스도에 대하여(고전 1:30)

예수 그리스도는 우리의 모든 죄를 용서하신 하나님의 확증인 동시에 우리의 모든 생애를 주관하는 하나님의 능력이시기도 하다. 그분을 통하여 우리는 이 세상에 얽매인 불신앙적인 예속으로부터 기쁘게 해방되어 그분의 피조물들을 위해 자유롭게 감사의 마음으로 봉사하게 된다. 따라서 우리는 마치 우리의 삶에서 예수 그리스도가 아닌 다른 주(主)들에게 속하는 영역, 즉 그분을 통한 칭의와 성화가 필요 없는 영역이 있는 것처럼 가르치는 잘못된 가르침을 배격한다.

3. 교회에 대하여(엡 4:15-16)

그리스도의 교회는 예수 그리스도가 성령을 통하여 말씀과 성례의 주님으로서 현존하며 행하시는 형제들의 모임이다. 교회는 죄 용서를 받은 사람들의 모임으로서 죄로 얼룩진 세상의 한복판에서 신앙과 순종으로써, 교훈과 질서로써 교회가 오직 그분의 소유이며 교회가 그분의 오심을 기다릴 뿐 아니라 오직 그분의 위로와 인도 속에 있으며 또 있기를 원한다는 사실을 드러내야 한다. 따라서 우리는 마치 교회가 자신의 기호나 시대의 이상적·정치적 확신의 변화에 따라 그 교훈과 질서의 틀을 포기해도 되는 것처럼 말하는 잘못된 가르침을 배격한다.

1. 소통의 시대, 불통으로 답답한 교회

세상이 확 변했다

세상은 확 변했다. 변화의 중심에는 팬데믹이 있다. 그래서 사람들은 세상을 팬데믹 이전과 이후로 나눈다. 팬데믹은 세상이 지금과 달라야 함을 요구했다. 그리고 세상은 완전히 달라졌다. 팬데믹으로 인해 교회는 변화하지 않을 수 없었다. 이에 변화를 시도했으나 그 변화가 미미하다. 세상에 비교하면 교회가 무엇이 변했는지 아리송하다. 사람들은 교회는 팬데믹 이전과 별로 달라진 것이 없다고들 한다. 이전에도 교회는 세상과 불통이었다. 팬데믹 기간에 교회는 불통의 진수를 보여주었다. 팬데믹 이후 세상은 교회와 더 이상 소통을 하려 들지 않는다. 소통을 하자고 문을 두드리다가 지쳐서 포기했을 것이다.

세상을 살면서 소통하지 않고 살 수 없다. 사람들은 적극적으로 소통하려 든다. 여행 가는 것, 배움을 지속하는 것은 적극적으로 소통하겠다는 의지이다. 소통의 시대에도 불통으로 살고자 하는 사람들이 있다. 그들은 일명 '꼰대'라고 일컬어지는 사람들이 아닐까? 송희구는 「서울 자가에 대기업 다니는 김 부장 이야기 1: 김 부장 편」에서 김 부장을 불통으로 살아가는 전형적인 사람으로 묘사한다. 김 부장은 꼰대였기에 다른 사람과 소통이 안 된다. 그는 불통인 사람의 대표 격이다. 불통으로 사니 고립되어 살아간다. 불통의 사람의 종착지는 회사에서의 퇴출이다. 집안에서도 아들과 소통이 안 되는 불통의 아버지다.

유발 하라리는 「호모 사피엔스」에서 벌과 개미도 의사소통을 한다고 한다. 벌이나 개미 같은 곤충도 복잡한 의사소통을 하는 능력을 갖추어 먹을 것이 있는 위치를 서로에게 알려준다고 한다. 곤충도 소통하며 살아가기에 사람도 그러해야 한다. 사람이 소통하지 않고 꼰대나 은둔형 외톨이로 살아간다면 그럴만한 이유가 있을 수 있다. 하지만 교회는 그렇게 하면 안 된다. 하나님은 사람과 소통하려고 성육신하셨다. 교회도 성육신을 해서라도 소통하려고 해야 한다. 교회는 이미 세상의 눈으로 바라봤을 때 꼰대이거나 은둔형 외톨이다.

인공지능 ChatGPT가 등장하자 사람들은 인공지능을 활용해서라도 소통하라고 조언한다. ChatGPT의 등장은 그 자체만으로도 의미가 깊다. 호모 사피엔스 시대가 서서히 끝나가고 있음을 의미하기 때문이다. ChatGPT가 인간과 소통이 가능한 이유는 생성형 인공지능이기 때문이다. 김대식 KAIST 전기 및 전자공학부 교수는 ChatGPT의 출현은 인간보다 더 똑똑하고 뛰어난 기계들이 등장하는 시대가 시작될 가능성이라고까지 말한다. 생성형 인공지능인 GPT의 'G'는 Generative로 '생성하는, 만드는'을 의미한다. 그러니까 '무언가를 만드는 인공지능'이란 뜻이다. 'P'는 'Pre-trained'로 '사전 학습한'이라는 뜻이다. GPT는 무려

3,000억 개나 되는 단어와 5조 개의 문서를 학습했다. 이 정도면 인간이 만든 모든 문서를 다 봤다고 할 수 있다. 'T'는 'Transformer'로 이는 주어진 문장을 보고 다음 단어가 뭐가 올지를 확률적으로 예측하는 것을 뜻한다.[115] ChatGPT가 소통이 가능한 이유는 대화형이기 때문이다. '대화형'에는 두 가지 뜻이 있다. 하나는 사람끼리 이야기하듯이 자연스럽게 입력한다는 것이고, 다른 하나는 ChatGPT에게 단기 기억이 있다는 뜻이다.[116] 생성형 인공지능인 ChatGPT가 만약 인간의 지능을 흉내내는 AI로서 인간보다 더 좋은 결과를 더 빠른 시간 안에 도출한다면, 그래서 ChatGPT가 필수 요소가 된다면, 인간의 이성만 강조하는 건 구시대적인 행태로 취급될 수 있다.[117]

세상은 펜데믹으로 환경적인 큰 변화를 가져왔다. 생성형 인공지능 ChatGPT로 인해 인간에게 소통을 장려하고 있다. 이럴 때 교회는 세상의 변화에 주목해야 한다. 세상과 소통하기 위한 방안을 갖고 있어야 한다. 변화의 중심에 있는 사물인터넷, 인공지능, 빅데이터, 블록체인, 로보틱스 등으로 발전을 거듭하고 있는 세상과 어떻게 소통해야 하는가를 고민해야 한다. 교회는 세상과 불통의 상태가 아니라 소통의 시대 한복판에 서도록 끊임없이 노력해야 한다. 하나님과의 소통만 강조하고, 세상과는 불통해도 된다는 주장은 이미 지양했어야 했다.

세상과의 불통에는 원인이 있다

　교회는 세상과 소통을 안 하는가? 못하는가? 팬데믹으로 사람들은 소통을 갈구했다. 팬데믹은 사람들을 외로움으로 집어넣었다. 외롭기에 소통을 갈구했다. 교회가 사람들과 적극적으로 소통해야 했다. 소통을 하려 했는데 하나님과만 소통하다 보니 세상과의 소통은 어려웠다. 팬데믹으로 집에 주로 있게 된 사람들은 넷플릭스와 유튜브로 많은 시간을 보냈다. 넷플릭스와 유튜브가 외부와의 소통 방편이었다. 방편이었다. 특히 넷플릭스와 유튜브는 물리적 공간에서 만날 수 없게 된 사람들을 끈끈하게 연결해 주었다.

　교인들도 팬데믹 동안 하나님과 소통하려 했다. 오프라인으로 만나던 교인을 온라인으로 만나니 어색해했다. 게다가 세상과 온라인으로 소통하려고 하니 한계를 절감했다. 팬데믹이 끝난 후 닫혀 있던 오프라인의 문이 활짝 열렸다. 교회는 세상과 활발히 소통해야 했다. 그러나 팬데믹 때의 어색함은 팬데믹 이후에도 이어졌다. 팬데믹 이후 교회는 세상과의 소통이 더욱 불편해졌다. 온라인 소통도 어색했는데 오프라인이라고 소통이 잘 된다는 보장이 없다. 교회가 먼저 세상에 다가서야 했다. 이전에는 교회가 세상과의 소통을 그다지 좋아하지 않았다. 팬데믹으로 세상은 교회와의 소통을 그다지 좋아하지 않게 되었다. 교회는 여전히 하나님과는 탁월하게 소통하는데 세상과는 불통인 상태이다. 그 원인은 세상이 무엇을 원하는지 모른다는 데 있다.

소통을 하려면 상대를 이해해야 한다. 또한 상대와 공감대가 형성되어야 한다. 세상과 공감하지 못하면 인간애가 사라진다. 최종원은 「수도회, 길을 묻다」에서 근대 교회가 인간을 잃고 말았다고 한다. '보편적 인간애를 지향해야 하는 그리스도교는 인간을 잃고 말았네'[118] 라고 한다. 세상과 소통 경험이 별로 없던 교회는 우리들만의 리그에서는 우수하다. 하지만 세상 대항전으로 가면 인간애를 잃었기에 맥을 못 춘다. 팬데믹 이후 세상과의 불통 원인은 팬데믹 기간에 교회가 보여주었던 것 때문이다. 교회는 세상을 배려하는 편에 섰어야 했는데 교회만 생각하는 듯했다. 팬데믹 기간 중 코로나19가 가장 심각했던 2020년 8월과 9월에 주로 등장하는 감성어들은 '기회, 차별, 혐오, 존중, 세계(적)' 등이었다. 기독교윤리연구소는 빅데이터를 중심으로 세 종교 기독교, 천주교, 불교 의 이미지를 분석했는데 그 결과는 다음과 같다.

"기독교는 다른 종교와는 달리 '범죄'라는 연관 키워드가 나오고 있다. 이는 시민성의 관점에서 보면 상당히 큰 문제일 수 있다. 기독교가 한국사회에서 매우 부정적인 이미지, 즉 범죄를 연상하게 하는 이미지임을 예측할 수 있기 때문이다. 이와 같은 분석 결과는 시민사회에서 개신교가 부정적 이미지로 인식되고 있음을 알 수 있는 단면이라고 할 수 있다."[119]

교회가 세상에 대해 이해와 공감을 하지 않은 결과는 '범죄를 연상시키는 이미지'로 드러났다. 세상은 범죄와 연관된 이미지를 가진 교회와 소통하려고 하지 않을 것이다. 그러므로 교회가 세상과 소통하려면 교회의 이미지를 먼저 쇄신해야 한다.

세상과의 불통을 자랑하는 교회

교회는 소통보다는 불통하는 모습이다. 한 발 더 나아가 세상과의 불통을 자랑하기까지 한다. 교회는 분명 하나님의 교회이다. 동시에 사람을 위한 교회이다. 그러나 교회는 교회가 하나님의 교회라기보다는 사람의 교회가 되어 가고 있다는 이유로 세상과의 소통을 멀리하려 든다. 서림교회 송재식 담임목사는 '교회가 인본주의적으로 되어 간다'고 진단하다. 더불어 그는 '오늘날 교회의 모양은 인본주의적 쇼핑몰을 보는 것과 같다'[120] 고 한다. "교회로 교회 되게 하는 것은 '다시 수직적 교회'로 돌아갈 때 가능합니다. 지금 한국교회는 인본주의적 민주주의가 득세하며 교회마다 수평적 세속 문화의 꽃을 피우고 있습니다. 이 모습을 사탄이 제일 좋아합니다. 사탄이 제일 무서워하는 것은 십자가입니다. 수직적 교회 신본주의 입니다."[121] 이처럼 그는 인본주의가 수평적 교회의 특징이며 신본주의는 수직적 교회의 특징이라고 한다.

교회는 하나님과 소통해야 한다. 동시에 세상과도 소통이 이루어져야 한다. 교회는 신본주의적이면서 동시에 인문학적 통찰이 있어야 한다는 말이다. 제임스 맥도날드 목사는 「버티컬 처치」에서 '현대 교회는 하나님의 터치를 버렸다'라고 서술한다. 그의 말처럼 교회가 하나님의 터치를 버렸기 때문인지는 몰라도 분명한 것은 세상과도 소통을 못하고 있다는 것이다. 늘 신본주의와 인본주의를 구별해야 하는가? 하나님을 믿으면 이미 신본주의다. 모세도 세상 교육을 받았다. 바울은 최고의 세상 교육을 받았다. 세상과 연결하고자 하면 인본주의인가? 인문학을 공부한다고 해서 그것이 하나님을 저버리고 하나님과 적대 관계가 되는 것인가? 결코 그렇지 않다. 예수님은 인문학자이다. 바울도 인문학자이다. 종교개혁자 칼빈과 루터가 인문학자이다. 인문학자이자 신학자이다. 교회는 신학의 기틀 위에 세워졌다. 인문학을 통해 세상과 소통하는 방법과 스킬을 계발하는 것이 인본주의는 아니다. 교회가 신본주의를 주장하면서 세상과의 불통을 자랑하는 것은 인공지능 시대에 맞지 않다. 이는 시대에 어울리지 않는 교회 모습이다. 교회가 왜 점점 쇠퇴하는가? 많은 신학자나 많은 목회자는 신학에 더 철저하지 못해서라고 할 것이다. 중세 교회는 신학에 철저하지 못해서 종교개혁이 필요했는가? 세상을 무시하고 세상과의 소통의 중요성을 인정하지 않았기 때문이다. 왜 하나님은 교회를 세상 가운데 세우셨는가? 교회는 세상과 소통을 잘해야 하는 곳이라는 상징적인 의미 때문이다.

교회는 세상과의 불통 원인을 고민해야 한다

살면서 최고의 질문이 있다. "나는 누구인가?"이다. 팬데믹 이후 교회가 해야 할 고민이 있다. "교회는 왜 세상과 소통을 못하는가?"이다. 교회가 소통을 못한다고 하면 이의를 제기하는 분이 많을 것이다. 하지만 교회가 교회다운 역할을 못하는 것 자체가 불통이다. 교회는 교회만의 성을 높게 쌓았다. 교회만의 성을 높게 쌓으면 고립된다. 송재식은 「다시 수직적 교회로」에서 '자기가 쌓은 성이 파멸을 부른다'[122] 라고 한다. 교회는 교회만의 성 쌓기를 해 왔다. 신학교에서 배운 것은 '세상은 아무것도 아니다'이다. 이는 이미 도래한 하나님 나라의 관점에서 세상을 바라본 것이다. 그러나 하나님의 나라가 아직 완성되지 않은 현재의 관점에서는 어떠한가? 세상은 거대하고 만만치 않은 성이다. 교회는 교만을 버려야 한다. 하나님이 위대하신 것이지 제도화된 교회가 위대한 것이 아니다. 교회는 세상 속에서 교회다운 모습보다는 타락한 모습을 보여주고 있다. 교회가 세상과 소통하려면 품격을 갖추어야 한다. 그것은 하나님의 교회다운 교회, 십자가처럼 낮아진 교회, 예수님처럼 세상을 품는 교회다. 그럴 때 세상은 교회와 소통하고 싶어할 것이다.

불통으로 교회는 세상보다 뒤떨어진 문화를 만들어 냈다

교회는 세상과의 불통으로 좋지 않은 곳으로 낙인 찍혔다. 교회는 이 낙인을 벗기 위해서라도 불통의 원인을 고민해야 한다. 불통의 원인을 고민하지 않으면 교회는 세계 최고를 구가하는 한류 문화의 구석에서 아우성치게 된다. 교회는 한국 사회에서 최고의 리더로 존재한 적이 있었다. 과거의 교회는 문화면에서 세상보다 훨씬 우위에 있었다. 포항제일교회의 박영호 목사는 「시대를 읽다, 성경을 살다」에서 이렇게 말한다.

"당시 고등학생들의 문학적 소양과 예술적 기량이 최고로 표현된 자리는 마을교회 문학의 밤이었습니다. 지적인 면에서도 그러했습니다. 한 마을에서 그 교회 목사가 독보적인 지성인인 경우가 많았습니다. 유일하게 대학을 나온 사람, 시대를 앞서가는 사람, 지역을 벗어나는 인맥을 가진 사람이었습니다. 자녀들의 앞날과 집안의 대소사를 목사와 의논하던 시기였습니다. 이와 같이 한국교회의 성장이 문화적 우위에 상당한 도움을 받았다고 볼 수 있습니다. 지금은 이러한 이점이 사라졌습니다. 사회의 리더나 지성인, 젊은 사람들로 넘쳐나던 교회의 분위기가 바뀌어 가고 있습니다. 인문학을 중심으로 한 지성계에서 기독교 폄하 분위기는 일반화되었고, 과학담론의 대중화로 형성된 지식시장에서도 입지가 좁아져 가고 있습니다. 대중문화에서 기독교 비판은 단골메뉴가 되어 버렸습니다. 크리스텐덤인 적이 없었던 사회라면, 기독교에 대한 대중문화의 관심이 별로 없을 것입니다. 그러나 한국교회는 대단한 권력집단이며 극복해야 할 구조악의 핵심인 것처럼 취급되고 있습니다. 문화적 세계에서 기독교가 소수파가 되어 가는 현상을 '포스트 크리스텐덤'이라 한다면, 한국교회가 겪고 있는 현실에 대한 적절한 명칭일 수 있습니다."[123]

지금은 정반대가 되었다. 외국에 가면 외국 사람들이 K-콘텐츠를 언급한다. K-팝, K-드라마, K-영화, K-푸드 등에 열광하고 있다. 외국 사람이 한국교회에 대해 열광하는 것을 본 적 있는가? 외국인의 눈에도 한국 문화에서 교회의 위치는 정체를 알 수 없다. 문화적으로 힘도 없는 교회를 하나님의 관점에서 세계 최고라고 할 수 있을까? 과거에는 학교에서 교회 다니지 않는 것이 이상했다. 이제는 학교에서 교회 다니는 것이 이상하다. 문화적으로 낙후된 사람들이 최첨단 문화를 구가하고 있는 사회에서 관심 밖으로 밀려나는 것은 당연하다. 교회는 한국 사회에서 과거의 문화적 영광을 재현할 수 없다. 문화적으로 뒤처지지 않기 위한 고군분투만 남아 있을 뿐이다.

세상과의 불통은 갈수록 불리해지는 목회 환경을 만든다

목회 환경이 갈수록 불리해지고 있다. 사람들이 교회 다니는 사람을 색안경을 끼고 본다. 교회 다니는 사람은 교양인으로 보지 않는다. 교회가 교양인의 모습을 보여주지 못한 것이 원인이다. 교회가 세상과 불통의 표상이 되자, 목회 환경은 팬데믹 이후 최악이 되었다. 사람들은 교회에 거의 관심이 없다. 교회의 이미지는 팬데믹 때 더 나빠졌기 때문이다. 영화 등의 매체에서 교회는 악한 모습으로 그려진다. 미국 소설 「모비딕」은 고래를 찾아 나서는 이야기이다. 소설에 이런 말이 있다. '술 취한 기독교인보다는 멀쩡한 식인종과 자는 것이 낫다.' 지금은 「모비딕」

이 쓰인 미국 사회보다 한국 사회에서 교회를 바라보는 시각이 더 초라한 것 같다. 그렇다면 한국에서의 목회 환경은 힘든 정도가 아니라 최악이 될 수밖에 없다. 교회 이미지는 팬데믹 기간에 더 바빠졌고, 엔데믹 이후 더 나빠질 것이다.

2021년 목회데이터연구소에 따르면 비기독교인들이 기독교인에게 바라는 이미지로 윤리성과 공익성을 꼽았다.[124] 그러나 윤리성과 공익성이 최악이 되었다. 그래서 20세기 영광스럽기까지 했던 목회 환경은 저편 너머로 흘러갔다고 느낄 정도다. 작은 교회라면 그 벽은 훨씬 높다. 대형 교회는 불리해지는 목회 환경을 견딜 수 있다. 개척교회는 불리해지는 목회 환경에 대한 대책을 찾을 길이 요원하다. 팬데믹을 거치면서 목회 환경은 불리해지고 있다. 이는 세상의 급격한 변화도 한몫을 했다.

김병규는 「호모 아딕투스」에서 경제구조가 급격하게 변화되었다고 한다. 20세기 초반은 제품 자체가 희소성을 가진 '제품 경제의 시대', 20세기 중반은 기업이 텔레비전 광고를 통해 욕망을 부추기고 소비자는 텔레비전 광고 속의 온갖 제품에 대한 욕망을 키워 나가는 '관심경제의 시대', 오늘날은 빅테크 기업이 중독을 이익으로 전환시키는 새로운 경제구조를 구축하며 시장의 패러다임을 바꾸고 있는 '중독경제의 시대'로 본다. 중독경제는 구글, 메타, 아마존, 애플과 같이 무수한 데이터와 고도화된 AI 알고리즘을 보유한 빅테크 기업에 절대적으로 유리하다. 이들은 먹이사슬의 최상위 포식자로 군림하면서 앞으로 더 많은 사람을 중독시키고, 시장 지배력을 넓혀 갈 것이다. 이러한 상황에서 작은 기업은 빅테크 기업과 경쟁하며 자신만의 영역을 구축해 나가려고 한다.[125]

  결제 구조가 급격하게 변할 때 교회는 세상의 변화를 예의 주시했어야 했다. 하지만 세상과 불통의 상태가 되니 교회의 외형 키우기에 총력을 기울였다. 그 결과 목회는 시간이 지날수록 불리해질 것이 틀림없다. 목회자 스스로 이에 대한 대안을 찾아야 한다. 자신만의 목회를 구축해야 한다. 자신만의 목회를 구축하려면 지식이 뒷받침되어야 한다. 어떤 사람이든지 지식이 들어오면 나와 다른 것을 수용할 수 있다. 목회자가 지식의 용량을 키울 때 자신의 그릇을 키우게 된다. 임종령은 「베테랑의 공부」에서 어떻게 공부해야 하는가에 대해 다음과 같이 서술한다. "내가 계속 일을 할 수 있는 뿌리는 '공부'에 있다. 처음 통역사로 일하기 시작한 30여 년 전부터 지금까지 매일 변함없이 새벽에 기상해 한국 뉴스를 정독하고, 영어 뉴스를 확인한다. 운전을 하면서 영어 오디오북을 듣거나 그냥 동시통역에 필요한 중요한 문장을 AI 목소리로 들으며 따라 말한다. 일과가 마무리되는 밤이면 다음 날 있을 번역 자료를 검토하며 하루를 마친다. 이렇게 나의 하루는 24시간이 거의 공부로 이루어져 있다."[126] 갈수록 불리해지는 목회 환경에 처할수록 공부해야 한다. 공부는 자신을 깨워준다. 공부는 자신의 부족을 알게 해 준다. 공부는 목회의 혜안을 갖게 한다. 목회자는 평생 공부하는 사람이다. 임종령은 32년간 하루 시작은 매일 새벽 단어장을 펼치며 시작된다고 했다. 목회자는 하루의 시작이 기도여야 한다. 그리고 기도와 함께 공부도 해야 한다.

불통은 무사안일주의를 특기로 삼게 한다

세상과의 불통은 교회를 무사인일주의로 빠지게 한다. 누군가는 '하나님과 소통을 하는데 어떻게 무사인일주의로 빠질 수 있는가'라고 질문할 것이다. 교회가 쇠퇴한 이유는 세계 교회에 유례없는 성장에 취해 세상과 소통의 중요성을 간과했기 때문이다. 지금 교회는 영혼 구원에 있어 무사안일주의에 빠져 있지는 않은가? 몰몬교는 팬데믹 끝나자마자 길거리 여기저기에서 전도에 열심이다. 교회는 몇몇 교회만 일처럼 전도를 한다. '무사안일주의'란 창의적·능동적 업무 수행을 피하고, 피동적·소극적으로 현상을 유지하려는 행동 성향으로 주로 공무원 사회를 나쁜 의미로 빗대어 하는 말이다. 하지만 이젠 목회자에게 적용해야 할 말이 아닌가 싶다. 어떤 목회자가 이런 말을 했다. "목회자가 공무원보다 변화를 싫어하는 것 같아요."

한국교회는 20세기를 맞아 교회사적으로 유례를 찾아보기 힘든 부흥을 이루어 냈다. 부흥 이후 교회는 성장에 도취해 무사안일주의에 빠졌다. 어떤 조직이든 부흥을 하면 무사안일주의에 빠지기 쉽다. 언젠가 잠실을 걷다가 어떤 분이 이런 말을 했다. "한국교회는 전도를 하지 않는다."

서울 도심이나 부도심은 작은 교회가 전도할 지역이 아니다. 중대형 교회가 전도해야 할 지역이다. 언제부터인가 잠실역 근처에서 중대형 교회가 전도하지 않는다. 이단들로만 북적거린다. 주택가에는 작은 교회들이 전도를 한다. 조금 번화한 지역에는 중대형 교회들이 꽤 있지만 중대형 교회가 전도하는 모습을 찾기 힘들다. 주말에 전도를 하는 경우, 전도하는 사람들은 연령대가 높은 교인들이다.

기업인이자 노스웨스턴대학교 켈로그경영대학원 경영전략과의 임상 교수인 해리 크래머는 수많은 기업이 몰락한 원인으로 무사안일주의를 꼽는다. 크래머는 어떤 기업이 시장에서 주도권을 잡으면, 경영진은 모든 상황이 항상 그렇게 잘 풀릴 것으로 믿는다고 지적한다. 그들만의 언론을 읽고 신뢰하기 때문이다. 교회는 하나님의 말씀과 하나님의 능력만을 믿고 신뢰하다가 세상과의 소통을 무시하기 시작했다. 그러고는 말끝마다 '하나님이 하신다'라는 말로 인간의 책임을 도외시했다. 교회 안에서만의 언로만 열어놓으니 인간이 무책임했다. 크래머는 이렇게 경고한다. "무사안일주의가 작동하기 시작하면 기업이 성장하는 데 필요한 지속적인 개선의 기반이 흔들린다. 그러나 결국에는 평범해질 수밖에 없다. 최악의 경우 기업이 비전을 잃는다."[127]

교회가 세상과 불통한 결과, 교회는 시대에 맞는 옷을 입지 못했고 이에 사람들은 교회를 최첨단의 시대에 구닥다리로 인식하게 되었다. 교회의 전반적인 구닥다리 분위기는 선교 현장이라고 다르지 않다. 이는 헨리 데이비드 소로가 말한, "이 시대를 잃지 마라, 영원한 것들을 읽어라"에 충실하기 위한 것인가? 그렇다고 생각하지 않는다. 죠이선교회 대표인 손창남은 「풀뿌리 선교」에서 지금은 흩어진 사람들의 풀뿌리 선교야말로 이 시대 가장 효과적인 선교 모델이라고 하며 이렇게 말한다. "우리나라 사람 가운데 해외에 거주하는 사람이 800만, 우리나라에 거주하는 외국인이 200만 명을 넘었다. 이 가운데 직업 때문에 온 사람이 170만, 결혼해서 이주해 온 사람이 20만, 그리고 해외유학생이 18만 명이다. 이런 상황에 한국의 많은 교회는 40년 전과 같은 방식으로 선교사를 해외에 보내는 것만이 선교라고 믿고 있으며 일반 성도들이나 목회자들의 선교에 대한 인식도 이런 수준에 머물러 있는 경우가 많다."[128]

교회는 시대의 낙오자가 될 필요는 없다. 교회는 미래적인 것을 가장 많이 생각하는 공동체이다. C.S. 루이스는 "역사를 읽어 보면, 이 세상을 위해 가장 많이 일한 그리스도인들은 바로 다음 세상을 가장 생각했던 이들이었음을 알게 됩니다"라고 말했다.

교회가 미래에 대한 생각을 가장 많이 한다면 시대의 낙오자는 성경적이지 않다고 할 수 있다. 교회는 세상과의 소통에 적극적이어야 한다. 소통에 적극적일 때 교회의 문제를 파악할 수 있다. 나아가 교회의 방향을 잡을 수 있다.

싫어하는 것에서 배워야 소통의 가치를 배운다

불통으로 인해 추락한 교회는 활발하게 소통하는 교회가 돼야 한다. 활발하게 소통이 되면 교회는 교회다운 모습으로 회복이 가능하다. 그럼 어떻게 해야 회복이 가능한가? 그것은 싫어하는 것에서 배울 때이다. 교회는 두 가지를 싫어하는 것 같다. 하나는 지성 구조이다. 다른 하나는 신학을 제외한 모든 학문, 특히 인문학이다. 교회는 싫어하는 이 두 가지에서 배워야 한다. 그리고 적극적으로 소통해야 한다. 심리학자 칼 융은 무엇이 '거슬리는'지 알면 자기를 더 잘 이해할 수 있다고 믿었다. 외부의 그 무언가를 싫어한다면, 그 무언가가 우리 내면의 싫어하는 대상을 은연중에 반영하기 때문이라는 것이다.[129] 한국교회는 미국으로부터 전해 받은 신앙부흥을 추구하다가 반지성주의적으로 흘렀다. 인공지능 시대, 한국교회는 반지성주의적인 것에 대해 회개하고 지성적인 모습을 띠어야 한다.[130]

팬데믹을 거치면서 한국교회는 반지성적 행태로 인해 사회로부터 지탄받고 있다. 더 나아가 교회가 세상으로부터 지탄받는 것을 너머 사람들로부터 외면받고 있다. 기독교윤리연구소가 엮은 「정의로운 기독시민」에서는 교회가 팬데믹을 거치면서 반지성적인 행태로 인해 사회적으로부터 지탄받고 있다며 "특히, 팬데믹을 거치면서 반지성적인 행태는 사회적으로부터 지탄을 받고 있다. 이러한 반지성적 행태의 가정 대표적인 예는 '전광훈 현상'이다."[131]라고 지적한다.

원래 교회는 반지성적이지 않았다. 하나님께서 말씀을 주신 것은 지성적이란 뜻이다. 진리인 말씀으로 교회는 세상을 주도해 왔다. 12세기 영국 캔터베리 대주교인 안셀무스는 「프로슬로기온 Proslogion」에서 '나는 이해하기 위해서 믿는다' Credu ut intelligem 라고 했다. 그는 믿음과 이성 사이 깊은 관련성을 제안한다. 안셀무스의 제안처럼 신앙은 반이성적이지도, 반지성적이지도 않다. 오히려 이성을 강화하고 확장하는 데 기여해야 한다.[132] 교회는 지성적이어야 한다. 더 나아가 다른 학문과 융합으로 교회다운 모습을 갖춰야 한다. 전 KT 회장인 황창규는 「황의 법칙」에서 융합이 시너지를 발생한다고 말한다. '수많은 기술이 융합했을 때 비로소 시너지는 발생한다. 한탄하지만 백이 없는 조직이야말로 시대를 일으키기 위한 필수 조건이다.'[133]

목회자는 신학 외에 인문학과 융합해야 한다. 인문학은 인본주의가 아니라 인간 이해이고 세상을 이해하는 학문이기 때문이다. 교회가 인문학과 융합해야 비로소 시너지 효과가 발생한다. 하지만 교회는 인문학을 인본주의로 배척한다. 교회는 싫어하는 인문학을 받아들여 신학 안으로 흡수해 융합해야 한다. 싫어하는 인문학을 받아들일 때 교회는 소통하는 조직으로 거듭날 수 있다. 청소기는 싫어하는 것을 흡입한다. 싫어하는 것을 흡입하기에 사람들에게 귀하게 쓰임받는다. 교회는 싫어하는 것을 흡입하고자 해야 한다. 하지만 교회는 싫어하는 것을 흡입하려 들지 않는다. 좋아하는 것만 흡입하려 든다. 좋아하는 것만 흡입하니 하나님께서 귀하게 쓰실 수 없다.

예수님은 사람들이 싫어하는 십자가에 달려 죽으셨다. 그런 행동이 메시아로 영광스럽게 되었다. 사도행전 10장에서 베드로는 제 육시에 기도하러 지붕에 올랐다. 그때 하늘이 열리며 한 그릇이 내려왔다 11절. 그릇에는 각종 네 발 가진 짐승과 기는 것과 공중에 나는 것들이 있었다. 그때 하늘에서 "베드로야 일어나 잡아먹어라" 13절 라고 한다. 그러자 베드로는 자기가 싫어하는 것인 속되고 깨끗하지 아니한 것을 내가 결코 먹지 아니하였다고 한다 14절. 우리는 자기가 싫어하는 것을 하려 들지 않는다. 베드로도 그러했다. 한국교회도 그러하다. 로버트 마우어는 「아주 작은 반복의 힘」에서 '뇌는 변화를 싫어한다'라고 한다. 뇌 못지않게 작금의 한국교회는 싫어하는 것을 받아들이려고 하지 않는다. 예수님께서 싫어하는 십자가의 죽음을 받아들이지 않았다면 기독교는 없었다는 것을 교회는 기억해야 한다.

싫어하는 것을 받아들이는 행동이 지혜로운 행동이다. 강원국은 「강원국의 글쓰기」에서 지식, 지성, 지혜를 이렇게 구분한다. '지식은 과거의 축적이고, 지성은 현재의 의미이며, 지혜는 미래에 대한 예견이다', '지식은 독자의 이해를 구하고, 지성은 독자의 실천을 기대하며, 지혜는 독자를 성찰하게 한다.' 도쿄대 교수인 강상중은 인간의 지성이라는 것은 원래 학식과 교양 같은 요소에 더해 협조성과 도덕관이라는 요건을 갖춘 종합적인 것을 가리킨다고 한다.[134] 교회는 현재를 통찰케 하는 도덕관을 갖춘 지성을 추구해야 한다. 교인들은 말씀을 실천하는 지성적인 구조를 갖춰야 한다. 그리고 신학과 인문학을 융합해 소통의 달인으로 거듭나야 한다.

2. 성육신, 세상과의 소통 방식

책의 종교

기독교는 책의 종교였다. 책이 있기 때문에 기독교가 2천 년간 유지되어 올 수 있었다. 구약시대가 유지될 수 있었던 이유도 책의 종교였기 때문이다. 요시야 개혁의 핵심은 율법의 두루마리를 찾았고, 그 책을 읽음에 있다. 에스라와 느헤미야가 사회를 변화시킬 수 있었던 비결 역시 율법을 낭독했고, 이런 방식으로 회당에서 읽어 왔기 때문에 기독교 신앙이 유지될 수 있었다. 그렇다면 율법을 기록했던 모세나 신약성경의 많은 부분을 기록했던 바울은 책의 종교에 절대적인 영향을 준 인물들이다. 바울은 물론 신약성경은 '서신' 형태로 사람들에게 전해졌고, 이를 통해 기독교는 확산되었다. 루터가 종교개혁을 일으킨 이후 그의 주장을 확산시킨 것도 책이었고, 장로교의 근간을 이루는 「기독교 강요」를 쓴 칼뱅 역시 책을 토대로 영향을 미쳤다. 이렇게 기독교는 책의 종교였으므로 기독교 역사를 지탱했던 인물들은 책을 통해 영향력을 드러냈고, 기독교 역사는 책과 함께했다.

21세기의 기독교가 세상과 소통하기 위해서 가장 필요한 것 역시 책이다. '물리적으로' 우리 시대에 책은 소멸해 가고 있다. 학교에서는 스크린이 페이지를 밀어냈고, 현대인들의 손에는 책 대신 스마트폰이 자리 잡은 지 오래다. 그렇다고 해서 스크린을 없애야 한다거나 스마트폰을 제거하자는 말이 아니다. 소통을 하는 '내용'이 바로 책이어야 한다는 것이다. 세상과 소통하는 핵심에는 책이 있어야 한다. 우리가 책을 어떻게 인식하는가에 따라 우리가 세상과 소통하는 명확한 지표를 발견할 수 있다.

세상과 단절된 이유

하나님은 자신의 신령한 수준에 인간이 도달하기를 기대하지 않으셨다. 하나님은 4차원 이상에서 존재하는 분이시다. 우리는 3차원에 머물고 있다. 하나님이 우리에게 자신의 신령한 것을 드러낸 방식은 책이다. 하나님의 고차원을 '책'이라는 차원 속으로 밀어 넣으신 것이다. 이것이 하나님이 책의 내용과 동일할 수가 없는 이유다. 그러나 하나님의 존재 방식을 3차원의 영역에서 가장 근접하게 표현한 것이 책이다. 이렇게 하나님은 친히 인간의 방식으로 내려와서 자신을 드러내셨다. 이것이 바로 '성육신'이다. 하나님 나라의 핵심을 우리의 두뇌로 파악하는 것은 불가능하다. 그래서 예수께서는 '비유'라는 방식으로 하나님 나라를 알리셨다. 비유라는 '성육신' 방법이 없었다면 절대로 인간들은 하나님 나라를 이해할 수 없었을 것이다.

우리가 세상과 단절된 힌트가 여기에 있다. 하나님이 우리에게 알려주신 책이 성경이다. 그러나 세상은 성경책 대신 각기 자기 소견에 옳은 대로 책을 본다. 우리가 세상과 소통할 수 있는 방법이 성육신이다. 우리가 세상을 향해 성경책을 보라고 말하는 것은 하나님께서 우리로 하여금 하나님 수준에 도달하기 위해서 완벽하게 십계명을 지키라는 것과 같다. 인간의 입장에서 그런 방식은 폭력일 수 있다. 이것이 예수께서도 비유로 말씀하신 이유다. 그런데 우리는 지금까지 세상을 향해 성경책을 들이밀고 우리 수준으로 올라오라는 폭력을 행사했는지도 모른다. 그것이 세상과 단절된 이유다. 종교개혁자들에게 영향을 준 것이 책이고, 그들이 세상에 영향을 준 것도 책이다. 종교개혁자들은 성경책을 통해서 하나님을 명확하게 알 수 있지만 자연과 이성, 책을 통해서도 하나님을 알 수 있다. 물론 모든 책이 다 하나님을 알 수 있는 것은 아니다. 그렇다면 어떻게 세상과 소통할 수 있는지 더 깊이 들어가 보자.

성육신하는 방법

세상 사람들이 많이 읽는 책을 '베스트셀러'라고 한다. 오랜 기간, 사람들에게 영향을 주고 읽혀 온 책을 '인문 고전'이라고 한다. 우리가 세상과 소통할 수 있는 접점이 여기에 있다. 모든 책이 성경과 같은 방향을 바라보는 것은 아니다. 그러나 나쁜 책을 걸러주는 도구는 시간과 평가다. 아무리 당대에 인기를 끌었던 책이라고 하더라도 다음세대에 소멸되어 사라지는 책이 있는가 하면, 당대에는 전혀 눈길을 끌지 못했지만 작가 사후에 그 가치를 인정받는 책도 있다. 시간과 평가를 통해 걸러진 것이 인문 고전이다. 이런 책을 통해 세상에 다가갈 수 있고 세상과 소통할 수 있다.

기독교 신앙이 세상과 소통하기 위해서는 이런 기반을 통해서 온전해질 수 있다. 그러나 책을 한 권만 읽은 사람이 가장 무섭다는 말처럼 성경만 읽은 사람일수록 세상과 소통할 수 있는 확률은 줄어든다. 성육신을 할 수 있는 방법은 세상과 우리 사이의 공통분모인 인문, 교양 서적을 통하지 않고서는 소통하기가 힘들다. 톨스토이의 작품은 사랑의 본질을 우리에게 알게 한다. 그의 단편을 보면, 작품 맨 앞에 수많은 성경 구절을 기록한 의미를 짐작할 수 있게 한다. 셰익스피어는 정식으로 대학 교육을 받지 못했다. 그러나 그는 어린 시절부터 성경을 엄청나게 읽었다. 셰익스피어가 그의 문학을 통해 만든 수많은 어휘가 성경으로부터 차용한 것이라는 사실은 영문학계에서 이미 알려진 사실이다. 셰익스피어 작품을 읽는 것은 성경이라는 바닷속을 헤엄치는 것과 같다. C.S. 루이스나 J.R.R. 톨킨처럼 성경에서 영감을 받아서 만든 작품은 20세기 최고의 문학 반열에 올랐다. 이런 사례들은 셀 수도 없을 정도로 많다. 노벨문학상 작가들의 삶에서 성경을 제거한다면 과연 얼마나 작품을 만들 수 있을까? 불가능하다.

그렇다면 세상과 소통하는 가장 좋은 방법은 책을 통해서다. 서구 사회는 오랫동안 기독교가 지배한 사회였다. 모순처럼 들리지만, 교회가 중심이 된 기독교 사회였지만 성경적인 사회는 아니었다. 이 간극에 위치한 것이 이런 책들이다. 위에서 언급한 인문 고전 책들은 이 모순이라는 간극에서 성경적 이상이 무엇인지를 알려 온 역할을 했다. 그렇기에 오랜 시간 동안 사람들에게 좋은 책으로 인정을 받았고, 사람들의 삶을 변화시켰다. 우리는 얼마나 책을 읽는가? 책을 통하지 않고는 세상과 공감의 창문을 만들 수 없다. 이는 분명한 사실이다. 교회가 세상과 소통하기 위해서는 공통분모에 위치한 책들을 섭렵해야 한다. 그럴 때 비로소 소통의 창문이 생기기 시작한다.

성육신의 메시지를 만들라

중세 시대에 유명한 말이 있다. '철학은 신학의 시녀다'라는 말이다. 이것의 맥락은 신학이 최고이고, 철학과 다른 학문은 신학에 비해 가치가 덜하다는 의미가 아니다. 신학을 온전히 하기 위해서는 문법, 논리학, 수사학, 철학 같은 기본 과목을 배운 후에 신학으로 나아갈 수 있었다. 다시 말해서 이런 인문, 교양 학문이 없다면 신학을 제대로 소통할 수 없다는 의미다. 철학은 신학에 비해 가치가 떨어진다는 의미가 아니라 철학을 통해서 신학이 온전해진다는 의미다. 이런 맥락을 모르고 신학이 철학 위에 군림한다고 생각한다면 코미디가 아닐 수 없다. 어쩌면 이런 인식은 목회자들에게 가장 팽배해 있다. 목회자들이 일반 성도들보다 더 책을 많이 읽는가? 목회자가 세상과 소통하기 위해서 공통분모의 책들을 읽는가? 오히려 책을 더 읽지 않는 것이 현실이다. 성경책이 가장 위대하다는 이유를 들면서 말이다. 성경책이 다른 책들보다 우월하다는 사실을 부정할 생각은 없다. 그러나 위대한 성경책을 세상과 소통하는 방식은 책이다. 목회자들이 책으로부터 멀어졌기에 그 메시지는 일방적이고, 주입식으로 변했다.

목회자가 성도들에게 책을 추천할 때, 대부분 신앙 서적이나 설교집에 불과하다. 목회자들이 소화할 수 있는 수준이 그것을 능가하지 못하기 때문이다. 목회자들이 성도들이나 세상과 얼마나 소통하는지 알 수 있는 좋은 방법이 있다. 인문 고전 책 중 한 권을 골라서 성도들과 함께 독서 모임을 해 보는 것이다. 신앙 서적, 간증집, 설교집을 제외하고 말이다.

목회자와 평신도로 구성된 독서 모임을 관찰해 본 적이 있다. 1년간 한 달에 한 권씩 12권을 읽는 프로젝트였다. 12권의 책들은 인문 고전 책들로 구성되었다. 목회자들이 포함되어 있었기에 초기에는 목회자들이 발언하는 빈도가 많았고, 주도하는 모습을 보였다. 평신도들 입장에서 목회자를 주도하는 것이 편하지 않았기 때문이다. 시간이 지나면서 같은 책을 읽고 이해하는 능력이 현저히 떨어지기 시작한 것이 목회자들이다. 이들은 책을 읽으면서도 교훈이나 설교 소재를 찾는 것 외에 깊이 책을 읽는 훈련을 해 보지 않았기 때문이다. 결국 12개월이 지났을 때, 평신도들이 의견을 주도하게 되었고, 목회자들은 뒤로 물러나 있었다. 이것이 이 모임에만 있는 현상은 아닐 것이다. 한번 교회에서 목회자들과 평신도들이 섞인 그룹을 만들어서 찰스 디킨스의 「두 도시 이야기」, 에밀리 브론테의 「폭풍의 언덕」, 조나단 스위프트의 「걸리버 여행기」, 셰익스피어의 「햄릿」을 함께 읽어 보라. 과연 목회자들이 인식과 이해의 측면에서 평신도들을 주도할 수 있을까? 이런 작품에 등장하는 인물들을 가슴으로 공감하면서 평신도들의 삶을 이해할 수 있을까? 이것이 한국교회의 솔직한 현실이다. 소위 성도들에게 깊은 공감과 울림을 주는 설교자들의 설교 내용을 살펴보자. 몇 마디 현란한 말재주나 웃기는 용어 때문일까? 그렇지 않다. 성도들과 공통분모의 책들을 통해 공감을 했기 때문에 설교에 강력한 소통 능력이 발휘되는 것이다.

반대로 소통 능력을 발휘하지 못하는 설교에는 공감하는 내용이 없다. 이는 성도들이 읽는 책을 읽어 본 적이 없기 때문이다. 이것이 그 설교가 일방적인 강요의 내용으로 가득한 이유다. 그렇다면 세상과 소통하는 가장 좋은 방법은 명확해졌다. 심방을 많이 가거나 더 많은 성도를 만나는 것이 정답이 될 수 없다. 기도를 많이 하거나 성경을 많이 읽는 것이 객관적인 지표가 될 수 없다. 기도와 말씀은 기본적인 이유이지 그것이 유일한 방법이 될 수 없다.

　세상이 우리와 소통하기 위해서 무엇을 요구할까? 1시간 하던 기도를 2시간으로 늘리라고 말할까? 우리가 칼뱅주의자인지, 알미니우스주의자인지 입장을 명확히 해 달라고 요구할까? 우리가 새벽 예배를 가는지 안 가는지를 통해 소통하자고 말할까? 성경이 중요하다고 말하면서 세상과 소통하는 방법에는 관심을 기울이거나 눈높이를 낮추지 않는 오만함 때문이라고 생각해 본 적은 없는가? 너무 분주한 나머지 세상과의 '공통분모'는 신경 쓸 마음조차 가지지 않으려는 우리의 태도 때문은 아닐까? 하나님이 직접 우리에게 몸을 입고 오신 것이 성육신이다. 우리가 세상과 소통하는 방법 역시 성육신이다. 공통분모를 형성하는 책을 읽는 성실함, 세상의 마음을 헤아리려는 겸손함, 그들의 아픔에 귀를 기울이려는 신실함. 이것을 통해 소통의 창문은 열리기 시작할 것이다. 헤르만 헤세의 글을 통해 우리에게 무엇이 부족한지 살펴보고, 소통의 문이 열릴 수 있기를 소망한다.

헤르만 헤세의 조언

　헤세의 글을 읽으면서 기대와 실망을 오간 적이 있다. 기대는 주인공이 베를린을 방문해 여장을 푸는데, 객실을 '11호'라고 명시하면서부터 시작되었다. '작가가 이렇게 객실 번호를 굳이 밝히는 이유가 뭘까?'

하는 기대감 말이다. 그러면서 11이라는 숫자에서 곧 어떤 의미가 드러날 것이며 어쩌면 상당히 근사하고 매혹적이며 깜짝 놀랄 만한 의미가 숨어 있을지 모른다고 생각했다. 그런데 이런 기대는 오래 가지 않았다. 밖에 나갔다가 돌아온 주인공이 '12호실' 문을 열었기 때문이다. 앞 장으로 돌아가 재차 확인해 봤으나 분명 '11호'다. 숫자 하나가 바뀌었을 뿐인데 작가에 대한 신뢰가 전폭적으로 흔들리며 느닷없이 불신이 일었다. 이때부터 아주 꼼꼼히 읽으며 바뀐 객실 번호와 같은 식의 부주의한 실수가 없는지 찾아보게 되었다. 그러자 별안간 그 작품 전체의 내적인 무게와 책임감, 진정성에 대한 기대가 무너지기 시작했다. 그러면서 현대 사회의 몰인정과 피상성에 대한 글을 써 온 이 작가의 고민도 그리 심각한 문제가 아니라는 느낌마저 들었다. 대충주의가 작가의 진정성을 망가뜨린 것이다.

이런 생각은 바꾸기 어렵다. 우리의 삶에서 진실성과 신의, 정확함과 치밀함이 결코 가벼운 것이 아니기 때문이다. 큰일은 심각하게 받아들이고, 사소한 일은 진지하게 생각하지 않는 걸 당연시하는 태도는 쇠퇴의 시작이다. 인류를 존중한다면서 자기가 부리는 하인은 괴롭히는 것, 조국이나 교회나 정치는 신성하게 받들면서 그날그날 자기 할 일은 엉터리로 대충 해치우는 데서 모든 타락이 시작된다. 이를 막는 교육적 방책은 오직 하나뿐이다. 즉, 스스로에 대해서든 타인에 대해서든 신념이나 세계관이나 애국심 같은 이른바 거창하고 신성한 모든 것은 일단 제쳐두고, 대신 사소한 일, 당장에 맡은 일에 성심을 다하는 것이다. 자전거나 난로가 고장 나서 기술자에게 수리를 맡길 때, 그에게 요구하는 것은 인류애도 애국심도 아닌 확실한 일 처리다. 오로지 그에 따라 그 사람을 평가할 것이다. 이것은 정신적인 영역에서도 달라질 이유가 없다. 예술작품이라고 해서 정확하고 양심적이지 않아도 괜찮은가? 신념이 근사하면 '사소한' 기술적 실수 정도는 눈감아 주어야 한다는 법이 어디에 있는가? 오히려 그 반대다. 거창한 신념과 태도와 신앙이란, 아무리 결연하다고 해도 막상 찬찬히 뜯어보면 종이호랑이에 불과해서 아연실색하는 일이 어디 한두 번이던가?

3. 한 손에는 성경, 다른 손에는 SNS

스마트폰 없이 살아갈 수 없는 세상

한국 갤럽이 2022년 6월 28일부터 30일까지 전국 만 18세 이상의 성인 남녀 1000명을 대상으로 표본 집계하여 스마트폰 사용 여부에 대한 실태 설문 조사를 실시했다. 이 조사에서 현재 스마트폰을 사용하는 여부를 묻는 질문에는 97%가 사용한다고 대답했다. 대한민국 성인의 스마트폰 실태 여론 조사를 실시했던 2012년 1월에 처음으로 50%를 넘겼다. 그해 6월 60%, 2013년 2월 70%, 2014년 7월 80%, 2016년 하반기에 이르러서는 드디어 90%의 사용률을 넘어 2023년 대한민국 남녀노소 97%가 스마트폰을 사용하는 것으로 실태 조사 결과 나타났다.

대한민국 국민의 스마트폰 사용률이 90%를 넘긴 것은 연령대가 낮을수록 더 빨리 넘어선 것으로 조사되었다. 2012년 상반기에 20대의 사용률이 90%를 넘긴 것을 시작으로 그해 하반기에는 30대가, 2014년 40대, 2016년 50대 순으로 90% 사용률을 넘겼다.

60대 이상의 스마트폰 사용률도 꾸준히 증가하여 2012년도에 10%대에서 2013년 30%, 2016년 60%, 2022년 조사에서 90%를 돌파하는 사용률을 보였다. 2023년에는 60대 이상으로 조사하던 방식을 벗어나 처음으로 60대와 70대를 구분하여 조사를 실행했다. 이 조사 결과에서도 60대는 98%, 70대 남성에서는 97%의 사용률을 보였고, 70대 이상 여성에게서만 69%가 사용한다는 응답 결과가 있었다.

코로나 이후 생활수준의 차이에 따라 스마트폰 사용 비율에 대한 변동이 조금 있었지만 대부분 이와 비슷한 수치를 기록하거나 오히려 코로나 이후 스마트폰 사용량이 더 늘었다는 조사 결과가 나왔다. 또한 코로나 이후에 스마트폰 사용 시간은 오히려 늘어났다고 발표되었다. 이렇게 스마트폰 사용에 대한 시간과 활용이 늘어나고 있는 추세에서 스마트폰으로 하는 일 중 가장 많이 하는 것이 무엇인지 묻는 설문에서는 68.1%가 소셜 네트워킹 서비스 이하 SNS 를 이용한다고 답했다. 그 뒤로 이메일 확인과 개인 업무가 66.9%, 게임이 46.0%로 뒤를 이었고, 지인과의 통화나 가까운 사람들과의 대화로 활용되는 것은 30% 이하의 답변이 나와 스마트폰의 사용성이 점점 변화되고 있는 추세임을 알 수 있다 이 답변은 중복 답변을 포함한 답변임. 이밖에도 신문 읽기, 지상파 TV나 영화 시청, 음악 청취, 학습용도로 사용한다는 답변이 있었고 이 중 아주 적은 수치로 '독서'라는 답변도 나왔다.

이 조사 결과에서 한 가지 주목할 점은 코로나 이후 전 세대에 걸쳐 유튜브 시청 시간이 늘어나고 있다는 것이다. 특별히 60대 이상에서 유튜브 시청 시간이 급상승하고 있는 것으로 나타났다. 스마트폰 사용 후 현저하게 나타난 사회적 변화로는 오프라인에서의 대화와 연결이 점점 줄어 가는 반면, 온라인상에서의 대화와 접속, 접촉은 점점 늘어나고 있다는 것이다. 또한 스마트폰의 사용과 함께 오프라인에서의 신체적 활동 시간도 점차 감소하는 추세로 나타났다. 이런 모든 트렌드를 한마디로 요약하자면 이렇다. '대한민국 전 국민이 스마트폰 없이 살 수 없는 세상이 왔다.'

그리스도인은 성경 없이 살아갈 수 없다

그리스도인은 성경과 함께 인생을 살아가야 한다. 성경과 함께 살아가는 것이 하나님과 함께하는 신앙으로 사는 길이기 때문이다. 성경과 함께 살려면 성경과 친해야 한다. 팬데믹 이후 목회자는 성경과 더 친밀해야 한다. 성경을 묵상하고, 성경을 설교하는 직을 감당하려면 성경과의 친밀함은 필수이다.

익산 기쁨의교회 박윤성 목사는 목회자가 성경을 알기 원한다면 공부해야 한다고 말한다. 목회자가 공부하지 않으면 그리스도인을 성경의 사람으로 살아가도록 인도하는 데 있어 부족할 수밖에 없다. 목회자가 성경을 공부해야 성경을 읽고, 성경을 묵상하는 그리스도인으로 인도할 수 있다. 또한 그리스도인들로 하여금 성경의 세계관으로 세상을 살게 하려면 성경을 공부하는 목회자가 돼야 한다. 성경을 공부하는 목회자가 되면 그리스도인을 성경과 함께 살아가는 것을 즐겨하도록 이끌 수 있다. 목회자가 공부하지 않으면 성도의 성장이 멈춘다. 목회자가 성경을 공부하지 않으면 성도의 신앙이 정체된다.

"우리 목사님은 언제 은퇴하셔?" 목사의 나이 예순이 넘으면 서서히 교인들 사이에서 나오는 이야기이다. 이런 이야기가 나오는 이유는 목회자의 자기 성장이 멈추기 때문이다. 목회자는 공부해야 한다. 목회자는 시세를 읽을 줄 알고, 사람을 알아야 한다. 시대정신, 사람, 성경을 알려면 목회자는 공부하는 사람이 되어야 한다.[135] 교인을 성경으로 살아가게 하려면 제대로 공부를 해서 그들에게 전해지는 모든 것을 감동, 도전적으로 받아들이도록 해야 한다.

목회자는 성경을 묵상하고 공부하는 사람이어야 한다. 더 나아가 신학과 인문학 등을 공부하는 사람이어야 한다. 목회자가 성경을 공부해야 하는 이유가 있다. 성경은 기독교 신앙의 토대가 되기 때문이다. 팀 켈러는 성경은 신앙뿐 아니라 일터에서도 토대가 된다며 '신앙의 토대는 삶뿐 아니라 일터에서도 동일하다'[136] 고 하였다. 우리가 잘 알 듯, 독일의 신학자 칼 바르트는 목회자에게 '한 손에는 성경, 한 손에는 신문'이라고 하며 그리스도인이 취할 자세를 말했다. 성경의 중요성을 안다면 성경을 한 손에 반드시 들어야 한다. 설교학자 프래드 크래독은 「크래독의 설교 레슨」에서 성경의 중요성을 세 가지로 말한다. 첫째로, 성경은 교회의 삶에 있어서 규범적이다. 둘째로, 성경은 교회와 신앙과 생활을 계속 감시함으로써 교회가 자체 분석이나 자기 실속만 챙기는 일을 오랫동안 할 때는 경고의 호각을 불기도 하고, 교인들을 편협한 모임으로부터 이동하게 하며 자기 연민이나 자화자찬의 분위기를 흐트려 놓기도 한다. 마지막으로 성경은 설교자들과 청중에게 설교의 내용만이 아니라 설교의 방법까지도 끊임없이 상기시킨다.[137]

목회자에게는 그리스도인이 성경과 밀접한 관련을 맺고 살도록 해야 하는 의무가 있다. 그리고 바르게 해석해 그리스도인이 성경을 잣대로 삼아 살아가도록 환경을 조성해야 할 책임이 있다. 그리스도인은 한 손에 반드시 성경과 함께해야 한다. 성경은 그리스도인에게 유일한 생명의 책이다.[138] 즉, 생명을 가져다주는 책이다.[139] 생명의 책이므로 그리스도인은 성경 없이 살고자 하는 생각을 버려야 한다.

스마트폰 기능 사용 빈도

길을 걷거나 버스를 타거나 지하철을 타도 공통적으로 볼 수 있는 광경이 있다. 대다수 사람들이 스마트폰에 시선을 두고 있다. 길을 걷는 사람도 스마트폰을 사용하여 이어폰을 통해 음악을 듣거나 지인과 대화를 나누거나 필요한 업무를 한다. 이처럼 스마트폰은 이제 일상의 삶에서 떼려야 뗄 수 없는 필수품이 되었다. 중복된 답변 없이 설문에 한 가지만 답해야 하는 문항으로 스마트폰 사용 실태에 관해 설문 조사를 실시했다. 그 결과, 스마트폰으로 가장 많이 사용하는 기능은 순서에 따라 문자 및 메신저 23%, 인터넷 뉴스/검색 17%, 전화 17%, 음악 감상 10%, 동영상 시청 8%, 쇼핑 8%, 게임 7%, SNS 6%, 사진 및 동영상 촬영 5%, 기타 3%로 나타났다.

이 설문에서 우리가 눈여겨봐야 하는 부분이 있다. 바로 SNS 사용과 함께 사진 및 동영상 촬영을 위한 사용이 각각 6%와 5% 대로 나타나 하위권에 분류되어 있지만 이 둘을 동시에 묶어 순위를 살펴보면 3-4위권에 해당되는 순서로 나타난다는 점이다. 비록 사용하는 기능을 분리하여 나누어 놓았지만 사진 촬영 및 영상 촬영의 목적이 자신이 사용하고 있는 SNS에 업로드하기 위한 것임을 생각해야 한다. 결국 스마트폰의 사용 목적이 다양하고 급변하고 있는 트렌드 가운데 SNS를 하기 위한 도구로 그 사용이 점점 늘어나고 있다는 점이다.

SNS를 하기 위해 스마트폰 기기를 선택하는 기준도 많이 달라졌다. 해마다 스마트폰은 발전에 발전을 거듭하고 있다. 기종에 따라 다양한 앱과 연동할 수 있는 기능들이 더해지고 있다. 그런데 특히 요즘 신세대를 겨냥한 스마트폰의 경우에는 카메라 성능을 대폭 향상시키고 있음을 주목해야 한다. 이는 성능 좋은 카메라 기능을 찾는 스마트폰 사용자들이 늘어나고 있기 때문이다. 그렇다면 이들이 카메라 성능이 좋은 스마트폰을 선호하는 이유는 무엇일까. 자신들이 촬영한 동영상이나 사진의 선명도 및 편집 여하에 따라 SNS 접속자와 팔로워 수가 달라지기 때문이다. 이와 같은 추세에 따라 앞으로 스마트폰의 기능 중 사진과 동영상 촬영, 그리고 사진과 동영상을 편집하는 데 필요한 소프트웨어의 기능성이 좋은 제품들이 출시될 것으로 예측된다.

스마트폰이 기술 중심에서 사람 중심으로 넘어가는 중요한 터닝포인트가 된 것이 SNS의 등장이다. 스마트폰의 기술력만으로도 사람들에게 새로운 세계와 삶의 방향을 보여주었지만 사람들은 그 이상을 원한다. 단순한 신문물의 등장과 기술력의 발전만을 원하는 사람은 없다. 신기술의 모든 목적은 사람에게 있다. 사람들의 관심과 성과에 따라 신기술 역시 살아남고 그에 따른 막대한 부와 명예를 가져다주기 때문이다. 그래서 기술은 사람을 중심으로 개발된다. 이에 스마트폰의 혁명을 가져온 스티브 잡스가 한 말을 주목할 필요가 있다.
"사람이 중심이다."

스마트폰의 등장으로 새로운 접속과 접촉의 시대가 시작되었다. 이전에는 미처 만나 보지 못했던 세상과 단숨에 접속하게 되었고 그곳에서 사람들을 만나게 되었다. 스마트폰을 통해 신개념을 만들어 가는 사람들도 신문물을 통해 새로운 세상과 함께 새로운 사람들을 만나는 사람 중심의 세상이 다가올 것을 기대하고 있다. 결국 스마트폰의 등장으로 지금까지 물리적, 생물학적 장벽에 막혀있던 한계가 무너지기 시작했다. 새로운 공동체를 형성하고 새로운 친구 관계가 성립되었다. 그곳에서 자신들이 소통하고 새로운 삶을 창조하는 놀이가 시작되었다. 새로운 신인류가 등장한 것이다. 최재봉 교수는 이렇게 스마트폰에 익숙한 세대를 일컬어 스마트폰이 낳은 신인류, '포노 사피엔스'가 출현했다고 한다. '포노 사피엔스 시대의 문명을 선도하는 계층은 앞서 이야기했던 밀레니얼세대이다. 밀레니얼세대는 유소년 시절부터 인터넷과 컴퓨터를 이용해 게임을 즐긴 세대이다.'[140]

컴퓨터와 인터넷과 같은 가상 세계에 익숙한 세대뿐만 아니라 스마트폰을 사용하는 사람들도 가상의 세계에서 만나는 새로운 사람들과 소통하며 공동체를 형성해 가는 데 점점 익숙해지고 있다. 뿐만 아니라 새로운 SNS 플랫폼을 통해 새롭게 소통하며 공동체를 만들어 가는 데도 매우 익숙해지고 있다. 특별히 팬데믹 기간 동안 유튜브의 성장이 눈부시다. 이미 유튜브는 세계적인 소셜 네트워크일 뿐만 아니라 세계 최대의 개인 방송국이라 할 수 있다.

2024년에는 SNS의 성장이 더 폭발적일 것이다. 팬데믹 기간 동안 온라인 예배를 주축으로 하는 온라인 사역이 출발되었다면 앞으로 다양한 콘텐츠를 준비하여 SNS를 통한 사역의 확장이 필요할 것으로 보인다.

만 13세 이상 한국인의 SNS 사용 실태 조사 결과

2022년 갤럽에서는 한국인이 사용하고 있는 소셜 네트워크에 대한 사용 실태를 조사하였다. 조사 결과는 코로나 상황에서 비대면 접촉이 가능한 소셜 네트워크가 급성장하고 있음을 보여주고 있다. 이런 상황에서 교회 사역에 소셜 네트워크를 활용해야 하는 것은 너무나도 당연한 일이 되었다. 대한민국 만 13세 이상의 스마트폰 사용자들이 접속하고 있는 소셜 네트워크의 순위를 살펴보면, 모바일 메신저 사용 93%, 6개월 이내에 유튜브 사용 경험 91%, 네이버 밴드 43%, 인스타그램 36%, 카카오스토리 33%, 페이스북 32%, 트위터 15%, 틱톡 14%이다.

최근 1년 내 카카오톡 등 모바일 메신저 이용 경험자 비율 _{이하 연간 이용률} 은 93%이며 연령별로 볼 때 10대부터 50대까지는 90%대 중후반, 60대 이상에서도 81%로 집계되었다. 이는 모바일 메신저가 한국인의 필수 소통 수단이라는 점, 동시에 60대 이상 다섯 중 한 명 정도는 모바일 메신저를 쓰지 않음을 보여준다. 이들은 디지털 커뮤니케이션 중심 사회에서 소외 계층이라 할 만하다. 하지만 2023년에 들어 디지털 사회의 소외 계층이던 60대 이상의 계층에서 유튜브 사용이 급증하고 있다. 이런 통계를 미루어 봤을 때, 2024년 한 해 동안 유튜브를 활용하여 사역 확장이 일어날 타깃층으로 60대 이상을 눈여겨볼 만하다.

국내외 주요 SNS의 연간 이용률은 유튜브 93%, 네이버 밴드 43%, 인스타그램 36%, 카카오스토리 33%, 페이스북 32%, 트위터 15%, 틱톡 14% 순으로 나타났고, 16%는 이외 다른 SNS도 이용한 적 있는 것으로 파악됐다. 유튜브·인스타그램·틱톡의 총 연간 이용률은 2021년 대비 약 5% 포인트 증가, 카카오스토리·페이스북은 각각 7% 포인트와 3% 포인트 감소했다. 네이버 밴드와 트위터는 작년과 비슷하다. 이런 추세라면 2024년도에도 소셜 네트워크 사용폭은 더욱 넓어질 전망이다. 이에 모바일을 기반으로 하는 플랫폼 연구와 교회 사역 확장을 위한 대비책 마련이 시급하다. 동영상을 기반으로 하는 유튜브는 구독자와 조회 수가 일정 기준 이상인 콘텐츠 제작자에게 광고 수익을 배분하며, 기존 방송·신문 등 언론사의 보조 채널로 활용되는 등 미디어·광고 플랫폼 성격이 짙다. 또한 유튜브에 가입하지 않은 사람도 영상을 보거나 링크를 공유할 수 있어 접근도 쉽다. 유튜브의 연간 이용률은 10-50대에서 90%대 중후반, 60대 이상에서도 2021년 대비 14% 포인트 증가해 75%에 달했다.

2024년 교회는 소셜 네트워크 기반의 사역을 확대하고 필요한 콘텐츠 제작에 심혈을 기울어야 할 것이다. 또한 2024년에는 소셜 네트워크를 중심으로 더 많은 사역의 기회들이 제공될 수 있을 것이다.

2024년 SNS 트렌드 예측

2024년 SNS의 트렌드를 예측하는 것은 의미가 있다. 너무나도 분명하고 확실한 것은 2024년 SNS상의 콘텐츠와 기술력은 더욱 발전할 것이라는 점이다. 교회도 이런 트렌드 변화에 발맞추어 SNS에 기반한 콘텐츠와 사역 개발이 시급하다. 이에 우리가 예측 가능한 몇 가지를 생각해 보면서 교회가 해야 할 다양한 사역의 분야는 무엇인지 고민해 보는 것이 중요하다. 다음은 예상할 수 있는 2024년 SNS 트렌드다.

1) 실시간 스토리텔링

실시간 콘텐츠는 계속해서 성장할 것으로 예상된다. 플랫폼은 더욱 다양한 방식으로 실시간 사용할 수 있는 스토리텔링을 지원할 것이다. 사용자들은 일상의 순간을 공유하고 기억하는 데 있어 사진이나 영상을 편집하여 올리던 과거의 방식에서 현장을 직접 공유하고 소통하는 방식을 더욱 선호하게 될 것이다. 라이브 스트리밍, 실시간 Q&A 방송, 이벤트 커버리지 등을 통해 실시간으로 콘텐츠를 공유하고 소통하는 데 더 많은 시간과 노력을 기울일 것으로 보인다.

교회도 실시간 온라인 예배를 통해 성도들과 소통하는 방식을 시작했다. 하지만 더욱 다양한 분야의 콘텐츠가 필요해 보인다. 예배 역시 일방적인 소통의 형식이기에 소비자 입장에서 보면 긴 시간을 공유하기보다는 일방적으로 송출되는 영상과 음성에 수동적으로 반응하는 방식이었다. 하지만 앞으로 실시간 콘텐츠가 성장하면서 수동성에서 벗어나 적극적 참여 방식의 콘텐츠로 사람들이 몰려갈 가능성이 높아졌다. 결국 교회도 이런 변화에 맞추어 실시간 함께 참여할 수 있는 방식의 콘텐츠를 만들어 내는 것이 중요하다.

2) 플랫폼 간 통합

사용자는 다양한 SNS 플랫폼에서 콘텐츠를 공유하고 상호작용하는 것을 선호한다. 이미 비대면을 통해 사람들은 학습, 회의, 비즈니스, 소비와 물자 교류 및 공유의 경험을 했다. 하지만 이제 각각의 플랫폼에서 경험했던 비대면 경험들을 하나의 플랫폼을 통해서 통합된 경험을 하게 될 것이다. 각각의 플랫폼이지만 자신이 사용하는 플랫폼의 콘텐츠를 공유하고 알림을 통해 효과적으로 관리하는 것이 더욱 활발하게 이루어질 것으로 보인다. 이미 메타 페이스북 나 인스타그램은 각각의 플랫폼에서 자신이 사용하는 콘텐츠들을 어느 정도 공유할 수 있게 되었다. 2024년에는 아마존에서 구글을, 구글에서 메타를, 메타에서 트위터의 글을 공유하고 확인하며 회원들 간에 소통하는 시대가 찾아올 것이다.

3) AI 기술의 향상

인공지능 기술은 우리가 상상하는 것 이상으로 향상되고 발전될 것으로 예상된다. 인공지능의 발전으로 SNS를 사용하는 사람들 역시 사용자 측면에서 놀라운 혁신을 경험하게 될 것이다. 지금도 AI 알고리즘과 통합정보를 통해 SNS 사용자들이 선호하는 콘텐츠가 실시간으로 업데이트된다. AI의 발전은 더욱더 세분화된 소비자의 정보를 바탕으로 소비자와 사용자에게 가장 적합한 SNS를 제공하거나 사람들을 소개함으로써 자신들만의 공동체성을 강화할 가능성이 크다. 이런 상황이 지속되면 교회가 단편적인 콘텐츠만으로는 살아남을 수 없다. 사람들의 손에 들려진 스마트폰에서 검색 가능하고 쉽게 접근 가능한 콘텐츠의 계발과 그에 따른 노력이 필요하다.

알고리즘은 개인의 관심사와 선호도에 따라 맞춤형 콘텐츠를 제공하기에 기본적으로 교회 콘텐츠가 소비자들에게 스팸 콘텐츠로 처리되지 않기 위해 상당한 노력이 필요할 것으로 보인다. 결국 교회도 통합된 시스템을 구축하여 AI가 선호할 수 있는 콘텐츠를 생성할 수 있도록 함께 협업하고 새로운 상호작용을 할 수 있는 적절한 시스템을 만들어 가는 것이 필요하다고 생각된다.

4) 초개인화와 개인 정보 강화

SNS 사용자들은 소셜 미디어가 발달함에 따라 더욱더 초개인화된 성향을 보일 가능성이 크다. 긍정적이든 혹은 부정적인 상황이든 말이다. 이런 사용자들은 자신들의 사적인 영역을 소셜 미디어에 공유하지만 자신 개인의 영역은 더욱 철저하게 초개인화될 수 있다. 또한 개인 정보와 보호에도 더욱 신경을 쓰게 될 가능성이 높다. 이런 상황이 나타날 때 교회는 이들을 위해 개인의 정보를 보호하면서 교회공동체로 이끌 수 있는 방법을 모색해야 할 것이다. SNS에서는 암호와 사용자 데이터 보호를 더욱 강화하고 투명성을 강조하는 정책들을 만들어 갈 것이며 이런 기술들이 중요해질 것으로 예측된다. 이에 점점 더 초개인화되어 가는 세대에 알맞은 공동체를 위한 교회의 제안이 필요하다.

5) VR·AR의 확대

가상현실 및 증강현실은 영화나 TV에서만 볼 수 있는 시대가 있었다. 하지만 2024년에는 가상현실이나 증강현실을 기반으로 하는 소셜 네트워크의 등장을 기대해 볼 만하다. 메타버스를 통한 소셜 네트워크가 손쉽게 사용자들에게 제공될 것이다. 이제는 Web 3.0 시대에 걸맞은 가상의 공간에서 사람들과 소통하고 관계를 맺어가는 시대가 왔다. 좀 더 현실성 있는 3차원의 소셜 미디어 공간을 가지게 된다. 가상의 세계지만 현재의 세계에서 경험하게 되는 생동감과 현실감을 소셜 네트워크에서 경험하게 되면 더욱더 소셜 네트워크를 통한 관계와 공동체는 큰 영향을 주게 될 것으로 예측된다. 이런 가상의 세계에 교회와 복음 전파를 위한 목회자들의 준비가 요구된다.

6) 음성 및 비주얼 콘텐츠 강조

지금까지 SNS에서의 소통은 글과 사진, 여기서 조금 발전하여 영상을 편집하여 올리는 것으로 진행되었다. 앞으로 기술력이 발전함에 따라 사용자의 음성 및 비주얼이 더욱 강력하게 요구될 것이다. 메타버스에서 사용하는 아바타가 개인의 실물과 음성으로 인식되는 기반으로 출시될 경우, 가상공간에서 본인을 대변할 수 있는 새로운 모습들은 콘텐츠와 스토리만큼 중요한 요인이 될 것이다. 앞으로 SNS 플랫폼에서 음성 메시지, 음성인식, 음성검색과 같은 서비스가 더욱 확산될 가능성이 크다.

스마트폰이 세상에 출시된 이후 스마트폰은 단순히 서로의 안부를 묻고 비즈니스에 필요한 사람들에게 연결과 소통을 하던 기능뿐 아니라 새로운 소비와 소통, 공동체를 형성하고 문화를 만들어 내는 통로 역할을 하고 있다. 단순히 스마트폰의 폐해와 역기능만을 강조하여 사용자들에게 경각심을 제공하기에는 새로운 질서가 형성되었다. 코로나 이후 부정적인 측면이 강하던 스마트폰 사용이 결국 교회에도 새로운 소통의 방식과 접촉의 통로임을 인정해야만 하는 시대를 접하게 되었다.

이제는 스마트폰을 통해 새롭게 형성된 소통 방식인 SNS 역시 복음을 전하는 통로와 방법으로 받아들이고 신인류에게 복음을 전할 수 있는 플랫폼임을 인정해야 한다. 무섭게 발전하고 있는 신기술을 모두가 따라잡기란 여간 벅찬 것이 아니다. 하지만 인간의 가장 기초적인 욕구와 욕망, 성찰로부터 발전하기 시작한 스마트폰은 결국 새로운 질서와 변화를 주도하고 있다. 이제는 이러한 사실을 인정하는 것이 중요하다. 한 손에는 성경, 한 손에는 스마트폰을 들고 새로운 세대를 향한 하나님의 마음을 알기 위해 새로운 도전을 해 볼 수 있다면 2024년 교회의 도전은 새롭게 시작될 수 있다고 믿는다.

이러한 트렌드는 2024년 SNS의 발전 방향을 보여줄 수 있다. 사용자들이 어떠한 콘텐츠와 소비, 그리고 상호작용을 하는지 그 변화를 반영하고 예측하는 데 사용할 수 있다. 하지만 이것도 예측에 불과하며 실제 트렌드는 어떻게 변화하고 발전할지 알 수 없다. 다만 우리가 이런 변화에 예측 가능한 답을 준비할 수 있다면 교회는 새로운 변화에 아름답게 화답하는 유연함을 보여줄 수 있을 것이다.

4. 브로드캐스트에서 멀티캐스트로

개막, 멀티캐스트 시대

2024년 메이저 리그 일정이 확정되었다. 한국의 김하성 선수가 속해 있는 샌디에이고 파드리스와 오타니 선수가 2024년 영입될 것으로 예상되는 LA 다저스의 개막전이 한국에서 열린다고 공식 선언되었다. 메이저 리그와 선수 노조는 지난해 7월 13일, 2024년에는 미국과 캐나다를 벗어나 4개국에서 메이저 리그 월드투어를 진행한다고 발표했다. 도미니카공화국, 멕시코의 멕시코시티, 영국 런던, 그리고 한국의 고척 스카이돔에서 개막전 시리즈가 공식적으로 열리게 된다. 한국에서 메이저 리그가 개막된다고 하자 한국뿐 아니라 일본에서도 한국의 메이저 리그 개막에 관심을 보이고 있다. 그 이유는 내년 다저스로의 이적이 유력한 오타니 선수가 한국에서 메이저 리그 개막식을 가질 확률이 높아졌기 때문이다. 2023년 월드 베이스볼을 우승으로 이끈 오타니 선수는 일본뿐만 아니라 전 세계 모든 야구인들이 주목하는 선수가 되었다. 100년 역사의 미국 메이저 리그에서도 자타공인 최고의 선수 반열에 올랐을 뿐 아니라 새로운 역사를 써 내려가고 있다. 특별히 100년 역사의 미국 메이저 리그에서도 전설적인 선수인 베이브루스 이외에는 기록하지 못한 기록을 연일 갈아치우고 있는 오타니 선수는 그야말로100년에 한 번 나올까 말까 한 역사가 되고 있다. 투수와 타자를 오가며 100 홈런 이상을 기록한 투타 겸비의 선수 중 베이브루스가 유일하게 기록하고 있던 501 탈삼진을 넘어서 507 탈삼진을 달성했다. 지난 5월 10일 오타니는 휴스턴 애스트로스의 제레미 페냐 선수를 삼진 처리하면서 역사적인 기록을 넘어선 것이다. 이로써 88년 만에 오타니는 전설적인 선수의 기록을 넘어 새로운 역사를 써 내려가고 있다. 이뿐만 아니라 메이저 리그 전반기를 마친 7월 10일 기준, 그의 시즌 기록은 17경기 100.1 이닝, 7승 4패, 평균 자책점 3.32점에 132 탈삼진, 타석에서는 3할 2푼, 32홈런, 71타점 11도루를 기록하고 있다. 경이적인 기록이라 할 수 있다. 지금까지 투수와 타자를 겸하여 풀타임으로 출전하는 선수로는 유일무이한 기록이다. 투수와 타자, 타격과 홈런, 도루 능력까지 갖춘 그는 멀티플레이어 선수로서 완벽 그 자체로 메이저 리그를 압도하고 있다. 이에 아직까지 가장 완변한 야구 선수라고 칭해도 무방한 선수임에 틀림없다. 그가 이렇게 극찬을 받는 이유는 멀티 플레이가 가능한 유일무이한 선수이기 때문이다. 또한 앞으로 새로운 야구의 변화를 기대할 수 있게 되었기 때문이다. 메이저 리그도 본격적으로 멀티케스트의 시대가 시작되었다.

2024년, 브로드에서 멀티로

2023년 3월 14일, Open AI의 최신 언어 모델인 GPT-4가 업그레이드 버전으로 출시되었다. 2022년 11월, 첫 GPT-3 출시 후 단 2개월 만에 가입자 1억 명을 돌파하는 혁명을 이루어 낸 후여서 관심은 더 뜨거 웠다. 이런 대화형 AI나 정보 제공형 AI의 발전은 과거의 일방적인 정보 공유와 소통방식에 획기적인 변화를 가져왔다. 기존의 대화형 AI가 단 순한 지식을 제공했다면 ChatGPT는 지금까지 수집된 모든 자료를 가 공해 제공함으로 정보의 공유와 소통에 획기적인 발전을 가져왔다. 실 례로 미국 대학가에서 ChatGPT를 활용한 논문 대필과 답안지 제출이 문제가 되었다. AI의 답안이 출제자의 의도에 부합하는 수준의 답변을 내놓기 시작한 것이다. 앞으로 대학가뿐만 아니라 수많은 보고서를 제 출해야 하는 곳, 정보를 수집하여 분석해야 하는 곳, 정보의 공유와 소 통이 일어나는 모든 현장에서 ChatGPT와 같은 AI의 활용은 더욱 활발 하게 이루어질 것이다. 이런 변화의 결과는 결국 특정인과 그룹에게만 독점되던 정보가 AI에 접근 가능한 모든 사람에게도 공유될 수 있다는 것을 의미한다.

이런 ChatGPT의 출현은 교회와 목회 현장에도 대단히 충격적인 변 화를 예고하고 있다. 이미 AI를 활용한 설교문 작성은 상당한 수준의 설 교문을 작성할 뿐만 아니라 다양한 정보의 활용과 신학적 문제들, 적용 의 다양성을 제공하는 원고를 만들어 낼 수 있다. 이미 웬만한 설교문들 에 뒤지지 않는 상당한 수준의 설교문을 작성해 낼 수 있는 능력을 보여 주었다. 설교문을 독점하고 있던 일부 목회자들은 AI가 작성하는 설교문을 경시하거나 무시하는 경향이 있지만 점차 AI를 활용한 설교문 작성은 더욱 활발하게 이루어질 것으로 보인다. 우리는 이미 알파고가 정상급 바둑기사를 이기면서 AI의 능력에 놀란 바 있다. ChatGPT도 결국 정상급 설교자들의 설교문보다 월등한 설교문을 작성해 낼 날이 그리 멀지 않았다.

"과거를 뒤로하고 현재의 도전에 집중하며 죽음에 대한 두려움을 극복하세요. 예수 그리스도에 대한 신뢰를 잃지 마시기 바랍니다."

이는 2023년 6월 9일, 독일 바이에른주의 성바울교회에서 전해진 메시지다. 글로 옮겨 놓은 설교문을 보면 여느 설교자의 설교와 다를 바가 없다. 하지만 인공지능 Open AI ChatGPT가 작성하고 인공지능이 최초로 한 설교이기에 전해진 충격은 이루 말할 수가 없다. 수염을 기른 흑인 남성 AI 목사는 강대상 대신 대형 스크린에 등장했다. 그의 첫 마디는 "독일 개신교 집회에서 최초의 인공지능인 내가 여러분들에게 설교하게 돼 무척 영광이다"였다. 그 후 설교는 40분 동안 진행되었다. AI 목사는 '믿음을 지키기 위해 꾸준한 기도가 필요하며 예수 그리스도에 대한 믿음을 잃지 않기 위해 신앙을 지키는 것이 필요하다'고 강조했다. 물론 AI 목회자는 시종일관 표정의 변화가 없었고 목소리 역시 단조로웠다. 사람이라면 상호간에 느껴졌을 감정의 변화를 느끼지는 못했지만, 설교문은 매우 훌륭했다는 평가가 지배적이다.

　AI 목회자의 설교 이후 우리가 주목해야 할 것은 성도들의 반응이다. 많은 성도가 환호하며 휴대전화를 들고 사진을 찍거나 현장을 생중계했다. 일방적인 목회자들의 설교 방식에 비판과 비난이 적지 않았기에 신선하다는 반응이 상당했다. 이 설교와 목회자는 요나스 짐머라인 오스트리아 비엔나대학교의 교수이자 철학자가 제작했는데, 설교문의 98%를 ChatGPT가 생성한 것으로 알려졌다. 예배 시간에는 설교자뿐 아니라 4명의 젊은 목회자가 찬양, 기도, 광고와 같은 순서를 도왔다. 이날 이 모든 것을 주도했던 짐머리라인 교수는 역사적인 AI 설교에 대해 부족한 부분이 있음을 인정했다. 그는 설교자만이 가질 수 있는 감정과 영성, 청중과의 소통의 문제가 분명 존재한다는 것을 인식했다. 그러면서 그는 "종교 지도자들을 AI로 대처하려는 의도는 없다. 다만 교회의 업무와 일상을 돕고 새로운 소통의 장을 마련하기 위함이다"라고 덧붙였다.

　21세기 들어 빠르게 진화하는 디지털 환경에서 목회자들은 교회 사역에 필요한 효과적인 메시지 전달을 위해 다양한 기술 발전을 수용했다. 앞으로 두드러지게 나타날 가장 큰 변화 중 하나는 지금까지 교회가 수용했던 전통적인 방법인 브로드캐스트에서 멀티캐스트로 알려진 보다 상호 보완적인 접근 방식으로 전환되는 것이다.

멀티캐스트란?

멀티캐스트는 '하나의 소스에서 여러 수신자에게 동시에 콘텐츠 또는 메시지를 전달하는 방식'을 의미한다. 기존의 브로드캐스트 방식이 일대 다수의 방송 방식이었다면, 멀티캐스트는 일대일, 일대 다수, 다수 대 일, 다수대 다수가 동시다발적으로 대화와 소통이 가능해지는 방식을 말한다. 결국 멀티캐스트는 소통의 혁신을 의미하며 상호작용이 더욱더 중요하게 인식되는 소통 방식을 말한다. 서두에서도 언급했던 서술형 AI ChatGPT 는 여러 수신자에게 동시에 같거나 다른 소통을 할 수 있게 만들어 준다. 또한 여러 사용자가 동시에 대화할 수 있는 방식을 제공해 줄 수 있다. 이와 같은 고객 서비스를 통해 앞으로 더욱 활발하게 멀티캐스트할 수 있는 경험을 제공할 수 있게 된 상황에서 목회자들의 소통 방식 역시 새롭게 변화되어야 한다.

지금까지 일방적인 소통이 이루어진 설교 방식에도 상당히 큰 도전이 되는 상황이 되었다. 이렇게 변화된 소통의 방법과 창구에서 일방적인 소통이 반복되어 온 목회 현장은 청중에게 불통의 모습으로 비춰지고 있다. 전통적인 브로드캐스트 환경의 설교 방식을 획기적으로 바꿀 수 없더라도 새로운 설교 환경을 고민해야 할 때다. 예를 들어 새로운 설교 시도로 대화식 설교를 시도해 보는 것은 어떨까? 대화식 설교를 한마디로 정의하기는 어렵지만 '다수의 청중을 대상으로 설교하지만 개인 개인에게 맞추어진 방식으로 전달하는 설교 형식'이라고 할 수 있다.

성경의 대화식 설교

이 설교의 특징은 성경의 특정 구절이나 이야기를 중심으로 진행한다는 것이다. 설교자는 이전에 일방적으로 선포하던 설교의 방식과 다르게 청중과 상호작용을 하며 성경 구절의 의미와 적용 방법을 설명한다. 청중에게 질문을 던져 생각을 유도하고 그들의 질문에 답을 할 만한 유형의 설교로 청중을 이끌어 간다. 이런 설교 방식을 통해 청중으로 하여금 기존의 일방적인 설교 방식에서 서로가 대화와 질문을 통해 설교가 이어 간다는 경험을 하게 한다. 때론 설교의 결론도 청중 스스로가 질문하고 답하도록 하여 설교자의 일방적인 결론을 최소화한다.

이런 설교 방식은 예수님께서 하셨던 방법이다. 성경에는 대화식 설교를 통해 제자들을 가르치고 양육하셨던 장면이 자주 등장한다. 특별히 비유를 통해 대화식 설교를 선포하셨다. 비유는 실제 사물이나 사건을 기반으로 한 상황을 통해 심리적, 도덕적, 영적인 가르침을 전달하는 것이다. 예수님께서 비유를 통해 전하신 복음의 진리는 하나님 나라에 대한 가르침이었다. 이런 대화식 설교를 통해 예수님은 이해하기 어려운 복음의 진리와 하나님 나라에 대해 가르치셨다.

대화식 설교의 장점은 주로 일상생활에서 벌어지는 일상적인 이야기나 상황을 사용한다는 것이다. 대표적인 비유가 있다면 '잃어버린 양', '잃어버린 드라크마'의 이야기, '탕자의 이야기' 등이다. 대화식 설교를 통해 예수님은 사람들과 소통하고 그들의 이해를 돕고, 궁금증을 해소하며, 새로운 영적인 사실들로 그들의 호기심을 자극하셨다. 이로써 사람들은 대화식 설교을 통해 예수님의 가르침을 직접 체험하고 이해할 수 있었다. 결국, 대화식 설교란 '사람에 대한 관심과 사랑을 통해 사람들과 더욱 깊이 있는 관계를 맺고 공감대를 형성하여 신앙생활의 근간을 이루며 서로 소통하는 관계의 수단'이었다.

간증 대화식 설교

대화식 설교의 한 방식인 '간증 대화식 설교'는 청중에게 좀 더 의미 있게 다가갈 수 있게 한다. 이 설교는 신앙을 공유하고 다른 종교나 세계관에 대해서 기독교적 관점과 삶을 공유할 수 있는 접점을 만들어 준다. 이에 성경적 세계관과는 다른 세계관을 가지고 있는 사람들에게 직간접적으로 가장 많이 사용되는 설교의 형태다. 설교자는 청중의 상황을 이해하여 청중이 기독교 신앙의 중요한 원리와 가치를 이해하기 쉽게 자신이 경험했던 하나님의 은혜와 역사를 이야기로 전달한다. 이런 간증 대화식 설교는 초대교회 사도들의 설교에서 찾아볼 수 있다.

베드로는 자신이 경험했던 변화산 사건을 자신의 편지를 수신하는 모든 교회에 이야기한다. 베드로 자신이 경험한 영적인 경험을 통해 기독교의 진리와 하나님의 말씀과 가르침을 전한 것이다. 이런 간증 대화식 설교를 통해서 동일한 경험을 가지고 하나님께 나아가는 청중과 긴밀한 공감대를 형성하며 영적 교류를 나눌 수 있다. 간증 대화식 설교를 통해 설교자는 일방적으로 자신의 생각을 전하는 것이 아닌, 모든 사람이 함께 공유할 수 있는 경험을 나눈다. 이는 매우 중요한 멀티캐스트식 전달 방법이 될 수 있다.

대화식 설교는 청중과의 상호작용을 강조하고 참석자들의 참여와 질문에 주목하는 것이 특징이다. 이에 청중이 참여와 질문을 통해 자신들의 신앙을 더욱 실제적으로 적용해 볼 수 있다는 것이 가장 큰 장점이다. 이런 대화식 설교를 소그룹에 적용하면 성경공부 방식과 소그룹의 토론은 좀 더 활기차게 변화할 수 있을 것이다. 이 방식은 앞으로 주목할 만한 목회적 트렌드가 될 것으로 예상된다.

팬데믹을 거치면서 대부분의 교회들과 성도들은 온라인 플랫폼을 통한 대화와 소통에 익숙해졌다. 이전에 일방적인 설교와 지시, 훈육에 의한 일방적 소통에서 개별적 소통을 통해 자신의 생각과 의견을 개인적으로 전달할 수 있는 경험을 쌓은 것이다. 목회자의 설교와 교회의 가르침이 브로드캐스트 방식으로 전달되었던 것에서 이미 멀티캐스트 방식으로 재편되어 가고 있었던 것이다. 유튜브는 이미 개인 한 사람이 각자에 맞는 콘텐츠를 소유한 일인 방송국의 역할을 감당하고 있다. 능력 여하에 따라 한 사람이 몇 개의 방송 채널을 소유할 수 있다. 이런 상황이라면 목회 환경의 변화 역시 필수적이라는 것을 기억해야 한다.

멀티캐스트 트렌드를 위한 목회적 방안

멀티케스트 목회로의 변화를 고려할 때 이에 맞는 목회적인 방안을 생각해 봐야 한다. 멀티캐스트 목회의 가장 중요한 키워드는 '소통'이다. 일대일, 일대 다수, 다수대 일, 다수와 다수가 소통할 수 있는 목회적 방안을 위해 우리가 생각해 볼 수 있는 것은 디지털 플랫폼과 소셜 미디어 활용이다. 이미 다양한 디지털 플랫폼이 구축되어 있다. 아직 불편하고 낯설지라도 디지털 플랫폼과 소셜 미디어의 활용은 더욱 중요해질 것이다. 교회는 성도가 자신들의 정체성을 함께 공유할 수 있는 소셜 미디어를 제공해 주는 것이 중요하다. 이를 통해서 지리적, 환경적, 제약을 느끼지 않고 언제든지 필요하면 자신의 공간에서 자신의 삶을 나눌 수 있는 소셜 미디어가 준비되어야 한다. 다만 이런 플랫폼과 소셜 미디어 공간에는 서로의 대화와 나눔이 부정적으로 사용되지 않도록 훈련된 사역자들이 함께하는 것이 중요하다. 아직 교회들마다 소셜 미디어에 특화된 사역자들을 확보하는 것이 쉽지 않다. 그러므로 교회는 특성에 맞는 플랫폼을 선택하고 그 플랫폼을 잘 다루며 사용할 수 있는 사역자 혹은 평신도 리더를 양육하는 것이 필요하다. 가장 많이 사용되고 있는 유튜브를 위한 특강이나 전문인 사역자를 양육하고 사역을 개발하는 일도 2024년을 계획할 때 반드시 교회가 생각해야 할 것들이다.

대화 중심의 소그룹 활용

앞으로 교회들은 현실적인 문제를 겪고 있는 성도들과의 대화를 더욱 강화해야 할 것으로 생각한다. 사회적 문제, 심리적 문제, 가족 문제 등 다양한 주제에 대한 대화와 상담이 긴요한 시대이기 때문이다. 이런 대화와 상담은 당연히 소그룹에서 이루어질 것이다. 기존의 교회 그룹이 성경공부 중심의 소그룹이었다면, 이제는 사적 대화나 관심사 중심의 소그룹이 활성화될 것으로 예상된다. 이미 소셜 플랫폼에는 자신들이 흥미롭게 생각하는 주제와 대화를 중심으로 만들어진 대화형 소셜 소그룹들이 활발하게 만들어져 사용되고 있다. 교회에는 출석하지 않지만 예수님을 사랑하는 사람들의 모임, 기독교 신앙은 없지만 성경에 관심이 있는 사람들의 대화방, 기독교 신앙을 가지고 있지만 교회와 신앙에 회의가 시작된 사람들의 대화방 같은 다양한 대화방들이 소셜 플랫폼을 중심으로 활발하게 만들어지고 있다. 몇몇 대화 그룹들은 오프라인으로 확장하여 대화의 소통을 넓혀 가고 있다. 교회들은 이러한 현상들을 이해하고 해결하기 위해 교인들에게 필요한 지원을 제공하며, 실생활에서 신앙을 살아가는 데 도움을 주는 소그룹을 더욱 활성화해야 할 것이다.

다양성과 포용을 강조하는 소그룹 구성

　마지막으로 교회는 소그룹을 구성하면서 확장 가능성이 높은 소그룹을 구성하는 것이 필요해 보인다. 특별히 다문화 가정이 많아지면서 교회 내에도 다문화 가정을 위한 특별한 소그룹, 한부모 가정이 늘면서 기존의 목장에 소속되기 어려운 한부모를 위한 소그룹, 교회가 성숙하여 수용하고 포용할 수 있다면 성소수자들과 같은 특별한 소그룹들을 위한 사역자와 훈련된 지도자를 준비하고 소그룹을 시작하는 것이 필요해 보인다. 물론 모든 교회가 다양성과 포용성을 갖는 소그룹을 구성하기는 어려울 것이다. 특별한 훈련과 사역의 전문성이 필요하기 때문이다. 하지만 2024년에는 다양성이 요구되는 소그룹을 통해 다음세대 MZ 에 대한 사역이 활발하게 일어나는 원년이 될 것으로 조심스레 예측해 본다.

[용어정리]

멀티캐스트(multicast)

'많이(multi) 쏜다(cast)'는 의미. 정보나 데이터를 한 발신자가 여러 수신자에게 동시에 전송하는 네트워크 통신 방식이며 효율적으로 데이터를 전송할 수 있는 장점이 있다. 그리고 한 번의 전송으로 여러 대상에게 데이터를 동시에 전달할 수 있다. 수신자의 수가 증가해도 성능에 영향을 덜 받는다. 빠른 전송 속도를 가지고 있다. 동시에 여러 수신자에게 데이터를 전송하기에 개별적인 전송 속도가 빠르다. 멀티캐스트는 그룹 구성원의 동적인 변화에 유연하게 대응할 수 있다. 그룹에 새로운 수신자가 등장해도 멀티캐스트 방식은 이를 쉽게 처리할 수 있다.

브로드캐스트(Broadcast)

'넓게(broad) 쏜다(cast)'는 의미로, 자신의 호스트가 속해 있는 네트워크 전체를 대상으로 데이터를 전송하는 일대다 통신 방식이다. 브로드캐스트는 네트워크에 붙어있는 모든 장비에게 동시에 보내는 통신을 의미한다. 공중파 방송이 바로 대표적인 브로드캐스트 방식의 소통방식이다.

1. 창의성은 융합에서 피어난다

창의성, 더 나은 대안

아일랜드 극작가 조지 버나드 쇼는 「인간과 초인」, 「피그말리온」, 「성녀 조앤」 등을 썼고 1925년엔 노벨문학상을 받았다. 그가 임종을 앞두고 이런 말을 남겼다. "다시 산다면 나는, 내가 될 수도 있지만, 한 번도 되어 보지 못한 사람이 되고 싶다." 인터넷에서 검색하면 그가 남긴 명언들이 줄줄이 나온다. 사람들이 그가 남긴 명언에 공감하는 데는 이유가 있다. 그것이 사람들이 살아가는 삶의 맥락과 연결되기 때문이다. 쇼는 말했다. '꿈꾸지 않는 자에게 절망도 없고, 진보는 변화 없이 불가능하기에 자신의 마음을 바꾸지 않는 사람은 어떤 것도 바꿀 수 없다고.' 그래서일까? 쇼는 인간이 현명해지는 것은 경험에 의해서가 아니라 경험에 대처하는 능력에 따라서라고 보았다. 어느 시대건 약삭빠른 사람들이 자기 몫을 잘 챙긴다. 그런 합리적인 사람은 자신을 세상에 기가 막히게 맞춘다. 하지만 쇼는 그들과 달리 세상을 자신에게 맞추려고 애썼다. 쇼가 살았던 시대와 우리가 살아가는 시대를 기술이라는 시각으로 본다면 많이 다르다. 그가 살던 시대엔 노트북, 컴퓨터, 휴대폰, 인터넷 같은 혜택이 없었다. 아직 발명되지 않았기 때문이다. 하지만 그는 무엇을 성취하는 두 가지 길—순응과 독창성— 중 독창성을 선택했다. 순응이란 이미 잘 닦여진 길이고 여러 사람이 함께 가는 길이다. 반면 독창성은 인적이 드문 길이고 시류에 거스르는 길인데 쇼는 후자를 선택했다. 쇼가 순응을 선택했다면 좀 더 여유롭게 살았을 텐데도 쇼는 그런 길을 걷지 않았다. 그가 남긴 명언들은 작가 자신이 얼마나 창의적인 삶을 살았는지를 보여준다. 쇼는 작품에서 현상을 받아들이기를 거부하고 더 나은 대안을 모색하는데, 이것이 창의적 사고이다. 늘 봐 온 익숙한 이슈이지만 그것을 새로운 시각으로 바라봄으로써 기존 문제를 새로운 방식으로 해결하는 것이다. 이런 창의적 시선은 리스크를 이겨내야만 얻어진다.

창의적 시선을 가진 이가 적은 이유

좁은 문, 좁은 길은 예수님을 하나님의 아들로 고백하고 그분을 자신의 구주이자 구원자로 받아들이며 예수님을 믿기로 작정하는 사람들이 선택하는 곳이다.[141] 좁은 문, 좁은 길을 신앙의 눈이 아니라 독창성이라는 시각에서 보면 시류에 거스르는 선택이 된다. 우리는 좁은 길을 선택하는 창의적인 사람들을 가리켜서 '비순응자' Non-conformist 라고 부르는데 이 말속에는 '말썽꾸러기'라는 뜻이 내포되어 있다. 사람들은 창의적 시선을 가진 사람들을 좋아할 것 같지만 실제론 그렇지 않다. 쇼가 보여주듯이 창의적인 시선을 가진 사람은 기본적으로 독특하다. 성공이 보장된 길을 걸어가기보다는 자신만의 독특한 뭔가를 남기는 쪽을 선택한다. 하지만 그런 삶을 살려면 리스크를 마주하는 용기가 필요하다. 그게 두려우면 혁명적인 변화를 추구하기보다는 전문가나 지도자가 되는 길을 선택한다. 그게 안전하기 때문이다.

애덤 그랜트 교수는 「오리지널스」 1장에서 그런 사례들을 인용한다.[142] 조지 워싱턴은 영국에 대항하여 싸웠고 그 결과 초대 대통령이 되었지만 실제의 워싱턴은 자기 재산을 관리하고, 밀, 밀가루, 어업, 말 사육 같은 사업을 하느라 바빴다. 존 애덤스는 미국 혁명에서 주도적인 역할을 했고 독립선언서 작성에 참여했지만 영국이 보복할까 두려워했고 막 개업한 변호사 일을 포기하기를 주저했다. 마틴 루터 킹 목사도 비슷했다. 민권운동의 선구자가 되었지만 민권운동이 시작될 당시 그의 꿈은 목사였고 대학총장이 되고 싶어 했다. 인간의 삶이란 한 꺼풀 벗겨내면 너무도 닮아 있다. 조지 워싱턴, 존 애덤스, 마틴 루터 킹이 겪었던 혼란은 어떤 자기 인식의 바다를 볼 때까지 계속된다. 이전의 모습으로 돌아가지 못하는 경계선(이것을 문학에선 '플롯 포인트'라고 부른다)을 넘은 다음에야 자기가 믿는 신념을 따라 살아가게 된다. 이런 선택이 독창성을 추구하는 사람에게도 동일하게 주어진다. 새로운 생각을 펼치려면 기존 방식을 해체해야 한다.

독창적인 사람이 보기 드문 데는 이유가 있다. 우리 스스로 자기 자신을 먼저 검열하기 때문이다. 성취욕이나 목표가 뚜렷하면 좋을 것 같은데 그렇지 않을 수 있다. 성취욕이 강할수록 실패를 했을 때 입게 될 충격을 두려워한다. 그래서 모험을 하기보다는 익숙한 길, 곧 시류에 영합하는 넓은 길을 선택한다. 말하자면 결과에 대한 압박감 때문에 우리는 위험을 감수하면서까지 독창적인 행동을 하지 않는다. 융합은 익숙한 것과의 결합이 아니라 익숙하지 않은 것과의 결합이다.

중국에 관한 자료 중 「중국의 과학과 문명」이 있다.[143] 영국의 화학 교수 조지프 니덤이 쓴 시리즈 중 한 권이다. 1930년대 니덤은 당시 영국에 유학 온 중국 유학생들에게 중국 과학사 자료 번역을 부탁했다. 그 번역 초고를 가지고 과학과 문명이 중국을 어떻게 변화시켜 왔는지를 읽어낸 것이다. 그게 가능했던 것은 바로 관점 때문이다. 조너선 스펜스 교수가 있다. 중국의 역사를 대중적인 스토리텔링으로 풀어내어 한국에도 많은 독자를 갖고 있는 중국사 전문가이다. 「왕 여인의 죽음」[144] 을 읽으면 그게 꼭 문학작품 같고, 「강희제」를 읽으면 자금성의 수수한 의자에 앉아 자신의 생각을 풀어내는 황제를 만난다. 「반역의 책」, 「신의 아들」, 「홍수전과 태평천국」, 「칸의 제국」, 「룽산으로의 귀환」, 「마테오 리치, 기억의 궁궐」을 읽으면 관점이 주는 힘을 느낀다. 조지프 니덤이나 조너선 스펜스가 추구한 것은 융합이다. 이들은 개념이나 이야기를 중심으로 사건의 맥락을 짚어내고 풀어내는 서구적 시선을 중국이란 낯선 텍스트와 연결시켰다. 니덤의 책을 읽으면 중국학자들의 책에서 만나지 못하는 관점 덕분에 도 道 를 비롯한 중국 철학에 대한 이해가 쉬워진다. 니덤은 방대한 자료를 나열하지 않고 자신만의 관점으로 정리하기 때문이다. 이 관점이 질문이고 호기심이다.

문학이 주는 교훈

신학이 매우 유익하다. 하지만 신학적 혜안을 얻으려고 애쓰다 보면 신학적 지식에 몰입되어 신학의 눈으로만 세상을 보게 된다. 그것도 내가 아는 지식으로만 본다. 이런 노력에 편견이 더해지면 근본주의자의 시각이 된다. 뭐든 열정이 지나쳐 몰입하다 보면 맥락을 놓칠 수 있다. 융합은 내가 아는 지식이 전부가 아니라는 것을 보여준다. 지식은 옆에 놔두고 필요할 때 쓰는 거지 거기에 몰입하면 안 된다. 융합은 우연한 만남이다. 「1417, 근대의 시작」[145] 을 읽으면 책 한 권이 어떻게 살아남아 모든 것을 바꾸었는지를 말한다. 이게 낯설어 보여도 그게 꼭 자우림이 데뷔를 하게 된 계기와도 비슷해 보인다. 1997년 밴드가 TV 출연을 해서 자우림이 대타로 무대에 섰는데 그날 '꽃을 든 남자' 촬영팀이 왔다. 자우림을 보러 온 것은 아니었지만 자우림을 만나 그들에게 영화 OST를 부탁했고 이 곡을 계기로 이야기가 시작된다.

요즘 교회에서 ChatGPT 활용에 관한 열기가 뜨겁다. 아마 발빠른 설교자들은 벌써 ChatGPT를 설교에 활용하고 있을 것이다. 인공지능은 인간이 하지 못하는 세밀한 것을 찾아내기에 목회에 분명히 도움이 될 것이다. 하지만 ChatGPT를 활용할수록 통찰의 힘은 약화될 것이다. 통찰은 잘 준비된 교재가 아니라 사금을 채취하듯 모래를 훑는 수고를 해야만 얻어지기 때문이다. ChatGPT가 강해 보여도 결정적인 약점이 있다. 인공지능의 결정적인 약점이 있는데 그것은 인공지능은 뒷담화를 못한다는 것이다. 인공지능은 경우의 수를 뽑아내는 데 탁월하다. 가장 적은 노력을 들여서 가장 많은 것을 뽑아낼 수 있다. 하지만 인공지능은 자신에게 불리한 선택을 하지 못한다. 이런 선택을 성경에선 '자기 부인'이라고 부른다. 자기 부인을 못하는 ChatGPT가 주는 설교나 설명이 성도들의 삶에 얼마나 도움이 될까? 그리 크지 않을 것이다. 인공지능의 힘이 커질수록 인간다운 것이 점점 중요해질 것이다. 마크 주커버그가 친구에 대해서 말한 적이 있다. 그는 친구를 '쓸데없는 이야기를 나눌 수 있는 사람'이라고 정의했다. 사업 파트너와 실없는 농담을 주고받을 수 있을까? 아닐 것이다. 하지만 어린 시절과 청년시절을 함께 보낸 친구와는 서슴없이 할 것이다. 이것을 인공지능은 못한다. 인공지능은 상상을 못하고 뒷담화를 못한다.

소설은 실패한 삶의 이야기이다. 사소하고 실없어 보이는 것을 풀어내는데 그것을 읽고 나면 우리는 꼭 뒤통수를 얻어맞은 것처럼 충격을 받는다. 스티븐 킹의 「스탠 바이 미」[146] 를 읽으면 첫 장부터 빼어난 문장에 반할 것이다. 작가는 제일 중요한 일들은 우리의 은밀한 마음속에

묻힌 곳에 너무 가까이 붙어 있기에 말하기도 어렵고 애써서 막상 끄집어내고 나면 그게 작아 보여서 실망한다고 말한다. 그리스도인이 SF나 추리소설을 읽는 일은 드물 것이다. 하지만 철학자 아르키메데스가 외친 유레카가 보여주듯 새로운 발견은 우연이 가져다줄 때가 많고 그 우연은 내가 한 번도 생각해 보지 않은 쪽으로 고개를 돌렸을 때 보게 된다. 그런 사람은 일상에서 찾아낸 작은 단서로 우리가 살아가는 삶을 꿰뚫어 본다. 시인 기형도는 '우리 동네 목사님'에서 '성경이 아니라 생활에 밑줄을 그어야 한다'고 썼다.

우리가 사는 세계는 점점 더 촘촘해질 것이다. 사회의 그물망도 촘촘해질 것이고 지식의 그물망도 촘촘해질 것이다. 이제는 지식의 양보다 그 지식이 왜 중요한지를 아는 눈이 중요해졌고, 우연히 보게 된 작은 단서를 통해 아무도 찾아내지 못한 이야기를 찾아내는 것이 중요해졌다. 스티븐 킹이 말한 것처럼 지금도 놀라운 이야기들이 사람들의 삶 속에 묻혀 있다. 누군가에게 발견되기를 기다리며.

2. 창의적 교회, 사랑받고 존경받는 공동체

존경받기보다는 부정적으로 묘사되는 교회

교회의 미래 전망이 어둡다. 어두운 것은 사회에서 그리는 이미지에서 더 선명해진다. 드라마 '오징어게임', '수리남', '더 글로리' 등의 공통점이 있다. 기독교를 부정적으로 묘사한다는 것이다. 과거 1980년대와 1990년대의 영화, 드라마 등에서는 기독교를 긍정적으로 그렸다. 과거에 섬겼던 한 교회는 드라마와 영화 등의 장면에 많이 등장했다. 대부분 긍정적인 이미지를 담기 위해 교회 전경, 성가대 찬양, 예배드리는 모습 등을 담았다. 그러나 이제는 십자가 묘사 조차도 부정적인 것을 담기 위해 사용한다. 최근에는 천주교, 불교에서의 촬영 횟수가 많다. 넷플릭스 드라마 '더 글로리'는 고등학교 시절 당한 폭력에 대한 복수극이다. 복수에 대한 설득력을 얻기 위해 기독교를 이용한다. 혹자는 세상에 기독교 비하 콘텐츠가 많아지는 것은 세상이 교회에 말을 걸어오는 것이라고 말한다. 그의 말처럼 교회에 말을 걸어오는 것일 수도 있다. 그러나 그 속에는 세상이 교회를 함부로 대해도 된다는 생각이 자리 잡고 있을 것이다.

어느 대학교 교수는 "목회자는 한국에서 유일하게 소수의 지지자만 있으면 그 자리를 버틸 수 있는 직업이다"라며 교회를 향해 비아냥거리기까지 한다. 존경받아야 할 교회가 비아냥 거리가 된 것을 교회는 심각하게 받아들여야 한다. 기업체는 그가 오너일지라도 사회 윤리와 공공성에 벗어나는 행위를 하면 그 직에서 내려온다. 하지만 목회자는 세상에 알려진 사건의 주인공이라도 소수의 지지 교인만 확보하면 그 자리에서 버틴다. 이런 행태를 세상은 받아들일 수 없다. 이런 교회의 행태가 세상이 교회를 부정적으로 보는 단초를 제공한다.

교회가 세상에서 부정적 이미지인 이유는 교회가 창의적이지 않기 때문이다. 창의적이란 말은 변화를 추구한다는 말이다. 심지어 혁신도 한다는 말이다. 교회가 창의적이었다면 교회의 현주소를 알고 이미 변화되었을 것이다. 아이들은 '변신 로봇'이라고 외치면서 로봇을 변신시킨다. 아이들이 변신 로봇을 작동시키는 창의적인 생각을 하는 것처럼 교회도 창의적인 생각을 해야 한다. 그래야 변질될 즈음에 교회 스스로 체질을 바꿀 수 있다. 또한 교회가 창의적인 생각을 했다면 이미 교회 스스로 개혁의 주체가 되었을 것이다.

교회의 환경, 창의성의 장애물

교회는 창의적이어야 한다. 그러나 교회의 현실은 창의적이지 못한 환경에 노출되어 있다. 그 결과, 창의적인 교회를 기대하기 힘들다. 세상이 교회에게 자성의 목소리, 변화의 목소리를 촉구하지만 교회는 요지

부동이다. 교회가 창의성을 발휘하기 힘든 환경의 원인은 교리적인 면에 있다. 근본주의[147] 가 대세인 한국교회는 하나님 외에는 받아들이지 않는다. 즉 '다름'을 인정하지 않는다. 인문학조차도 인본주의로 매도한다. 그러나 예수님은 개혁적이셨다.

개혁주의, 정통주의를 외치지만 속은 견고하게 근본주의 교회가 다수를 차지한다. 근본주의는 이원론으로 성스러움과 속됨을 철저하게 구분한다. 그렇다고 삶이 성스럽지는 않다. 자신만 성스럽고 다른 사람은 속된 사람이라고 했던 베드로처럼 자가당착에 빠져 있다. 근본주의 신앙인은 자기들의 것만 맞다고 강하게 주장하므로, 조금 열려 있는 신앙인의 생각조차도 틀렸다고 본다. 그리고 근본주의는 성경 외에 다른 것은 배척하는 경향이 짙다. 성경책 외에는 신앙 서적조차도 읽지 않기를 은근히 원한다. 근본주의는 하나님 외에는 받아들이지 않는다. 그럼 전도할 필요가 없다. 수도원에서 홀로 사는 편을 택해야 한다. 하지만 세상에 살면서 다른 것을 틀림으로 난도질한다. 세상 것은 틀렸다고 보니 창의적인 교회가 되기 어렵다. 창의성이란 기본적으로 융합을 통해 나온다. 근본주의를 추구하는 신앙인은 다른 성경 해석은 배제하면서, 자기만 진리의 수호자라고 생각한다. 자기들과 다른 것은 절대 받아들이지 않는다.

캐나다 밴쿠버기독교세계관대학원 교수인 최종원은 「수도회, 길을 묻다」에서 '한국의 개신교만큼 종교의 이름으로, 또 복음의 이름으로 타자를 노골적으로 배제하는 곳은 없을 것이다'[148] 라며 한국교회의 노골적인 배타성을 지적한다. 맞고 틀림의 시대를 지나, 다름의 시대가 되었다. 다름이 중요한 시대에 자기 것만 옳다고 주장하며 다른 것을 노골적으로 배제하니 다른 것을 받아들여야 만들어지는 창의성을 말할 수가 없다. 근본주의는 다른 학문은 초등학문이므로, 인문학을 말하면 상종하지 않으려 하니 융합을 통한 창의성은 애초부터 어려운 환경이다.

창의성을 갖추려면 유연성이 먼저 갖추어져야 한다. 근본주의가 자신의 교리만 정답이라고 우기니 창의성 발휘에 핵심적인 유연성을 갖출 수 없다. 창의성은 사고의 유연성, 학문의 융합이 필수이기 때문이다. 사업가는 생각의 유연성이 남다르다. 이에 대해 유영만 교수는 「폼 잡지 말고 플랫폼 잡아라」에서 이렇게 말한다. "사업가는 생각의 유연성이 중요하다. 그것은 타성에 찌든 낡은 생각 바꾸기, 떨어내기를 수시로 해야 한다. 새로운 사업 구상이 잘 어울리는 집은 기존에 경험했던 타성이 아니라, 지금껏 해 보지 않은 새로운 생각이다." 사업가만큼 유연성을 발휘해야 하는 곳이 교회이다. 교회는 세상을 리드해야 하는 조직이다. 세상을 품어야 하는 조직이다. 그럴 때 세상을 주도할 수 있다. 교회가 세상을 주도하려면 다양성을 수용할 수 있는 유연성이 갖춰져야 한다. 한국교회는 유연성이 부족하다. 우리의 모범이신 예수님의 유연성은 하늘을 찌르고도 남음이 있다. 간음하다가 잡힌 여인에게 최상의 유연성을 발휘하셨다. 율법에 묶여 있었다면 그녀는 죽어 마땅했다. 하지만 '죄 없는 자가 돌로 치라'는 당시 고착된 것을 뒤엎는 유연한 생각으로 한 생명을 살리셨다. 예수님의 유연성이 남달랐다면 교회도 유연성이 남달라야 한다. 다른 학문을 교회 안에 융합해야 한다. 다른 생각을 복음의 방편으로 삼아야 한다. 교회가 다름에 대한 유연성이 부족한 원인에는 편중된 독서에 있다. 교회는 성경 외의 책을 읽으면 신앙이 없다고 치부한다. 목회자가 인문학 책을 읽으면 목회자 자격이 없다고 일침을 놓는다.

크리에이터 김병완은 「48분 기적의 독서법」에서 '다양한 분야의 책을 읽을 때 얻게 되는 사고의 유연성과 상상력이 큰 유익을 주기 때문이다'라며 다양한 독서 경험이 사고의 유연성 확장에 도움이 됨을 강조한다. 메이지대학교 사이토 다카시 교수는 대학 강의, 방송 진행, 책 집필, 강연 등의 활동으로 책상에 잠시 앉을 틈도 없이 바쁜 일상을 보내고 있지만 절대 거르지 않는 것이 있다. 바로 '매일 책 읽기'이다. 독서를 하는 동안 생각하는 힘, 풍부한 간접 경험을 함과 동시에 나와 타인, 나아가 세상을 이해하는 유연성이 길러진다고 한다. 목회자의 갇힌 사고는 교회의 쇠퇴에 일조하고 있다. 목회자는 사고의 유연성이 필수적이고 이를 위해 하루 책 한 권을 읽는 일일 일독이 필요하다. 사고의 유연성을 갖추려면 나와 다른 것을 수용할 수 있어야 한다. 다양한 분야의 독서를 통해 그 내용을 복음에 녹여 낼 수 있어야 한다. 토론 모임과 독서토론으로 유연성을 키울 수도 있다. 독서 모임을 통해 유연한 사고를 갖기 위해 힘써야 한다.

교회가 사고의 유연성이 부족한 것에는 이유가 있다. 전문가들은 한결같이 말한다. "한 분야에 10년만 종사하면 사고가 고착된다." 사고가 고착되니 사고의 유연성이 아니라 경직된 사고를 한다. 어떤 사람은 오랫동안 한 분야를 연구하면 사고가 깊어지고 넓어짐은 물론 사고의 유연성이 최고가 될 것이라고 생각한다. 그렇지 않다. 도리어 자기 세계에 빠져 경직된 사고를 할 확률이 높다.

창의적인 교회로 가는 길, 비판 수용

한국교회가 비판을 많이 받고 있다. 하지만 그 비판을 받아들이지 못하고 있다. 오히려 비판에 대해 성경을 들먹이며 일갈한다. 그러나 교회는 세상의 비판을 겸허하게 수용해야 한다. 그럴 때 회개와 반성을 통해 창의적인 교회로 거듭날 수 있다. 교회는 세상의 비판을 겸허하게 수용해야 한다. 산업화 덕분에 교회는 큰 부흥을 이루었다. 교회 부흥에 세상도 한몫했다. 그렇다면 비판을 수용하고, 세상에 대한 태도를 배려와 나눔으로 전환해야 한다. 하지만 여전히 교회는 수적인 부흥과 건물 확장에 힘쓰고 있다. 팬데믹 이전, 팬데믹 기간, 팬데믹 이후에 세상은 교회를 향해 끊임없이 비판했다. 그러나 교회는 그 비판을 겸허히 받아들이지 않았다. 세습을 감행한 초대형 교회 중 어느 한 곳도 철회하지 않았다는 것은 비판에 대한 교회의 수용 자세를 보여준다.

영국의 종교학자인 카렌 암스트롱의 「축의 시대」[149]의 '나가는 글'에서 저자는 축의 시대 현자들을 통해서 우리가 두 가지를 배울 수 있는데, 그중 한 가지가 자기비판이라고 한다. 저자는 '축의 시대 사람들에게 믿음은 자신의 행동에 책임을 지는 것이었다. 내가 먼저 개혁하기 전에는 남의 개혁을 바랄 수 없다. 우리는 역사 속에서 십자군, 히틀러, 스탈린, 사담 후세인 등을 통해서 자기비판이 없는 믿음이나 종교가 얼마나 치명적일 수 있는지를 볼 수 있었다'라고 말한다. 한국교회는 자기비판을 거의 하지 않는다. 2007년 평양대부흥 100주년 기념식에서 옥한흠 목사가 회개를 한 것이 전부일지도 모른다.

교회가 창의적이 되려면 세상의 비판을 달가워해야 한다. 어떤 비판도 자기 발전의 계기로 삼기 위해 몸에 좋은 약은 쓰다는 심정으로 받아들여야 한다. <조선일보> 경제부 기자인 이신영은 「콘트래리언」에서 어떻게 성공적으로 위험을 감수할 수 있었는지에 관해 이야기한다. 그

다섯 가지 비밀 중 네 번째는 '남의 욕을 나의 보약으로 삼는 지혜'이다. 그녀는 10년, 20년 이상 영향력을 발휘하는 콘트래리언 Contrarian[150] 들은 확실히 다르다고 말한다. 그들은 비판이나 욕을 달게 수용하며 인정할 줄 안다. "이러저런 비판에 대해 어떻게 반응했느냐?"고 물어보면 그들은 까칠하게 "No!"라고 말하기 전에 먼저 수용하는 태도를 취한다.

인문 교육 전문가인 김종원은 「생각 공부의 힘」에서 비판에 어떻게 대처해야 하는가를 다음과 같이 말한다.

"타인의 비판에 반응하며 마음에 미움을 키우는 사람은 내 삶을 사는 사람이 아닙니다. 내 삶을 사는 사람은 누가 나를 비판하고 미워하더라도 증오가 아닌 사랑을 키웁니다. 지금 누군가가 나를 미워하고 비판한다면, 지금이 바로 내게 더 뜨거운 사랑을 줄 때입니다. 잊지 마세요. 미움은 타인의 감정이고 사랑만이 나의 감정입니다. '나는 내 감정의 주인입니다.'"

그는 비판을 받아들이는 선에서 그치지 말고 비판을 사랑하라고 한다. 비판을 사랑하기 위해 사랑의 힘을 키우라고 한다.

교회가 세상의 비판을 사랑할 힘이 없다면 "타인의 비판으로부터 나를 지킬 방법은 없다. 그저 내게 주어진 일에 충실하며 사는 게 가장 현명한 방법이다"라는 괴테의 말처럼 '주어진 일에 충실'하면 된다. 교회는 내 일에 충실하면 비판을 받을 일이 없다. 인공지능 시대에 교회는 창의적인 교회가 돼야 한다. 교회가 창의적인 교회가 되려면 가장 먼저 시작할 것이 비판에 대한 겸허한 수용이다. 그럴 때 교회는 창의성 시대에 교회의 존재감을 세상에 보여줄 수 있다.

공감, 창의적 교회의 출발점

창의적 교회가 되려면 비판을 그대로 받아들일 수 있어야 한다. 교회는 세상의 비판을 자기비판으로 여겨 변화를 이루어내야 한다. 그리고 세상이 하는 일, 세상의 변화, 세상의 발전에 대해 공감의 자세를 가져 교회도 교회만의 속도로 창의적으로 발전하는 교회가 돼야 한다. 교회는 세상에서 강조하는 창의성의 중요성에 공감해야 한다. 공감할 때 창의적 교회가 될 수 있다. 하지만 교회는 세상에 대해 공감하기보다는 교회에 대해 이러쿵저러쿵 말하지 말고 우리가 전하는 하나님의 복음만 일방적으로 받아들이라고 윽박지르기만 한다.

미국 뉴욕의 중심가인 타임스퀘어 갔더니, 20년 전 한국처럼 피켓을 들고 '예수 천국, 불신 지옥'을 외치고 있었다. 그들은 한국인들이었다. 하지만 옆에는 미국 10대들이 찬양을 통해 하나님의 사랑에 공감하고 있었다. 두 모습은 극명하게 비교되었다. 10대들의 찬양은 많은 사람이 따라 부르지만, 한국인들의 '예수 천국, 불신 지옥'은 피해 갔다. 서울에도 '예수 천국, 불신 지옥' 피켓을 들고 전도하는 사람들이 있다. 이렇게 전도하는 사람들에게 세상은 얼굴을 찡그린다. 어떤 분은 시끄럽다고 크게 소리치기도 한다. 프라이버시가 중요한 시대에 다른 방식의 전도를 하라고 말하기도 한다. 인공지능 시대에 사람들은 '예수 천국, 불신 지옥'을 외치는 전도 방식에 공감하지 못하는 것 같다. 하지만 전도자들은 하나님께서 공감하신다면 우리는 전도하겠노라며 행동으로 보여준다.

예수님이 보여주신 것은 공감 없는 일방적인 선포가 아니라 공감되는 복음적인 삶이었다. 복음적인 삶이란 십자가를 지는 자세로 살아가는 삶이다. 교회는 이제 세상의 변화에 공감하며 예수님을 닮은 삶을 통해 전도해야 한다. 사람들은 일방적인 주장은 피하려 든다. 상호간의 공감된 말과 행동을 원한다. 즉 사람들은 일방적인 이야기에 귀를 기울이지 않고 공감되는 말에 귀를 기울인다. 칼세미나에서 옥한흠 목사의 "설교는 들려야 한다"는 말은 다른 말이 아니라 교인과 공감대를 불러일으키는 설교를 해야 한다는 말이다.

일방적으로 선포하면 공감이 아니라 짜증이 난다. 일방적인 말을 들으면 졸리거나 듣기 싫어진다. 교회는 공감의 시대에 세상과 공감하기 위해 어떻게 해야 하는가를 고민해야 한다. 교회는 우리가 믿은 하나님이 너무 좋으니, 당신도 믿으라고 강요한다. 우리는 예수님이 아니다. 예수님은 어떻게 해도 사람들이 따를 수 있다. 하지만 우리는 잘못하면 사람들이 반발한다. 예수님은 베드로에게 "나를 따르라"고 하셨다. 그러자 베드로가 예수님를 따랐다. 현대는 공감하지 않으면 움직이지 않기에 따르라고 말하기 전에 먼저 공감부터 해야 한다. 영화 '교섭'은 아프가니스탄에서 선교한 샘물교회의 문제를 다룬다. 당시 한국교회 선교는 일방적인 선포였다. 하나님이 가라고 한다면 사지로 내몰려도 갔다. 하지만 사람들은 그런 무모한 행동을 도저히 이해할 수 없었다. 교회는 사망한 단기선교팀 사람들을 '순교'라는 이름으로 찬양했다. 하지만 세상은 그렇게 생각하지 않았다. 그 이후부터 교회 전도가 막힌 것을 알고 있는가?

클래식 크리에이터인 나웅준은 「퇴근길 클래식 수업」의 'Part 2. 이야기로 즐기는 클래식 음악사'에서 음악사를 르네상스 시대, 바로크 시대, 고전주의 시대, 낭만주의 시대로 구분한다. 특히, 고전주의 시대 클래식의 기본적인 규칙이 있다 '공감을 불러일으켜야 한다'는 것이다. 고전주의 시대 음악은 공감을 불러일으키기 위해 다수를 위한 보편적인 음악을 만들어 유행시켰다. 다수의 공감을 일으켜야 음악가들이 경제활동이 가능해지고 부와 명성을 누릴 수 있기 때문이었다. 그는 '어떻게 해야 공감이 가능할까?'라는 질문에서 베토벤의 음악을 예로 든다. 베토벤은 자신의 '교향곡 9번 합창' Choral 에서 인류의 평화와 사랑을 음악의 소재로 사용했으며, '교향곡 6번 전원' Pastoral 에서는 자연을 노래했다. 또한 '교향곡 3번 영웅' Eroica 에서는 자신이 생각하는 영웅을 음악으로 묘사했다. 하이든은 100개가 넘는 교향곡을 작곡했는데 '군대', '놀람', '런던' 등은 모두 개인적인 주제라기보다는 다수가 이해하고 공감할 수 있는 주제였다고 말한다. 그는 이 책을 이렇게 결론짓는다. '결국 음악 용어는 작곡가들이 만든 암호가 아닌 자신의 음악을 좀 더 편하고 정확하게 타인이 연주하도록 알려주는 기호다'라고. 음악가가 음악을 하는 목적은 사람들과 공감하는 데 있다. 그렇다면 교회의 존재 목적도 사람들과 공감하는 데 두어야 한다. 그럴 때 세상도 교회가 하는 일에 공감하게 된다.

원태연은 「고양이와 선인장」에서 '공감'을 이렇게 정의한다. '남의 감정, 의견, 주장 따위에 대해 자기도 그렇다고 느끼는 것, 또는 그렇게 느끼는 기분이다.' 이 책에서 고양이의 이름은 '외로워'이고 선인장의 이음은 '땡큐'다. 둘은 외롭다. 둘의 관계에서 고양이는 선인장에게 위로를 준다. 선인장은 고양이를 보는 것만으로도 위로를 받는다. 고양이가 선인장의 슬픈 기억을 잊게 해 주기 때문이다. 고양이는 알지 못했다. 선인장에게 위로가 되는 존재라는 것을. 고양이는 선인장을 보고 싶어 왔지만 뻘쭘해 주춤한다. 그 순간, 선인장의 한마디에 고양이는 쾌재를 부른다. 고양이와 선인장은 서로의 외로움을 공감하는 사이다. 그 외로움이 상대방에게 전해지면 아픔도 잊게 된다. 공감은 상대방을 인정하는 것이기 때문이다. 자존감이 외로움도 상대방에 대한 기대로 변하게 하는 것이다. 그렇게 고양이 외로워와 선인장 땡큐는 1초를 10년보다 길게 느끼게 된다. 원래 고양이와 선인장은 공감할 수 없는 사이다. 교회와 세상은 공감할 수 있는 사이다. 공감할 수 없는 사이인 고양이와 선인장이 공감한다면 공감할 수 있는 사이인 교회는 세상과 공감하려 들어야 한다. 그러면 세상의 변화를 보고 교회도 변화를 추구해 미래를 위해 존재할 수 있는 창의적인 교회가 된다.

사랑받고 존경받는 교회는 태도가 결정한다

창의적 교회가 되려면 비판을 그대로 받아들일 수 있어야 한다. 창의적 교회가 되려면 세상과 공감하는 교회가 돼야 한다. 마지막으로, 창의적 교회가 되려면 교회의 태도가 세상보다 좋아야 한다. 창의적이기 힘든 교회가 창의적인 교회가 되면 세상은 교회를 다시 생각하게 된다. 그리고 교회를 유심히 살펴본다. 비판에서 칭찬으로 바뀐다. 세상도 창의적인 시대에 교회가 어떻게 창의성을 길렀는가를 배우려 할 것이다. 그럼 저절로 교회는 사랑받고 존경을 받는 교회가 된다. 창의적인 교회는 평범한 교회가 아니라 비범한 교회의 모습을 보여준다. 교회가 세상으로부터 외면당하는 이유는 교회다운 모습보다는 무조건 교회의 명령에 복종하는 모습을 주로 보여주었기 때문이다. 어떤 사람은 교회가 군대보다 민주화되지 못했다고 말한다. 이 말에 일정 부분 동의를 한다. 군대도 자율적으로 바뀌었는데 교회 안에는 아직도 비자율적인 모습이 많다. 담임목사나 당회의 한마디에 전 교인이 일사불란하게 움직이지 않으면 하나님께 순종하지 않는다며 신앙이 없다고 나무란다. 이처럼 군대보다 자율적이지 않은 교회를 세상이 좋아할 수 있을까? MZ세대가 교회를 무조건적으로 사랑할 수 있을까? 창의성은 자율적인 분위기에서 나오므로 비자율적인 교회의 모습이 여전하다면 창의적인 교회가 될 수 없다.

창의적인 교회가 되려면 예수님처럼 비범해야 한다. 그리고 자기만족도를 낮추면 안 된다. 즉 기준을 낮추면 안 된다. 창의적인 것, 비범한 것 등 존경과 사랑을 받으려면 그 기준을 낮추지 않아야 한다. 예수님처럼 기준을 높여야 한다. 세상이 보기에 교회는 기준이 낮아도 너무 낮다. 그러니 창의적인 교회가 될 수 없다. 스티브 잡스가 싫어한 말이 있다. "이 정도면 충분해"라는 말이다. 그는 이 말을 지독히 싫어했다. 헨리 키신저 미국 국무장관은 끊임없이 더 많은 것을 요구하는 상사였다. 그가 일을 맡긴 사람에게 요구한 것이 있다. "이게 자네가 할 수 있는 최선인가?"이다. 그가 닉슨의 안보 자문으로 있을 때 그는 보좌관 중 한 명에게 성명서를 쓰게 했다. 보좌관은 수일이 걸려 성명서를 완성했다. 이만하면 됐다 싶었을 때 상사에게 내밀었고, 키신저는 고맙다고 하면서 저녁때 읽어 보겠다고 했다. 다음날 키신저는 그 보좌관을 불러 성명서를 돌려주면서 이렇게 물었다. "이게 자네가 할 수 있는 최선인가?"[151] 깜짝 놀라고 약간 당황한 보좌관은 조금 더 잘할 수 있을 것 같다고 대답했다. 그리고 다른 계획을 모두 취소한 채, 며칠을 고심해 성명서를 다시 썼다. 수정된 성명서에 대한 키신저의 반응은 똑같았다. "이게 자네가 할 수 있는 최선인가?" 보좌관은 기절할 듯이 놀랐고 굴욕감을 느꼈다. 그는 다시 한번 기회를 달라고 부탁하며 이번에 훨씬 잘 써 오겠다고 맹세했다. 며칠 후 보좌관은 세 번째 성명서를 내밀었다. 보좌관이 자리를 뜨기 전에 키신저가 물었다. "이게 자네가 할 수 있는 최선인가?" 보좌관은 "네 그렇습니다. 정말로 제가 할 수 있는 최선입니다"라고 대답했다. 그러자 키신저는 이렇게 말했다. "좋아, 그러면 이제 읽어 보겠네."

창의적인 교회, 사랑받고 존경받는 교회가 되려면 '이 정도면 충분해'를 버려야 한다. 그리고 "이게 자네가 할 수 있는 최선인가?"에 답을 할 수 있어야 한다. 누군가에게 들은 말 중에 이런 말이 있다. "자기 일에 책임을 다하지 않는 사람과는 관계를 맺고 싶지 않습니다." 교회가 창의적이지 않은 조직이라는 사실은 세상이 교회와 관계를 맺고 싶지 않게 만든다. 세상이 관계를 맺고 싶은 교회가 되려면, 교회의 창의성을 가로막고 존경과 사랑받음에 걸림돌이 되는 '안주하고자 함'을 버려야 한다. 안주하고자 하면 나태함이 뒤따른다. 2003년 발레리나 강수진은 어느 인터뷰에서 이런 질문을 받았다. "간혹 나태해질 때도 있으실 텐데, 그럴 땐 어떻게 하시나요?"이에 대한 그녀의 대답은 "지난 30년 동안 적게는 하루에 열다섯 시간, 많게는 열아홉 시간 이상 연습을 지속했습니다"였다. 그녀의 이 말은 믿기 힘들었다. 하지만 그녀의 대답은 단호했다. "나태해질 때가 없는데요. 전 한순간도 나태한 적이 없어요. 기본적으로 인간에겐 나태할 자격 자체가 없습니다. 인간이라는 무한한 능력을 갖춘 존재가 나태해지면 안 되죠. 나태해지지 않는 것은 자신의 삶에 대한 최소한의 예의입니다."

교회가 나태해진 모습을 보이는 것은 예수님에 대한 예의가 아니다. 그리고 예수님을 모독한다고도 할 수도 있다. 예수님은 공생애 기간에 나태한 모습을 보인 적이 없으시다. 피곤하고 잠을 잘 시간이 없었지만 예수님의 삶에서 나태함은 찾아볼 수 없다. 창의적인 교회가 되려면, 나태함을 버려야 한다. 사막 교부들은 나태를 '정오의 마귀'라고 불렀다. 나태는 실질적 영원한 문제들에 대한 무관심, 또는 무심함으로 나타나기 때문이다. 나태함은 무관심이나 무심으로 그치지 않는다.[152] 예수님의 순교 정신과도 배치된다. 순교 정신을 갖고 있다면 나태할 수 없다. 나태함은 순교 정신과 배치된다. 창의적, 존경받음, 사랑받음은 교회가 어떤 태도를 보여주느냐에 따라 결정된다. 교회는 결코 안주함, 나태함의 모습을 보이면 안 된다. 도리어 비범함의 모습을 보여 창의적인 교회가 되어야 한다. 세상이 창의성을 본받고 싶어 하는 교회가 되어야 한다.

교회는 2024년 굿 크리스천 운동을 펼쳐야 한다

교회는 '바이럴 셰어링' Viral sharing 을 잘하는가? 맥킨지 연구에 따르면 구매 결정의 20-50%는 입소문으로부터 이뤄진다고 한다. 바이럴 셰어링에 관한 선구자적인 과학자인 조나 버거가 말했듯이 구매 결정에는 '입소문에 살고 입소문에 죽는다'[153] 라는 말이 적용된다. 교회는 세상에서 좋은 쪽으로 입소문이 나지 않았다. 안 좋은 쪽으로 입소문이 났다. 이를 바꾸어야 한다. 교회가 좋은 소문이 나려면 '정직'해야 한다. 교회에 관련된 입소문을 결정짓는 것이 '정직'이기 때문이다. 세상은 정직할 수 없다. 하지만 교회는 정직할 수 있다. 하나님께서 정직하시기 때문이다. 교회가 정직하다는 입소문이 중요한 이유가 있다. "사람들은 다른 사람들이 좋아하는 것을 좋아하는 경향이 있다"[154] 는 말 때문이다.

교회에 대한 사람들의 바이럴 셰어링은 '좋지 않은, 함께하기 싫음, 혐오, 성직 매매' 등이다. 이런 바이럴 셰어링 때문에 세상은 크리스천을 좋게 평가하지 않는다. 최근에는 부쩍 교인들에게 냉소적이다. 교회를 다닌다고 하면 가까이하려고 하지 않는다. 이런 분위기에서는 교인들의 사회생활이 불편하다. 사회생활은 물론 학교생활도 힘들다. 이를 바꾸려면 교회가 진리를 담은 교회가 돼야 한다. 즉 '정직한 교회'가 되어야 한다. 정직한 교인이 '굿 크리스천'이다. 팬데믹으로 배드 Bad 크리스천이 되었다면, 2024년에는 '굿 크리스천'이 돼야 한다. 그러므로 2024년에 교회는 굿 크리스천 운동을 펼쳐야 한다. 굿 Good 은 '좋은', '기쁜', '선 善'이란 뜻이다. '굿 크리스천'은 '정직한' 크리스천이다. 하나님은 정직하시다. 그렇다면 크리스천도 정직해야 한다. 성경은 이를 '여호와의 말씀은 정직하며 그가 행하시는 일은 다 진실하시도다'[155] 와 '정직하게 행하는 자는 여호와를 경외하여도 패역하게 행하는 자는 여호와를 경멸하느니라'[156] 는 말씀으로 증언한다. 크리스천이 정직해야 하는 이유가 있다. '이 세상에서 사람의 눈치를 보지 않고 가장 정직하게 말씀하시는 분은 오직 하나님이기 때문이다.'[157]

주중대사 김하중은 「하나님의 대사」의 '에필로그'에서 크리스천이 정직하지 못한 것은 '하나님이 살아 계시는 걸 모르거나 혹은 하나님이 살아 계시는 것은 알지만 마음으로 확신할 수 없기 때문이다'라고 한다. 한근태는 「일생에 한 번 고수를 만나라」에서 '이익보다 사람을 남겨라'는 글에서 정직을 은행의 예금통장으로 표현한다. '정직은 은행의 예금통장과 같다. 정직은 신용과 믿음이라는 확실한 이자를 남긴다. 오래 쌓은 신용은 다른 사람이 훔쳐 갈 수도, 빼앗을 수도 없는 성공의 필수 요소이며 큰 밑천이 된다.' 장석주는 「가만히 혼자 웃고 싶은 오후」에서 정직하지 않은 사회를 미친 사회라고 한다. '정직한 이들이 실패하고, 바퀴벌레와 악인들이 득세한다면 이건 미친 사회'다. 소설가 조지프 헬러는 '성자는 타락하고, 중책을 맡은 사람은 이익을 위해 영혼을 판다'라고 했다. 바로 우리 현실을 콕 집어 얘기하는 것 아닌가? 강한 자가 약한 자의 것을 빼앗고, 돈이 돈을 불리는 세상은 뻔뻔함과 악덕들이 활개를 치는, 정의가 실종된 사회다. 정직한 가난을 덕이라고 찬미했던 스스로를 돌아보지 않을 수 없었다. 미안하구나 후배여, 부디 살아남아라. 살아 있다면 아직 기회가 있다. 살아 있음을 즐거워하고, 그것을 자축하라. 실패가 성장을 위한 훌륭한 디딤돌이라는 것을 기억하라. 높이 날고자 한다면 걷는 법을 잊지 마라. 성공은 더 많은 실패를 먹고 자란다. 그러니 더 멋진 인생을 위해 더 잘 실패하라. 그 실패에 지지 말고 실패를 딛고 일어서라.

교회는 미친 교회는 아닌가? 미친 교회가 되지 않고, 좋은 교회, 굿 크리스천이 되려면 정직으로 휘감겨야 한다. 교회가 정직하면 세상도 정직해진다. 한 나라의 성숙도는 정직함에서 나온다고 셰익스피어가 말한다.

"무엇보다 너 자신에게 진실하여라, 그러면 밤이 낮을 따르듯 남에게 거짓될 수 없는 법이다."

정직한 교회! 정직한 크리스천! 2024년부터 교회가 펼쳐야 할 운동이다.

3. 창의적 개척, 교회론으로 교회를 디자인하라

이제는 'How'가 아닌 'Why'로

생각지 못한 기회로 티켓을 구해 타이타닉호에 올라탄 화가 잭 레오나르도 디카프리오 분 은 막강한 재력을 가진 약혼자와 함께 승선한 로즈 케이트 윈슬렛 분 를 보고 첫눈에 반한다. 계약 결혼이 아닌 진실한 사랑을 꿈꾸던 로즈 역시 잭을 만나 운명 같은 사랑에 빠진다. 서로의 사랑을 확인하던 어느 날, 타이타닉호는 빙산에 부딪히고 배는 침몰하기 시작한다. 어떻게든 살아보려고 애썼지만 끝내 잭과 로즈는 바다로 떨어진다. 북대서양의 차가운 밤바다 위에 뜬 사람들은 살기 위한 사투를 벌이고 잭은 나뭇조각을 찾아내서 로즈를 그 위에 올려준다. 잭 자신은 올라갈 공간이 없어 차가운 바다에 들어간 채 상체만 매달려 있다. 그 상황에서도 잭은 농담으로 로즈의 긴장을 풀어주려 애쓰면서 '삶을 포기하지 말라'고 당부한다. 그리고 잭은 로즈에게 마지막 말을 전한다. "이 배의 탑승권을 따낸 건 내 인생 최고의 행운이었어. 당신을 만났으니까. 제발 내 부탁을 들어줘. 꼭 살아남겠다고 약속해. 절대 포기하지 않을 거라고."

로즈의 정신이 가물거리는 사이 어느새 잭의 모습은 보이지 않는다. 로즈는 끝없이 잭을 불러 보지만 대답은 없었다. 저 멀리서 사람 구하는 배 한 척이 다가왔다. 잭과의 약속을 지키기 위해 로즈는 모든 노력을 다해 호루라기를 불며 손을 흔들었다. 구조된 로즈에게 경찰이 이름을 묻는다. 그녀는 대답했다. "로즈 도슨!" 세월이 흐른 후 바닷속 깊숙한 곳에 침몰한 타이타닉호를 찾기 위해 바다를 달리는 탐사선과 함께 탑승한, 이제 할머니가 된 로즈가 자신의 가슴속에 담아 둔 옛이야기를 끝낸다. "이제 여러분들은 잭을 알게 됐어요. 날 구하고 내 영혼의 자유까지 구한 사람을요. 그 사람은 세상에 사진 한 장도 없으니 오직 나에게만 존재하는 거죠."

탐사선이 잭이 가라앉은 곳에 다다른 깊은 저녁, 로즈는 지금껏 지니고 있던 블루다이아몬드를 바다에 던져 버린다. 그리고 깊은 잠에 빠져든다. 꿈속에서 그리던 잭과 재회한다.

지난 2월, 세 번째 재개봉을 한 영화 '타이타닉'의 줄거리다. 전 세계 영화 역사상 두 번째의 흥행 기록을 세운 영화였고 주제곡인 'My Heart Will Go On' 역시 지금도 큰 인기를 얻고 있다. 세계에서 가장 큰 배라는 타이틀을 가지고 1,500여 명의 승객을 태운 채 1912년 처녀 항해를 떠난 타이타닉은 빙산에 부딪혀 북대서양에 침몰한다. 이 비극적인 사건은 그러나 영화 '타이타닉'으로 우리의 가슴속에 다시 숭고한 러브스토리로 각인되었다.

한국교회에게 지난 3년여의 시간은 마치 북대서양의 컴컴한 밤처럼 어둠 속을 헤매는 듯 느껴졌다. 그러다가 빙산에 부딪혀 난파당한 것과 같은 상황에 몰렸다. 무려 1만 개의 교회가 예배를 드리지 못하게 된 상태가 그것을 보여준다.[158] 2023년 7월의 각 교회 예배 회복률은 74%에 이른다고 목회데이터연구소의 통계는 말한다. 코로나 상황 중에 예배를 중단했다고 추정되는 1만 개 교회는 어떻게 되었을까? 만약 정말로 그 교회들이 모두 문을 닫은 것이라면? 단순 적용은 문제가 많지만 그중 74% 정도만 회복되었다면 어떨까? 어쨌든 26%의 교회는 사라진 것이다. 이렇게 생각하나 저렇게 생각하나 심각한 상황인 것은 틀림없다. 그래서 영화 속 잭의 대사가 마치 예수님이 우리에게 말씀하시는 것처럼 느껴진다.

"제발 내 부탁을 들어줘. 꼭 살아남겠다고 약속해. 절대 포기하지 않을 거라고."

많은 교회가 코로나 상황을 지나면서 문을 닫았다면 이제 다시 시작해야 한다. 새로운 교회를 다시 세워야 한다는 것이다. 문을 닫았던 교회는 다시 시작해야 하고 존재하지 않던 교회도 새롭게 개척되어야 한다. 주님 주신 사명이기 때문이다. 교회를 다시 시작해야 한다면, 또 새롭게 교회를 개척해야 한다면, 창의적 교회가 되어야 한다. 이전에 없던 사역, 이전에 하지 못했던 일들을 해내는 교회가 되어야 한다는 말이다. 문제는 항상 어떻게 해야 하느냐, 즉 'How'에 있다고 한다. 많은 사람이 방법을 이야기한다. 그러나 지금은 왜 Why 교회를 해야 하는지에 집중해야 할 때다. 다시 말해 교회가 무엇인지에 집중해야 한다는 것이다. 교회가 무엇인지, 다시 말해 교회론에 집중할 때 교회를 해야 할 이유도, 그 창의적 방법도 자연스럽게 드러날 수 있기 때문이다.

교회의 비밀

복음은 감추어진 비밀이기에 에베소서를 '그리스도의 비밀이자 교회의 비밀'이라고 부른다. 바울은 에베소서를 기록한 목적을 '자신이 성령의 계시로 깨달은 그리스도의 비밀인 교회의 비밀을 에베소서를 읽는 독자들도 깨닫게 하려함'이라고 기록하고 있다. 바울이 깨달은 그리스도의 비밀은 이방인과 유대인이 그리스도 예수 안에서 함께 상속자가 되고, 함께 지체가 되고, 함께 약속에 참여하는 자가 되어, 그리스도의 비밀을 아직도 모르는 사람들에게 그리스도의 풍성함을 '전하는' 것이다. 이것이 첫째다. 둘째는 하나님 속에 감추어진 비밀의 경륜을 세상에 '드러내게' 하려는 것이다.[159] 예수 그리스도의 복음을 전하고, 하나님의 거룩을 세상에 드러내기 위하여 교회를 세우신 것이 교회의 비밀인 것이다.

복음에는 양면성이 있다. 동전이 양면으로 되어 있듯이 복음도 한쪽만 있으면 복음의 가치를 잃어버린다. 복음의 한쪽 면만 가르치고 다른 한쪽을 무시한다면 반쪽 복음이 되고 말 것이다. 우리가 물어야 할 근본적인 두 개의 질문 중 첫째는 "어떻게 죄인이 구원받아 하나님의 거룩한 자녀가 될 수 있는가?"라는 신분의 변화에 대한 것이다. 둘째는 "어떻게 구원받은 사람이 완전하신 하나님의 거룩한 삶을 살 수 있을까?"로 행위의 변화에 초점이 있다. 전자는 '전하는 것' εὐαγγελίζω 이고, 후자는 '드러내는 것' φωτίζω 이다. 즉, 아담 안에서 출생한 본질상 진노의 자녀인 우리가 예수 그리스도 안에서 다시 태어나 예수와 하나 되고, 예수 안에서 지체와 지체가 연합하여 하나님의 거룩을 땅끝까지 전하고 드러내어 땅의 축복을 이루어 가는 것이다. 그러므로 교회는 '구원- 공동체- 땅의 축복'의 원리 위에 세워져야 한다.

우리를 구원하시기 위하여 예수님이 죽으셨다. 예수 안에서 한 몸 된 공동체를 세우기 위해서는 나 역시 죽어야 한다. 이는 곧 죽음과 죽음이 만나는 죽음의 이중성의 원리를 이루어 가는 것이다. 이때 아브라함에게 약속하신 땅의 축복을 언약으로 주신다. 그런데 어떻게 불완전하고 제한된 한계를 가진 인간이 완전하신 하나님의 거룩을 드러낼 수 있을까? 그 비밀은 '연합'에 있다. 혼자서는 할 수 없다. 구원받아 그리스도 몸의 지체가 된 성도들의 지체와 지체가 연합함으로, 완전하신 하나님의 거룩을 불완전한 인간이 세상에 전하고 드러내는 것이다. 연합할 때 우리는 서로의 부족한 것을 채워주며, 벗었으나 부끄럽지 않은 삶을 살아갈 수 있다. 이것이 결혼의 비밀이며, 그리스도의 비밀인 교회의 비밀인 것이다.

예수께서는 2000년 전에 자신의 몸을 십자가에서 깨뜨리시고 죽음, 부활, 승천하셨다. 그리고 약속하신 성령의 강림과 함께 이 땅에 주님의 교회가 탄생했다. 교회는 예수 그리스도의 재 성육신이며, 예수께서 이 땅에 남겨두신 주님의 몸이다. 그리스도의 몸인 교회는 조직체와 유기체와 공동체로 교회의 머리는 예수 그리스도이며 모든 성도는 그 몸의 지체이다. 지체의 생명은 서로 붙어 있는 연합에 있다. 교회는 건물이 아니라 사람이다. 건물이 필요한 이유는 사람을 세우기 위한 것이지 사람이 건물을 위한 소모품이 되어서는 안 된다.

「기억상실증에 걸린 교회」를 쓴 마이클 그리피스는 서문에서 교회가 무엇인지 모르고 교회를 다니고 있기 때문에 능력 없는 그리스도인이 되고 만다고 한다. 교회를 왜 다녀야 하는지 모르고 교회에 다니고, 교회의 정체성을 모르고 교회에 다닌다. 그러니 교회는 단순히 천국 가기 위한 정거장이 된다. 그러니까 단순히 예배만 드리는 예배주의자로 머물게 된다는 것이다. 이로써 교회는 장사하는 집이 되고 하나님의 거룩도, 성령의 능력도 상실한다. 결과적으로 '예수는 좋은데 교회는 싫다'며 교회 밖의 사람들이 걱정하는 교회가 되어 가고 있다. 성도들은 서로 협력하고 상합 相合 하여 한 몸 공동체를 세워 가는 것이 아니라, 서로 경쟁하며 주님의 교회를 개인의 전시장으로 만들어 간다. 예수께서는 세상에 계실 때 헤롯성전을 보시고 "이 성전을 헐고 내가 3일 만에 다시 세우리라"고 말씀하셨다.[160] 예언하신 대로 유대인의 자존심이었던 헤롯성전은 돌 위에 돌 하나도 남김없이 무너졌다.

그리스도인들이 교회생활에 대해 무기력함을 느끼는 이유가 무엇인가? 그것은 교회가 교회론을 제대로 가르치지 못했기 때문이다. 그 결과, 교회 다니는 일에는 열심이지만 주님의 몸인 교회를 세우는 처치 플랜터 Church planter 가 되지 못하고 있다.

교회의 일생

창세기부터 여호수아까지 6권의 책은 하나님의 구속사인 동시에 교회의 일생을 계시하고 있다. 창세기의 주제는 '인간 실패'다. 하나님의 형상대로 지음받은 아담은 보시기에 좋은 세상인 하나님의 나라를 위임받았지만 하나님을 흉내 내다 실패했다. 하나님을 섬겨야 할 백성들이 바로를 섬기고 약속의 땅을 잃어버리고 애굽에서 자유를 빼앗긴 노예로 사는 실패자가 된 것이다. 두 번째 책인 출애굽기는 실패한 인간을 '구원'하는 이야기다. 구원의 목적은 '내 백성을 삼으시고 하나님을 섬기게 하려 함이다.[161] 그러나 430년 동안 애굽에서 노예의 삶을 살았던 이스라엘은 하나님을 섬기는 법을 알지 못했다. 그들은 애굽 신을 섬기는 방법으로 하나님을 섬기려 했다.[162] 하나님은 하나님의 방법대로 섬겨야 한다. 그 방법을 가르쳐 주는 것이 세 번째 책인 레위기다. 주제는 '거룩'이다.[163] 개인이 하나님을 섬기는 법을 5대 제사로, 공동체가 하나님을 섬기는 방법을 7대 절기로 제시해 거룩하게 되는 규례를 말씀하셨다. 네 번째 책인 민수기는 애굽에서 나온 후 12지파의 인구조사와 40년 광야의 과정을 통과하고 약속의 땅 가나안에 들어가는 여정을 그린다. 이 책은 광야생활을 하는 각 지파 사람들의 숫자를 셈하는 '훈련'이 주제다. 훈련에 통과한 사람들은 하나님의 말씀에 절대적인 '순종'하는 삶을 살아간다. 이것이 다섯 번째 책인 신명기의 주제이다. 여섯 번째 책인 여호수아의 주제는 '정복'으로 순종하는 사람들을 통해 약속의 땅을 '정복'하게 하심을 보여준다.

예수님은 교회로 하여금 실패한 인간을 구원하여 거룩하신 하나님을 섬기는 예배자로 세우신다. 그리고 예수 그리스도를 모르는 사람들에게 이 복된 소식을 전하고 드러내는 섬김을 감당하게 하신다. 더불어 그들 역시 섬김을 받는 하나님의 백성으로 세워지도록 가르치고 훈련하신다. 그래서 교회는 언약의 말씀대로 순종하는 야훼공동체인 하나님의 나라를 세워 가야 한다. 이렇게 세워지는 교회는 땅을 정복하는 주님의 교회로 세워져 가는 것이다. '실패-구원-거룩-훈련-순종-정복'이 하나님의 구속사이며 교회의 일생이다.

교회를 세우는 원리

한 사람의 죄인이 구원받아 의인이 되는 하나님의 의 義 는 출발 From 도 믿음이고, 과정도 믿음이고, 종착 To 도 믿음이다. 믿음으로 구원받고 믿음으로 살고 믿음으로 완성된다. 믿음은 일회용이 아니라 연속성을 가지고 있다. 오직 의인은 믿음으로 말미암아 산다.[164] 오직 의인의 삶은 믿음에 이르게 하는 연속성의 믿음으로 말미암아 사는 삶이다. 그러므로 예수를 믿는다는 것은, 믿음으로 시작하며 믿음의 과정을 따르는 믿음의 원리가 있고 그 원리를 따라 믿음으로 사는 것이다. 이 믿음의 원리를 모르면 믿음을 따라 바르게 살지 못한다. 오히려 종교적 행위에만 몰두하게 되며 복음을 위해 사는 자가 될 수 없고 주님이 만드신 주님의 교회를 세울 수도 없다. 우리는 믿음의 원리를 따라 바르게 살도록 부르심을 받은 사람이다. 로마서의 복음은 이 믿음의 원리를 다룬다. 로마서에서는 다음 5가지로 믿음의 원리를 제시한다.

* 믿음의 제1원리는 '출생의 비밀'이다. 인류는 아담과 예수 그리스도 두 사람으로 설명된다. 모든 인류는 아담 안에서 태어났다. 아담 안에서 태어난 사람은 예수 안에서 다시 태어나야 한다. 이것이 출생의 비밀이다.

* 믿음의 제2원리는 '연합의 비밀'이다. 인류는 유대인과 이방인 두 종족으로 볼 수 있다. 그리고 도저히 하나 될 수 없었던 유대인과 이방인이 하나 되는 연합의 원리를 제시한다.

* 믿음의 제3원리는 '고난의 비밀'이다. 우리는 죄의 결과로부터는 해방되었다. 하지만 우리 몸에 죄의 세력은 여전히 남아있다. 죄의 세력으로부터 자유하기 위해서는 고난을 통과해야 한다. 그러면서 '내가 아닙니다. 주님이십니다. 내 속에는 선한 것이 하나도 없습니다'라고 내가 부인된다. 고난의 학교를 거치면서 마침내 신음 소리를 토해내는 것이다. 내가 부인되고 하나님을 신뢰하며 예수 안에서 한 몸 된 공동체를 세워 가는 원리다.

* 믿음의 제4원리는 '섭리의 비밀'이다. 하나님은 고난의 소용돌이 속에서도 구름과 불기둥으로 인도하신다. 만나와 메추라기로 먹이신다. 하나님을 사랑하는 자 곧 그 뜻대로 부르심을 받은 자들에게 합력하여 선을 이루신다. 이런 하나님의 낯선 사랑으로 마침내 율법학교를 수료하게 하신다. 그래서 성령을 좇아 행하게 하는 삶으로 인도하시는 것이다.

* 믿음의 제5원리는 '성령의 비밀'이다. 성령이 우리를 인도하시고 우리는 성령을 좇아 행한다. 성령이 인도하시면 성령의 열매를 맺고, 성령의 열매를 맺으면 성령으로 사는 삶이 된다.

바울서신 13권 중에서 복음의 원리를 가장 체계적으로 기록한 것이 로마서다. 바울이 에베소에서 3년, 고린도에서 1년 반 동안 가르쳤을 때 바로 이 믿음의 원리를 가르쳤을 것이다. 거기서 돌아와서 에베소교회에 문제가 생겼을 때 쓴 것이 에베소서의 교회론이다. 주님의 교회를 세우는 처치 플랜터가 되기 위해서는 로마서의 5가지 믿음의 원리를 따라 바르게 살아야만 한다. 그러기 위해서는 사도적 배움의 정신과 제사장적 섬김의 삶과 복음에 빚진 증인의 책임이 있어야 한다. 주님이 디자인하신 주님의 교회는 반드시 이 믿음의 원리 위에서 세워져 간다.

교회를 세우는 사람

믿음의 원리를 따라 교회를 세우는 하나님 나라 백성의 원리를 가장 원시적으로 보여주는 것이 창세기다. '여호와 하나님이 흙으로 사람을 지으시고 생기를 그 코에 불어넣으시니 사람이 생령이 된지라' 창 2:7. 흙은 히브리어 아다마 אדמה 로 번역하면 '땅에 속한 티끌, 없음'이다. 없음인 흙에 생기 네쉬마, נשמה 를 불어넣으니 사람이 생령 Living being, 살아있는 자가 된 것이다. 이것이 하나님 나라 백성의 탄생 원리다. 그러므로 생령이 없으면 살아 있으나 산 자가 아니다. 그냥 '없음'인 흙인 것이다. 신학적으로 표현하면 '아무것도 할 수 없는 빈 그릇인 나에게 생기인 그리스도의 피가 부어지고 채워질 때, 비로소 생명 있는 산 자, 있음의 존재가 된다'는 것이다. 신앙적으로는 죄인 된 인간은 예수를 믿어야만 하늘나라 백성이 될 수 있다는 것이다.

이것을 구체적으로 설명해 주는 '설명 교재'가 선악과다. 선악과는 '선악을 판단하는 힘을 가진 나무의 열매'라는 의미다. 선악을 분별하는 사람은 통치자, 경영자, 재판관을 의미한다. 그러므로 아담이 선악과를 따서 먹었다는 것은 단순히 금지된 열매를 먹었다는 것이 아니다. 인간이 '선악을 판단하는 주체'가 되겠다는 것이다. 그러므로 선악과를 먹은 후, 아담은 스스로 통치자, 경영자, 재판관이 되어 버린 것이다. 통치자, 경영자, 재판관은 오직 하나님 한 분이시다. 그러므로 선악과를 먹으려고 한 것은 피조물이 창조주 하나님을 흉내 낸 것이다. 그리고 먹었다는 것은 하나님의 자리를 찬탈한 것이다. 이게 원죄 原罪 이다.

'내가 선악을 판단하겠다'는 것은 '나도 하나님처럼 되겠다'라는 것이다. 절대로 넘어서는 않되는 경계선이었다. 경계선을 넘으면 반드시 죽일 수밖에 없다. 사람은 흙이다. 사람에게는 선악을 분별하는 권한과 능력을 주시지 않았다. 사람에게는 통치하고 경영하며 재판하는 권한이 없다. 그렇다면, 통치, 경영, 재판할 수 있는 능력도 주시지 않고 책임을 주신 것인가? '하나님이 그들에게 아담 복을 주시며 하나님이 그들에게 생육하고 번성하여 땅에 충만하라, 땅을 정복하라, 바다의 물고기와 하늘의 새와 땅에 움직이는 모든 생물을 다스리라 하시니라' 창 1:28. 선악을 분별하는 능력이 없는 '흙'인 인간은 충만, 정복, 다스리는 주인이 될 수 없는 존재다. 이것을 하나님도 알고, 아담도 알고 있다. 그런데 어떻게 아담에게 '네가 이제부터 창조주 하나님을 대신하여 통치, 경영, 재판하는 주인이 되라'고 모든 것을 위임해 주셨는가?

이것이 하늘나라 왕의 통치 방법이다. 하늘나라 왕은 땅의 나라 왕들과 통치 방법이 다르다. 하늘나라는 '선악을 판단할 수 없는 흙'인 인간에게 하나님이 선악을 분별하는 능력을 부어 주셔서 그 능력으로 충만, 정복, 다스리는 주인이 되게 하시는 것이다. 흙의 사람이 되면 창조주 하나님이 능력을 부어 주시는 것이다. 없음의 자리로 내려가면 있음이신 하나님께서 그분의 능력으로 채워 주신다. 그리고 그 능력으로 다스리는 주인이 되게 하시는 것이다. 비우면 채우시는 법칙이다. 예수님께서 산상수훈의 결론을 '섬김을 받기 원하면 네가 먼저 섬겨야 한다'[165]고 말씀하셨다. 이것이 만왕의 왕인 하늘나라 왕의 존재양식이며, 통치방법이고, 창조언약인 선악과 언약이었다. 인간은 만물을 다스리는 주인이지만 만물의 창조주 하나님 앞에서는 언제나 종이다. 세상에서는 주인이며 하나님 앞에서는 종으로 살아가는 사람을 우리는 '흙의 사람'이라고 부른다.

하나님의 능력으로 선악을 분별하는 하나님 나라를 세우는 통치자, 경영자, 재판관이 되기 위해서는 반드시 흙이 되어야 한다. 흙의 사람으로 '나는 없음입니다. 나는 흙입니다. 나는 작은 아이입니다'라고 고백하는 흙의 기도를 올려드려야 한다. 이를 통하여 내가 하지만 하나님께서 나를 통하여 세우시는 흙의 성전을 세워야 한다. 그렇지 않으면 하나님의 나라를 세우는 것이 아니라 자기 나라를 세울 수밖에 없다. 없음의 자리인 흙의 사람이 되지 않으면 자기 성은 높이 쌓을 수 있지만 주님의 교회를 세울 수는 없다. 흙의 사람을 예수님은 마태복음에서 '자기부인' 하는 것이라 하셨다.[166] 바울은 이것을 갈라디아서 2장 20절에서 내가 죽고 예수로 사는 '자기죽음'이라 하였으며, 이용규 선교사는 '내려놓음'이라 하였다. 그리고 돌아가신 이중표 목사님은 '별세 別世 신학'이라고 하셨다.

흙으로 돌아가라. 하나님께서 마지막 날, 마지막 순간에 사람을 창조하셨다. 사람을 만드실 때 세상에는 모든 재료가 다 있었다. 단단하기로 말하면 강철이 더 단단하고, 불변하기로 말하면 금이며, 값으로 말하면 다이아몬드가 있었다. 그런데 하나님께서는 인간을 창조하실 때 그 어떤 재료도 사용치 아니하시고 흙으로 사람을 빚어 만드셨다. 흙으로 돌아가야 한다. 흙의 신학을 가지고 흙의 사람이 되어 흙의 기도를 통하여, 흙의 성전을 세워야 한다. 이것이 흙의 신학이다. 주님이 디자인하신 주님의 교회를 세우는 사람은 흙의 사람이다. 이런 교회가 세워져야 한다.

지난 3년, 코로나 팬데믹과 코로나 블루의 충격은 우리 사회의 커다란 숙제를 남겼다. 교회다운 교회를 찾아야 한다. '삶으로 가르친 것만 남는다'라는 말처럼 이제는 가르치는 구조를 넘어 보여주는 구조로 바뀌어 가고 있다. 성전에서 예배드렸다면 가정과 일터에서 예배자로 사는, 걸어 다니는 성전과 움직이는 교회가 되어야 한다. 신앙생활이 생활

신앙이 되는 갈릴리 사람이 되어야 한다.

세상은 이리들의 소굴과 같다. 그 속에서 흙의 사람으로 흙의 성전을 세우려면 뱀처럼 지혜롭고 비둘기처럼 순결해야 할 것을 말씀하셨다. 지혜 없는 순결은 백치와 같다. 그것은 사소한 악에도 쉽게 물들고 만다. 반대로 순결이 배제된 지혜는 사악해진다. 그것은 적극적으로 악을 선도한다. 순결이 우리가 지켜야 할 신선도라면 지혜는 세상에서 살아가는 데 필요한 실력이다. 지혜는 순결을 모태로 삼고 순결은 지혜의 토대 위에서 꽃피워야 한다. 그럴 때만 우리는 거룩하신 하나님을 전하고 드러내는 진짜 크리스천이 될 수 있다.

지금 우리 사회는 모든 분야에서 개혁을 말하고 있다. 정권이 바뀔 때마다 개혁이요, 선거 때마다 변화의 열풍이다. 그럼에도 개혁의 실체가 구체적으로 드러나는 곳은 어디에도 없다. 그 이유는 개혁을 부르짖지만 개혁을 지속적으로 구현할 실력을 배양하지 못했기 때문이다. 실력이 뒷받침되지 않는 개혁은 구호와 선동으로 대체되고 결국에는 또 다른 악이 되고 만다. 실력 대신 구호와 선동을 앞세우는 선봉장은 지도자가 아니라 정치꾼이다. 교회도 예외는 아니다. 지금은 구호나 선동이 아니라 실력으로 보여주어야 한다. 하나님의 하나님 되심을 삶으로 보여주어야 한다. 사람의 사람 됨을 삶으로 보여주자. 흙의 사람이 되어야 한다. 흙의 사람, 흙의 기도, 흙의 성전을 세워야 한다. 주님이 디자인하신 주님의 교회를 세우는 것이다. 무 無 에서 유 有 를 만드신 창조주 하나님께서 그 교회를 통하여 가정과 일터를 세우며, 민족의 역사의 지평을 새롭게 하실 것이다.

4. 창의적 사역, 다양성 속에 통일성을 심으면

세상은 변화와 혁신을 요구한다

성경도 새 시대에는 새 부대가 필요하다고 말씀한다. '새 포도주를 낡은 가죽 부대에 넣는 자가 없나니 만일 그렇게 하면 새 포도주가 부대를 터뜨려 포도주가 쏟아지고 부대도 못 쓰게 되리라 새 포도주는 새 부대에 넣어야 할 것이니라'눅 5:37-38.

"뭐 좀 새로운 거 없을까?"
"뭐 있잖아, 재미있으면서도, 참 신선한 거!"

요즘은 조금이라도 남다르고 특별한 것이 경쟁력인 시대이다. 누군가 독특한 옷을 입고 길거리를 걸어가면 그 사람에게 한 번 더 눈길이 가는 것이 당연한 것 아닌가? 사람들은 뭔가 다르게 보일 때, 관심을 갖기 마련이다. 그런데 우리는 왜 다른 것을 선택하는 데 눈치를 보며 망설일까? 그 이유는 불안하고 두렵기 때문이다. 사람은 기본적으로 남과 다른 것을 선택할 때, 불안해진다. 지금 우리가 하는 사역이 혹 남들과 똑같은 것은 아닐까? 뭔가 새로운 방법을 추구하기보다는 늘 해 왔던 옛날 방식만 고수하는 것은 아닐까? 우리가 정말로 두려워하고 멀리해야 할 것은 '갇힌' 생각이다.

자신의 사역에 변화와 혁신이 있는지 진단하라

지금 하고 있는 사역에 창의성이 있는지? 사역을 하면 어떤 기대감이나 설렘이 뒤따라오는가? 사역에 생동감이 느껴지는가? 만일 우리 사역에 창의적인 발상이 부족하다면, 우리는 지금 터널 속에 갇혀 있는 것이다. 우리가 터널 속에 갇혀 있다면 그 터널에서 빨리 나와야 한다. 왜냐하면 터널 속에서는 시야가 좁아지기 때문이다. 시야가 좁으면 다른 것을 보기 어렵다. 따라서 창의성도 기대할 수 없다.

「나는 문학의 숲에서 하나님을 만난다」의 저자 이정일은 '우리는 터널 속에 있다'[167] 에서 터널이 시야를 좁히는 과정에 대해 이렇게 서술한다.

"이스라엘에서 한 심리학자가 자살폭탄 테러리스트를 인터뷰했다. 처음엔 두려웠지만 만나고 나니 주변에 흔한 사람들과 그다지 다르지 않다는 사실을 깨달았다. 이들은 대학생, 전문가, 의사, 엔지니어, 건축가였고, 순수했고 죄책감에도 민감했다. 선입관이 사라지자 실체가 보였다. 이들은 모두 '터널'이라는 심리 조작을 경험했다. 터널이 거창한 것 같지만 '짝' 같은 예능도 일종의 터널이다. 터널에 들어가는 순간 외부 세계의 자극이 차단된다. 함께 먹고 함께 자고, TV도 없고 신문도 없다. 모두 똑같이 생각하고 행동하게 되니 시야가 좁아진다. 이런 모습은 '오징어 게임'에도 나온다. 빚이 주는 절박감에 쫓기다 보니 시야가 좁아진다. 협력하면 다 살 수 있는데 자기만 살려고 남을 속이고 죽게 한다. 믿음은 좋은 것이지만 거기에도 사각지대는 있다. 시대의 변화를 읽지 못하면 종교개혁 시기 교회나 초대교회로 돌아가고, 좀 더 극단적인 행동을 하게 된다."

그래서 저자는 한국교회가 시선을 넓힐 필요가 있음을 말한다.

궁즉변 窮卽變, 변즉통 變卽通, 통즉구 通卽久 란[168] 말이 있다. 궁하면 변해야 하고, 변하면 통하고, 통하면 오래갈 수 있다는 말이다. 궁하다는 것은 기존 상품이나 방법에 생명력이 다 되었다는 것이다. 예전 방식은 더 이상 통하지 않는다는 것이다. 개인이 실직하는 것, 식당에 손님이 떨어지는 것, 기업 이익이 줄어드는 것 등이 바로 궁이다. 대학의 위기 같은 것도 그렇다. 대학의 위기란 다른 말로 하면 더 이상 예전 방식의 커리큘럼, 교수 수준, 학과로는 어떻게 해 볼 도리가 없다는 것이다. 변하지 않으면 죽을 수밖에 없는 상황이다. 이럴 때 가장 필요한 것이 궁리 窮理 이다. 궁리는 다할 '궁 窮'에 이치를 뜻하는 '리 理'를 쓴다. 그러니까 궁리란 '궁할 때 이치를 발견할 수 있다'는 뜻이다. 궁할 때야말로 길을 발견할 수 있는 때란 것이다. 우리가 세상의 흐름을 읽지 못하면 교회는 점점 쇠퇴할 수밖에 없다. 코로나 이후, 교회는 정말 어려운 시기를 통과하고 있다. 한마디로 궁할 때이다. 그래서 궁리가 필요하다. 궁리는 길을 모색하는 것이다. 그 길들 가운데 하나가 이 세상에 소망을 주는 창의적 사역이다.

예수님은 창의적 사역의 모델이셨다

'예수께서 모든 도시와 마을에 두루 다니사 그들의 회당에서 가르치시며 천국
복음을 전파하시며 모든 병과 모든 약한 것을 고치시니라' 마 9:35.

예수님의 사역은 완전히 틀을 깨는 것으로 시작하셨다. 예수님이 하
늘 보좌라는 그 틀을 깨시고 이 땅에 인간의 몸을 입고 오셨다. 하나님
나라를 위해 사역하셨고, 이를 위해 제자들을 양육하셨다. 사역의 동기
는 한 영혼을 향한 사랑이었다. 예수님의 사역- 말씀 사역, 천국복음 사
역, 치유 사역, 제자양육 - 에는 생기가 넘쳤다. 예수님의 사역에 사람들
은 폭발적으로 반응했다. 이는 불쌍한 영혼들에게 소망을 주셨기 때문이
다. 우리 사역에도 이런 소망이 필요하다. 우리는 어떤 능력을 갖고 있는
가? 하나님의 형상으로 지음받은 우리는 창조의 DNA가 가득한 사람이
다. 「처음 만나는 기독교 세계관」이란 책에서, '성경이 말하는 인간관'[169]
을 이야기한다. 인간은 하나님이 설계하시고 사랑을 담아 만드신 피조물
이다. 나는 우연의 산물이 아니다. 가치와 목적 없는 존재도 아니다. 하
나님은 사람들을 하나님의 형상으로 창조하셨을 뿐 아니라 사람은 창조
세계의 중심이다. 하나님은 창조자이시다. 그래서 그분의 형상을 반영하

는 인간에게도 창조하고 혁신하고픈 열망과 능력이 있다. 우리의 그런 성향과 능력, 열망은 우리가 그분의 모양대로 창조된 결과이다. 우리는 어떻게 세상의 변화를 이끌어 낼 수 있을까?

> '하나님이 그들에게 복을 주시며 하나님이 그들에게 이르시되 생육하고 번성
> 하여 땅에 충만하라, 땅을 정복하라, 바다의 물고기와 하늘의 새와 땅에 움직
> 이는 모든 생물을 다스리라 하시니라' 창 1:28.

지나온 역사를 비추어 보면, 교회는 언제나 변화의 선봉에 있었다. 본질적으로 교회가 꿈꾸는 하나님 나라의 비전은 세상을 변혁하고 이끌던 원동력이었다. 복음의 본질이 훼손되지 않는 범위 안에서, 교회는 창의적인 사역으로 세상에 충만해야 한다. 그래야 세상에 희망을 줄 수 있다.

혁신적인 아이디어는 바보 같은 생각에서 출발한다[170]

혁신적 아이디어의 첫인상은 처음 들었을 때, "그래 바로 그거야!"라는 강렬한 인상을 기대하겠지만 대개는 '그런 바보 같은 생각이 어디 있어?'라고 사람들의 비웃음을 사는 것이 혁신적인 아이디어의 첫인상이다. 많은 혁신적인 아이디어들의 출발은 바보 같은 아이디어였다. 단순히 바보 같은 아이디어가 아니라 나름의 장점이나 의미가 분명히 있지만 현실적이지 않고 실질적이지 않은 아이디어에서 출발했다. 그런 바

보 같은 아이디어가 변형되며 발전해 탁월한 아이디어가 되는 것이다. '바보 같은 생각'을 현실적인 아이디어로 만드는 스텝을 소개한다.

'바보 같은 생각'을 현실적인 아이디어로 만드는 3 Step

Step 1. 획기적이지만 비현실적인 생각을 던진다.

Step 2. 그 생각의 장점과 흥미로운 점을 중심으로 생각한다.

Step 3. 장점과 흥미로운 점을 살릴 수 있도록 생각을 변형시켜 아이디어를
만든다.

우리가 생각하는 방향을 크게 두 가지로 나눠 보면 '생각의 확산'과 '생각의 수렴'으로 구분할 수 있다. 새로운 아이디어를 만들고 싶다면 첫 번째 단계에서는 다양한 가능성을 고려하며 여러 방향으로 생각을 확산해야 한다. 두 번째 단계에서는 여러 가지 생각한 것들을 확인하며 현실적으로 정리해야 한다.

창의적 사역을 위한 다섯 가지 생각의 노동

"창의성에 대한 가장 큰 오해는 '천재적인 발상이 있다'는 생각이다. 하지만 창의적인 아이디어는 천재적인 발상으로 얻어지는 것이 아니다. 생각의 노동에서 얻어지는 것이다. 생각이 오래 쌓이고 숙성되면서 그 결과 어느 순간 나타나는 것이다."[171] 이 문장에서 제시된 '생각의 노동'

은 무엇인가? 다섯 가지 '생각의 노동'은 다음과 같다.

첫째, 다르게 생각하라.

창의성은 독창성이다. 다른 말로 표현하면, 다르게 보는 힘이다. 이는 새로운 방법이 아니라 새로운 시각에서 나온다.

'믿는 사람이 다 함께 있어 모든 물건을 서로 통용하고 또 재산과 소유를 팔아 각 사람의 필요를 따라 나눠 주며 날마다 마음을 같이하여 성전에 모이기를 힘쓰고 집에서 떡을 떼며 기쁨과 순전한 마음으로 음식을 먹고 하나님을 찬미하며 또 온 백성에게 칭송을 받으니 주께서 구원받는 사람을 날마다 더하게 하시니라' 행 2:44-47.

초대교회 교인들의 생각은 당시 세상 사람들의 생각과 비교할 때 달라도 너무나도 달랐다. 당시 사람들은 자기 것을 자기 것으로 여기며 살았다. 그런데 초대교회 교인들은 자기 것을 자기 것으로 여기지 않고 함께 나누었다. 여기에 희생과 헌신이 있었다. 이것에 세상 사람들이 신선한 충격과 감동을 받았다. 또한 초대교회가 온 백성에게 칭송을 받았다고 성경은 말씀한다. 생각이 달라야 한다. 다르게 생각할 줄 알아야 한다. 다가올 미래에는 인공지능과 첨단과학 기술이 상당히 발전할 것이다. 반면에 사람들은 더욱더 외로움을 느낄 것이다. 가족들이 한 집에 살지만 함께 즐기고 나누는 시간은 점점 줄어가고 있다. 하지만 식구들은 각자의 방으로 들어가서 스마트 기기들을 사용하며 혼자만의 시간을 더 가지려고 한다. 그렇다면 교회는 이 부분을 다르게 생각해야 한다. 왜냐하면 창의적인 사역을 할 절호의 기회가 될 수 있기 때문이다. 이때 교회가 할 것은 사람의 따뜻한 정을 나누고 감성 터치에 집중하는 것이다.

둘째, 생각을 연결하라.

하나님은 무에서 유를 창조하셨다. 하지만 우리는 다른 사람이 이미 만들었거나 가지고 있는 것을 통해 새로운 것을 만들 수 있다. 생각을 연결하기의 사례로, '창조는 편집이다'와 '창조는 연합이다'를 들 수 있다.

먼저, 창조는 편집이다.[172] 김정운 교수는 그의 책 「에디톨로지」에서 '창조는 편집이다'라고 한다. 세상 모든 것들은 끊임없이 구성되고, 해체되고, 재구성된다. 그는 이 모든 과정을 한마디로 '편집'이라고 정의한다. 우리는 세상의 모든 사건과 의미를 각자의 방식으로 편집한다. 이 같은 편집의 방법론을 통틀어 그는 '에디톨로지'라고 명명한다. 세상의 모든 창조는 이미 존재하는 것들의 또 다른 편집이다. 해 아래 새로운 것은 없다. 하나도 없다! '창조는 편집이다.' 창조적 사고는 일상의 당연한 경험들에 대한 '의심'에서 시작된다. 이를 가리켜 러시아 형식주의의 대표적 이론가 시클롭스키는 '낯설게 하기' Ostranenie라고 정의한다. 인간의 가장 창조적 작업인 예술의 목적은 일상의 반복과 익숙함을 낯설게 해 새로운 느낌을 느끼게 만드는 데 있다는 거다.[173]

또한, 창조는 연합이다. 창의적 사역은 한 사람의 생각보다 여러 사람이 함께할 때 큰 능력이 나타난다. 그래서 지금 시대는 연합, 협업, 콜라보레이션, 집단지성을 중요하게 여긴다.

출애굽기 18장에서, 모세의 장인 이드로가 혼자 힘들게 재판하고 있던 모세에게 다음과 같이 조언했다. "모세야, 혼자 이스라엘의 모든 재판을 다 맡아서 하지 말라. 모세는 큰일을 맡아 재판하고 천부장, 백부장, 오십부장, 십부장을 세워 재판을 돕게 하라." 그러자 모세는 장인 이드로의 조언대로 실행하였다. 그 결과 모든 것이 평안해졌다. 이것은 모세와 장인 이드로가 연합하는 모습이다.

교회의 리더는 다른 사람들과 자주 만나야 한다. 서로 다른 사람이 의견을 나눌 때, 획기적인 아이디어 스파크가 생긴다. 할 수만 있다면 다른 전공을 가진 사람들을 만나라. 독서할 때, 편식된 독서에서 다양한 독서로 분야를 확대하는 것도 도움이 된다. 교회 간 연합은 소통하는 데 최상의 방법이 된다. 연합이 중요하다. 연합은 강력한 능력으로 나타난다. 헨리 포드는 연합에 대해 이렇게 말한다. "함께하는 것은 시작이고,

함께하는 것은 발전이며, 함께하는 것은 성공이다."

　'지방대학 소멸론'이 고개를 든 것이 꽤 되었다. 교육부는 지방대학을 살리기 위해 '글로컬 Global+Local 대학' 사업을 추진하고 있다. 국가는 위기의 지방대를 살리기 위해 1곳당 '5년간 1000억 원'을 지원해 중점 지방대를 육성한다. 2026년까지 30개 글로컬 대학을 선정할 계획이다. 해당 사업비를 따내기 위한 지방자치단체와 대학들 간 경쟁전이 최근 격해지고 있다. 지방대학은 통합을 통해 선정 대상 대학이 되려 한다. 충남대-한밭대와 강원대-강릉원주대가 통합을 위한 의견 수렴 절차를 진행 중이다. 경북 안동대와 경북도립대도 통합하기로 가닥을 잡았다. 부산대와 부산교대는 글로컬 대학 사업에 공동 참여 방안을 확정하면서 사실상 통합에 합의했다. 사립대들은 같은 학교법인에 속한 대학들을 중심으로 통폐합 논의가 나오고 있다. 위기의 지방대학은 소위 연합을 통해 자구책을 마련하고 있다.

　교회도 연합을 통해 생존전략을 짜야 한다. 작은 두 교회가 연합해야 한다. 목회자 중 한 명은 목회를 감당하고, 한 분은 세상 직업으로 두 가정의 생계를 책임지려 해야 한다. 이 시대는 뭉쳐야 산다. 기독교의 핵심 가치 중 하나가 연합이다. 따라서 교회는 연합에 대해서 마땅히 전문가이어야 한다. 연합하는 것을 제일 잘해야 하는 교회가 개교회주의로, 개교단주의로 움직이는 것은 세상의 흐름에 역행하는 것이다. 창의적 사역이 어려울수록 소통이 활발해야 한다.

셋째, 생각을 뒤집어라.

미국 시티은행의 한 직원이 고객을 위한 아이디어를 냈다. 고객들이 현금 인출을 위해 장시간 대기하는 것을 해결하는 방법으로 '현금 자동 지급기'의 설치를 건의했다.[174] 지금은 어느 은행이나 보편화되어 있는 현금 자동지급기 ATM의 도입을 건의했던 것이다. 은행의 경영자들은 철 없는 직원의 건의를 반대했다. "예금을 빠르게 하는 기계면 몰라도 출금 을 빠르게 하는 기계를 도입한다는 것은 결과적으로 돈이 빨리 빠져나 가 예금액이 줄어들 텐데 도대체 생각을 하고 말하는 거야, 뭐야?" 그러 나 현금 자동지급기의 도입을 건의한 직원의 생각은 달랐다. 고객은 빠 르게 돈을 찾을 수 있는 편리한 은행에 더 많은 돈을 입금하려고 할 것 이라고 생각했다. 그 직원의 생각은 옳았다. 현금 자동지급기 도입으로 시티은행의 예금액은 단기간에 3배나 올랐고 창구의 인원을 줄일 수 있 어 일석이조 이상의 성과를 올렸다.

시티은행의 현금 자동지급기 사례에서 아이디어를 만드는 대표적인 방법을 찾을 수 있다. '도발'이라는 방법이다. 비정상적인 생각으로 뒤 집는 것이다. 앞의 이야기에서 먼저 주목해야 할 부분은 '출금을 빠르고 손쉽게 한다'는 생각이다. 은행은 고객의 예금을 유치하는 곳이다. 정상적인 생각은 '어떻게 하면 더 많은 예금을 유치할 수 있을까?'에 초점이 맞춰진다. 특정 부분에 초점이 맞춰지면 그 초점 근처의 일정한 영역에서만 생각하게 된다. 그런데 사람들의 생각이 모두 일정한 영역에 머무르면 생각의 틀을 벗어날 수 없게 된다. 일정한 영역 밖의 생각을 하지 못하는 것이다. 그래서 정상적인 생각만으로는 아이디어의 한계를 느낄 수밖에 없다. 혁신적인 아이디어를 위해서는 비정상적인 생각을 해야한다. 생각의 틀을 뒤집어야 한다.

넷째, 수직적인 조직에서 수평적인 조직으로 분위기를 바꿔라.

사역의 창의성을 가로막는 분위기가 있다. 교회의 직분이 계급처럼 느껴질 때이다. 이런 경직된 분위기에서는 창의성을 기대하기 어렵다. 누구라도 번뜩이는 아이디어가 떠오르면 서슴없이 말할 수 있는 분위기가 필요하다. 교회 사역자들이 매일 하는 일에 대해 일지를 쓰고 보고하고 관리받는 것 같은 문화에서 창의성을 기대할 수 있을까? 결국 창의성을 위해서 수직적인 구조가 수평적인 구조로 바뀌어야 한다.

「인생은 역설의 역설이다」의 저자 한근태는 '창의성의 역설'에서 이렇게 말한다.[175]

'창의성과 가장 거리가 먼 사람일수록 창의성 얘기를 많이 한다. 창의적인 사람이란 누구일까? 뭔가 세상에 없는 새로운 생각을 하고 새로운 제품을 만들어 내는 사람이다. 창의성은 창의적인 사람들이 자기 생각을 마음껏 펼칠 수 있을 때 가능하다. 창의성이란 창의성의 중요성을 강조한다고 생기는 것이 아니다. 오히려 그걸 강조하는 사람들이 창의성의 가장 큰 장애물일 가능성이 높다. 창의성은 창의적인 문화가 뒷받침될 때 가능하다. 창의성은 다양성이다. 창의성의 대척점에 획일화가 있다.'

스티브 잡스가 한국 대기업에 들어갈 수 있을까? 면접에서 떨어질 가능성이 높다. 대학을 나오지 않았기 때문이다. 설령 들어간다 해도 회사가 그를 용납하지 않았을 것이다. 회사 규칙을 따르지 않고, 다른 부서와 갈등을 일으키면서 회사 내의 골칫거리로 부상할 것이다. 아마 그도 한국의 대기업을 견디지 못했을 것이다. 창조적인 사람을 원하는가? 그들을 뽑아 걸작품을 만들고 싶은가? 당신을 변화시켜야 한다. 그런 사람을 알아보고, 그런 사람이 신나게 일할 수 있어야 한다. 가장 창조적이지 않은 사람이 창조적인 사람을 뽑고 조직을 창조적으로 만들겠다는 발상 자체가 웃기지 않은가?

다섯째, 은유의 힘을 활용하여 창의의 날개를 달아라.
「은유란 무엇인가?」란 책을 쓴 김용규와 김유림은 은유에 대해 우리에게 새로운 개념을 제공한다. 우리는 학교에서 수사법 중의 하나로 은유를 배웠지만 이 책에서 말하는 은유는 그 개념을 넘어선다. 은유를 '설득'과 '창의'라는 두 개의 큰 축으로 생각한다. '내 마음은 호수요'라는 은유는 표현하고자 하는 '내 마음'이라는 원관념을 잔잔하고 평온한 '호수'라는 보조관념을 통해 설득력 있게 전한다. 그러나 그것으로 끝나지 않고 '그대 노 저어 오오'라는 창의, 곧 새로운 생각을 이끌어 낼 수 있게 한다. 누구든 마음에서는 노를 저어 올 수 없다. 그런데 내 마음이 호수라면 그대가 노를 저어 올 수 있지 않은가! 은유는 이렇듯 새로운 생각을 이끌어 내는 창의의 어머니이자 산실이다! "아킬레우스는 사자다"라는 호메로스의 은유는 아킬레우스의 용맹함과 잔혹함을 잘 드러내 전해준다. 그러나 그것에 그치지 않고 '그와 맞서 싸우지 마라'라는 새로운 생각도 끌어낸다. 이렇게 은유는 원관념에서는 끌어낼 수 없는 창의적 표현을 끌어낸다. 때문에 은유는 창의력을 기르는 생각의 도구가 된다.[176]

아리스토텔레스의 주장과 달리 은유는 천재의 전유물이 아니다. 은유적 표현이 세상에 없는 어떤 것으로부터 얻어지는 것이 아니다. 은유적 사고는 우리가 주변에서 흔히 접하는 일상적 사물과 당연한 현상을 관찰함으로써, 보통은 아무런 관계가 없어 보이는 두 대상 사이에서 유사성을 찾아내는 데에서부터 시작하기 때문이다. 은유의 문을 드나들며 인류 역사를 이끌었던 사람들은 이루 헤아릴 수도 없이 많다. 반면 은유적 사고를 하지 않고 창의적 인재가 된 사람은 없다고 해도 과언이 아닐 정도다.[177]

창의적 사역은 생각하기로 시작해서 실행으로 꽃을 피운다

창의성은 좁은 시야를 넓혀야 가능하다. 창의성은 생각의 자극이 있어야 한다. 그래서 다섯 가지 생각의 노동이 필요하다.

창의성은 실행이다. 창의성은 결과에 대한 두려움 없이 용기를 가지고 도전하는 자의 것이다. 창의성은 안일함과 타성에 젖은 '안전빵'에 작별을 고하는 것이다. 창의성은 실패할 수 있다는 리스크를 기꺼이 품는 것이다.

세상에 공짜는 없다. 마찬가지로 창의적 사역에도 공짜가 없다. 창의성을 얻기 위해서는 부지런히 생각하며 집중해야 한다. 그러면 세상에 소망을 줄 수 있는 창의적인 사역을 펼쳐 나갈 수있다.

최근에 인공지능 ChatGPT가 사람들의 큰 관심을 받고 있다. ChatGPT는 인간이 이미 만들어 놓은 데이터를 기반으로 학습한다. 하지만 ChatGPT에는 인간이 느끼는 감성과 감정이 없다. 이것이 한계다. 특별히 창의력에서 인간을 뛰어넘을 수 없다. 따라서 우리는 ChatGPT와 협업해야 한다. 데이터 기반의 작업은 인공지능에게 맡기고, 창의에 기반한 작업은 우리가 해야 한다. 바로 여기에 소망이 있다.

5. 창의적 목회, 경계를 확장하는 목회

경계를 확장하게 하는 창의성

2020년 6월, KBS의 장수 개그 프로그램이었던 '개그콘서트'가 폐지됐다. 첫 방송을 시작한 지 21년 만이었다. MBC의 개그 프로그램 '개그야'가 2007년에, 그리고 2010년에는 SBS 개그 프로그램 '웃찾사'가 종영되었다. 그후 '웃찾사'는 2013년 시즌 2로 다시 돌아왔으나 2017년 5월에 최종 폐지되었다. 이로써 공중파 방송에서 개그 프로그램은 더 이상 찾아볼 수 없게 되었다. 현재 케이블 방송 tvN에서 진행하는 '코미디 빅리그'가 공중파와 케이블을 통틀어 유일한 개그 프로그램이다. 사실 주일 저녁에 방송되던 '개그콘서트', 소위 '개콘'은 많은 사람의 사랑을 받던 국민 프로그램이었다. '개콘'이 끝나면 직장인들은 '이제 또 새로운 한 주가 시작되는구나' 하는 생각에 약간 침체된 마음으로 잠자리에 들곤 했다. 목회자들에게도 '개콘'은 필수 시청 프로그램으로 꼽혔다. 설교와 사역에 활력을 더하는 유머의 공급처였기 때문이다. 그랬던 '개콘'이기에 폐지는 아쉬움으로 다가왔다. '개콘' 폐지 후에 개그 프로그램에서 활동하던 개그맨들은 어떻게 되었을까? 사실 개그맨에게는 등용문이자 활동 무대였던 이런 프로그램의 폐지는 비극 그 자체다. 더구나 이들은 팬데믹의 시작에 맞춰 생활의 터전을 잃은 셈이니 그 충격은 훨씬 더 컸을 것이다. 개그 프로그램의 몰락과 함께 개그맨들의 몰락은 불 보듯 뻔한 상황이었다. 하지만 놀랍게도 대한민국의 개그는 사라지지 않았다. 상당수의 개그맨들은 여전히 높은 인기를 누리고 있다. 공중파라는 방송 플랫폼은 사라졌지만 이를 대체할 유튜브라는 새로운 플랫폼이 있었기 때문이다.

<포브스 코리아>는 2022년 8월, '2022년 대한민국 파워 유튜버 100'이라는 기사에서 추정 연소득 기준으로 유튜브 채널의 순위를 발표했다. 그중에서 30위 안에 드는 두 개의 개그 유튜브 채널이 눈에 띈다. '숏박스'와 '흔한남매'다. 이 두 채널은 모두 무명 개그맨들의 화려한 유튜브 성공 모델로 알려져 있다고 기사에서 전한다. 2023년 7월 현재, 이 두 채널의 구독자 수는 무려 258만 명이다. 두 채널의 구독자 수 합계가 아니라 각각 258만 명의 구독자를 보유하고 있다. 공교롭게도 두 채널의 구독자 수가 같다. 특히 '숏박스'는 업로드된 동영상이 95개에 불과하다. 82만 명의 구독자를 보유한 개그 유튜버 김병선은 "이곳은 능력만 있으면 살아남는 생태계"라고 말한다. 막강한 권력을 가졌던 방송 프로그램이 사라져도 차별화된 콘텐츠만 있으면 살아남을 수 있다는 것이다. 그러나 이들이 이런 자리에 그렇게 쉽게 온 것은 아니다.

'흔한남매'는 그 어려움을 한 언론사와의 인터뷰에서 이렇게 토로했다. "저희가 '웃찾사'라는 직장이 없어지고 유튜브를 시작한 건데 처음

에는 말 그대로 처참했죠. 반응이 아예 없었어요, 1도. 근데 저희가 처음에 폭발적인 반응을 바라고 시작한 게 아니라 진짜 무대가 필요했거든요. 관객 한 명이라도 봐 줬으면 좋겠다는 간절한 마음으로요." 그들은 이런 우여곡절 끝에 구독자들의 폭발적인 반응을 이끌어 내는 개그맨으로 자리매김했다. 그들은 스스로를 어떻게 정의하고 있을까? '흔한남매'의 이야기를 계속 들어보자. "저희는 개그맨과 크리에이터를 나누지 않아요. 개그맨도 뭔가를 창조하는 크리에이터이기 때문이죠. 저희는 코미디 크리에이터라고 개그맨이 할 수 있는 무대를 더 넓혀 가고 있다고 생각해요. 요즘에는 개그맨들의 공개 무대가 줄어들고 있잖아요. 그런데 코미디가 무대에만 한정되면 안 된다고 생각하거든요. 지금 이 시대에는 더 넓은 무대를 만들어 가고 있는 개그맨 중 한 분야가 코미디 크리에이터라고 생각해요." 그들은 스스로를 창의성을 가지고 영역을 확장해 가는 개그맨이라고 생각하고 있다. 그렇다면 목회자는 어떠해야할까?

스티브 잡스는 이렇게 말했다. "창조는 연결이다." 유한한 인간으로서 창조 혹은 창의적인 것은 무 無 에서 유 有 가 아니라 유 有 에서 유 有 를 만들어 내는 것이다. 두 개의 개념이나 존재를 연결한 것에 불과하다는 것이다. 그래서 성경에서도 '해 아래 새것은 없다' 전 1:9 라고 말씀한다. 시대는 빠르게 변화하고 ChatGPT에서 보듯 AI의 잠재력은 엄청나다. 이런 기술의 발전 앞에서 우리는 점점 인공지능에게 대체되는 인간의 미래를 두려움 속에서 지켜보고 있다. 작가 이지성은 그의 책 「에이트」에서 인공지능에게 대체되지 않을 인간의 두 가지의 능력을 '창의성과 공감 능력'이라고 말한다. 그런데 ChatGPT의 등장 이후 쏟아져 나오는 각종 AI 기반의 도구들을 보면 창의성까지 갖춘 듯해 할 말을 잃는다. 하지만 과거의 혁신적 기술들도 결국 인간에게 봉사하는 도구의 역할을 했다. 예를 들어 1980년대 초반 개인용 컴퓨터 PC 가 등장했을 때 화이트칼라 직장인들이 대거 일자리를 잃게 될 것이라고 예상하는 사람들이 있었다. 하지만 개인용 컴퓨터는 오히려 직장인들의 생산성을 높여주는 도구가 되어 지금은 컴퓨터 없이 일 처리가 불가능한 상황이다.

이렇듯 기술 발전을 보며 미래를 불안하게 바라보는 시각은 언제나 존재했다. 그러나 과거의 사례를 보았을 때 AI도 결국 인간의 필요에 충실한 도움을 주는 도구의 역할을 할 것이라는 긍정적인 전망이 아직까지 힘을 얻고 있다. 사실 어떤 특별한 의도를 가진 창의성 있는 인간이 AI에게 원하는 것을 정확히 지시할 때 창조적 결과물이 도출되는 것이다. 따라서 이런 전망이 희망 섞인 예측이라고만은 할 수 없을 것이다. 그렇다면 자연스러운 결론은 인간이 당면한 과제는 창의성 계발에 더 열정을 쏟아야 한다는 것이다. 창의성은 문제 해결 능력이라고 할 수 있다. 어느 기업이든 가장 선호하는 인재상 1위로 문제 해결 능력이 있는 사람을 꼽는다. 여러 어려운 상황 속에 놓인 교회 역시 이런 문제 해결 능력이 필요하다. 다시 말해 창의성이 돋보이는 사역이 필요하다는 것이다. 그렇다면 창의적 사역은 어떻게 하면 되는 것일까?

창의성은 연결에서

스티브 잡스도 이야기했듯이 창의성은 연결에서 나오는 것이다. 다른 말로 하면 융합에서 나온다고 할 수 있다. 노스웨스턴대학의 브라이언 우지 교수는 1만 2,000종의 학술지에 실린 약 1천 90만 편의 학술논문 알고리즘을 분석한 창의성 연구 결과를 발표했다. 창의적인 학술논문이 쓰여진 과정을 분석한 이 결과에 따르면 창의적 논문들에서는 '데이터를 새롭게 연결하고 조합했다'는 공통점이 발견된다고 발표했다. 더 나아가 데이터의 연결뿐만 아니라 사람과 사람 사이의 연결을 통해서도 창의성이 발휘된다는 연구 결과도 많다.

역사학자인 윌리엄 맥닐은 미국 실리콘밸리에 있는 공학 기술 분야 기업 355개를 분석한 결과 44%가 이민자들 조직에 참여하고 있다며 "역사적으로 주요한 사회 혁신은 생소한 기술을 가진 낯선 이들과의 접촉을 통해 가능했다"고 분석했다. 이뿐만이 아니다. 과학, 공학, 인문학 등 학문 252개 분야의 50여 년간 연구논문 2천만 건과 30여 년간의 특허 2백만 건을 조사한 결과, 이들의 연구가 모두 개인이 아닌 팀 단위로 이루어져 있었다고 한다. 특히 인용 횟수가 많은 영향력 있는 논문일수록 팀 규모 역시 크다는 특징이 발견됐다.[178] 세계적인 IT 기업 구글의 탄생도 두 명의 창업자, 래리 페이지와 세르게이 브린의 서로 다른 연구 분야를 융합한 결과였다. 디지털도서관을 만들기 위한 논문 검색 아이디어와 패턴화된 특정한 정보 속에서 가치 있는 것을 찾아내는 데이터 마이닝 기술을 융합한 결과, 가장 탁월한 검색엔진을 개발한 것이다.

하지만 아무것이나 연결하면 창의적이고 혁신적인 무엇인가가 나오는가? 그렇지 않다. 이질적인 것의 연결을 통해 새로운 것을 도출하고자 하는 열정과 이를 뒷받침해 줄 독특한 관점이 필요하다. 저널리스트 로버트 위더는 "누구나 부티크 매장에서 패션을 찾고 박물관에서 역사를 발견한다. 하지만 창조적인 사람은 철물점에서 역사를 발견하고, 공항에서 패션을 발견한다"고 말했다. 유행을 달리는 패션의류가 잔뜩 쌓인 부티크 매장에서 패션을 상상하는 것은 지극히 평범하다. 박물관에서 역사를 발견하는 것 역시 자연스럽고 당연하다. 하지만 역사의 증거물이라는 관점에서 철물점과 고풍스런 물건을 연결하고, 다양한 곳에서 온 수많은 세계인을 마주칠 수 있는 공항과 그들 사이에서 유행하는 옷을 연결할 때 비로소 혁신적인 패션 아이디어를 찾을 수 있는 것이다.

교회는 어떠한가? 교회는 다양한 연령과 다양한 배경의 사람들이 모인 곳이다. 그러므로 새롭고 혁신적인 아이디어가 탄생할 수 있는 중요한 기반이 되는 사람과 사람의 융합과 연결은 교회에서 가장 자연스럽다. 사람과 사람의 연결은 자연스레 지식과 지식의 융합을 촉발하고 이는 앞에서도 살펴봤듯이 창의성이 발휘될 수 있는 최적의 조건이다. 따라서 교회에서 보유하고 있는, 그러나 박약한 열정과 관점 때문에 무심했던 자원들을 하나씩 점검해 보는 것은 매우 좋은 시작이다. 또 사역과 사역, 경험과 경험의 융합을 통해 더 업그레이드된, 혹은 이전에 하지 않았던 새롭고 창의적인 사역을 고민해 봐야 한다.

팬데믹으로 무너진 교회학교를 세우기 위해 '연합주일학교'라는 사역을 시작한 교회들이 있다. 팬데믹 이후 중소형 교회와 개척교회들은 학생과 교사가 급격히 줄어 개교회의 힘으로는 신앙교육을 실시하기 어려운 상황이 되었다. 수도권을 벗어난 중소도시 및 농어산촌 지역의 교회는 교육을 담당할 교역자 청빙도 요원한 실정이다. 심지어 교인 100여 명 수준의 교회도 교육 전담 교역자를 청빙하기는 어렵다. 이런 상황 속에 개점휴업 상태이던 교회학교를 안타까운 마음으로 바라보던 서로 다른 교단의 목회자 네 명은 교회학교 살리기에 의기투합했다. 이들은 「한국적 작은 교회론」에서 연합주일학교라는 아이디어를 제안한 감신대 이은경 교수를 초청해 세미나를 열고 본격적인 시동을 걸었다. 이후 첫 번째 시도로 연합여름성경학교를 개최했다. 이 성경학교에 참석하는 네

교회에서 온 15명의 학생들을 위해 각 교회의 교사들은 강습회에 참여하며 준비했다. 연합여름성경학교는 목회자와 사모, 교사와 학부모 보조교사를 주축으로 찬양, 레크리에이션, 말씀, 공과, 활동, 물놀이 등의 순서로 구성됐다. 첫 번째 시도는 기대 이상의 성공이었다. 여기에 힘을 낸 교회들은 다음 단계로 교장과 교사 등 연합교회학교의 리더십을 세웠다. 그리고 본격적으로 연합주일학교가 시작됐다. 그들은 먼저 네 교회의 자원이 연합되니 수준 높고 창의적인 교육이 가능해지는 것을 확인할 수 있었다. 교육학 박사 출신의 사모는 숲 해설을, 초등학교 교사로 재직하는 교사는 체육활동을, 그리고 음악 전공 목회자를 통한 양질의 음악교육을 진행하는 식이었다. 연합주일학교는 연간 각각 15주 과정으로 진행되는 두 학기를 토요일에 진행하고 여름과 겨울에 방학을 한 차례씩 갖는다. 그리고 여름방학과 겨울방학 동안에 본 교회로 돌아가 신앙생활을 이어 가도록 한다. 이는 학생들의 수평 이동을 막고 교단적 특성 교육을 보완하는 시간을 갖도록 하기 위함이다. 이렇듯 서로 다른 교단이라는 이질적인 문화에도 불구하고 연합한 연합주일학교는 매우 창의적인 사역이다. 그리고 연합주일학교는 교회 교육의 위기를 경험하고 있는 한국교회에 하나의 대안이 될 창의적 사역이다. 특히 작은 교회들이 연합해 다음세대를 위한 교육의 장을 연 사례로 새로운 가능성을 보여준다.

창의성은 관심에서

세상 돌아가는 것을 보면 놀라운 것 하나가 있다. 이미 수많은 제품과 서비스가 가득한 상황이라고 생각하는데 그 속에서도 이전엔 전혀 생각해 보지 않은 제품과 서비스가 계속 나온다는 것이다. 그것은 누군가 우리가 생각하지 못한 것들에 관심을 두었고 깊은 성찰의 시간을 통과한 결과다. 재레드 다이아몬드는 그의 책 「총, 균, 쇠」에서 이를 이렇게 설명한다.

'발명품도 모두 필요에 대한 인식에서 비롯했다고 착각하기 쉽다. 그러나 사실 수많은 발명품 또는 대부분 발명품은 호기심에 사로잡히거나 이것저것 주물럭거리는 일을 좋아하는 사람들이 개발했고, 그들이 염두에 둔 제품에 대한 수요 따위는 처음부터 있지도 않았다. 일단 어떤 물건이 발명되면 그때부터 발명자는 그것의 용도를 찾아내야 했다.'[179]

음식 주문이 가능한 키오스크는 팬데믹 이전부터 존재했다. 그러나 이용률이 저조했다. 점원을 통해 편하게 주문할 수 있는데 굳이 그걸 붙들고 씨름할 이유가 없었다. 그런데 팬데믹이 반전의 배경이 되었다. 팬데믹이 한창이던 때 패스트푸드 업체를 중심으로 주문을 받는 키오스크가 늘어나기 시작한 것이다. 가능한 대면하는 상황을 피하기 위한 고육지책으로 여겨졌다. 그런데 팬데믹을 지난 지금은 어느새 삶의 한 부분이 되어 동네의 작은 식당에 가도 테이블마다 작은 주문기기가 있다. 기능은 더 발전해 메뉴 선택과 결제까지 한 번에 할 수 있도록 하고 있다. 이런 창의적 도구들은 식당 주인들과 고객들이 필요에 대해 인식조차 하지 못하고 있을 때 이미 누군가의 관심으로부터 시작된 것이다. 역시 관심은 창의성의 시작이다.

이런 창의적인 일들이 꼭 IT를 기반으로 하는 것은 아니다. 지금도 식당이든 옷을 만드는 곳이든 빠른 기술 발전과 큰 관계가 없는 분야에서도 창의적이고 독보적인 위치를 점하는 제품과 서비스가 등장한다. 한 번 방문해 본 재래시장이 경쟁력 없이 죽어가는 모습에 관심을 쏟고 어떻게 하면 시장을 살릴 수 있을지 질문한 사람이 있었다. 재래시장에 지속적인 관심을 두고 3년에 걸친 프로젝트를 통해 예산시장을 핫플레이스로 만든 백종원 더본코리아 대표 이야기다. 예산시장은 지금 가볼 만한 명소로 꼽히며 지역사회를 더 활기차게 만들고 있다.

모두가 꿈꾸던 이런 변화가 한 사람의 관심과 창의적 접근으로 비롯되었다는 것은 우리에게 시사하는 바가 크다. 역시 관심은 창의적 결과를 만든다. 그렇다면 교회는 창의적 사역을 위해 어디에 관심을 쏟고 어떤 질문을 해야 하는가?

새벽기도 가는 길에 예배실에서 발견한 담배꽁초와 위장약 봉지에 관심을 둔 목회자가 있었다. 그 교회는 지역민들을 위해 교회 공간을 24시간 개방했는데 가끔씩 청소년들이 교회에 와서 지내거나 잠을 자곤 했다. 그래서 그것들은 청소년들이 남긴 흔적이 분명했다. 지역 주민에게 내준 교회 공간에서 발견한 담배꽁초에 화가 날 법도 하다. 그러나 그는 아이들이 왜 위장약을 먹는지에 관심을 두고 알아보기 시작했다. 그 결과 집 나온 청소년들이 PC방 등에서 지내면서 음식을 제때 먹지 못하거나 패스트푸드로 때우다 보니 위장병에 걸리는 경우가 많다는 것을 알게 되었다. 교회는 가출 청소년들을 위해 할 수 있는 일을 찾기 시작했고, 결국 '아이들이 하루에 한 끼라도 제대로 된 집밥을 먹으면 마음도 따뜻해지지 않을까?'라는 데까지 생각이 미쳤다. 그래서 구청과 협력해 구청 주차장에서 금요일 저녁에 청소년을 대상으로 하는 밥퍼 사역을 시작하게 된다. 처음에는 별 관심이 없던 청소년들이 지금은 매회 70-80명씩 찾아와 이용하고 있다. 그러자 지역 주민들까지 자원봉사로 섬기는 등 전폭적인 지원과 지지를 받는 사역으로 성장했다. 성도들의 신앙 성숙과 새신자 전도, 그리고 무엇보다 지역 청소년들의 마음과 영혼을 얻었다는 점이 이 창의적 사역의 최고 성과다.

창의성은 통찰에서

통찰력은 사물이나 현상을 예리한 관찰력으로 꿰뚫어 보는 능력을 말한다. 사물이나 현상을 깊이 있게 관찰하여 미래를 예측하는 힘을 말하는 것이다. 삼성서울병원의 의사 최연호는 「통찰지능」에서 통찰지능을 '내 주변에서 일어나는 사건의 맥락을 읽고 보이지 않는 것을 보는 힘'이라고 정의했다.[180] 따라서 어느 시대, 어느 지역에서나 성공적인 조직과 사람들의 공통점은 통찰력을 갖고 있다는 것이다. 이들은 통찰력을 통해 앞으로 다가올 미래에 대해 관심을 갖고 선제적으로 준비함으로써 선점하는 능력을 드러냈다. 그리고 명확히 보이지 않는 것을 알아차리는 능력을 갖췄다. 여러 기업이 미래의 먹거리를 찾아 헤매고, 수많은 개인이 앞으로 다가올 새로운 상황에 맞서 미래를 준비하기 위해 애쓰고 있다. 그런 과정 가운데 누구는 성공할 것이고 누군가는 뒤처질 것이다. 따라서 미래를 정확히 통찰하는 것의 중요성은 점점 커지고 있다. 그렇다면 통찰력은 어떻게 얻어지는 것인가? 통찰력을 얻기 위해서는 과거와 현재를 깊이 있고 관심 있게 살펴봐야 한다. 즉 관찰이 통찰력을 키우는 매우 중요한 방법이다.

마이크로소프트 창업자 빌 게이츠는 '생각 주간' Think Week 을 갖는 것으로 국내외 지식인들에게 큰 지적 동기부여를 한 적이 있다. '생각 주간'은 1980년부터 시작한 빌 게이츠의 중요한 습관이다. 그는 일 년에 두 차례, 한 번에 일주일 동안 많은 책과 함께 자신의 별장으로 들어간다고 한다. 이 시간에는 가족을 포함해 어느 누구의 방문도 허락하지 않는다. 이 기간에 별장을 방문하는 사람은 하루 두 차례 음식을 넣어주는 관리인뿐이다. 그는 일주일의 시간 동안 수십 편의 논문과 몇 권의 책을 읽고 메모하며 생각을 정리한다. 그는 이 '생각 주간'을 통해 수많은 사업 아이디어를 검토하고 신규 사업 아이디어를 제안했으며 이를 사업에 반영했다. 그리고 정리된 생각을 글로 써서 임직원들에게 메일로 전달해 주기도 했다. 이 과정을 통해 탁월한 혜안을 드러내는 짧지만 영향력이 큰 저작물들이 탄생하기도 했다. 이런 깊이 있는 생각과 성찰은 깊이 있는 관찰이었고 이는 곧 통찰력 있는 대안이라는 결과물을 도출하는 프로세스였다.

이런 통찰은 여러 리더에게서 자주 발견되는 특징이다. 본격적인 전기차 시대를 연 '테슬라'와 민간 우주선 기업 '스페이스X'를 창업한 일론 머스크는 모두가 불가능하다고 생각하는 분야인 전기차 배터리, 그리고 우주선 개발에 깊은 관심을 가지고 끝없는 질문을 통해 지금의 성공을 거두었다고 알려져 있다. 그는 해당 분야에 대한 깊은 관심을 통해 현재를 관찰해 문제를 확인하고 정직한 질문을 통해 이를 해결해 왔다. 그것이 모두가 불가능하다고 생각한 전기차 사업과 민간 우주 산업을 빠른 시간 안에 이익을 내는 사업으로 키워낸 비결일 것이다. 그 역시 맥락을 읽고 보이지 않는 것을 보는 힘이 있는 사람이다.

교회는 팬데믹 이후 새롭게 다가오는 시대의 맥락을 어떻게 바라보고 이해하고 있는가? 현재 대다수의 신학교가 정원을 채우는 데 어려움을 겪고 있다. 팬데믹을 전후로 한국교회의 위상이 추락하는 현실에서 이런 현상은 더 심해지고 있다. 더구나 중소형 교회는 헌금 감소로 재정적으로 많은 곤란을 겪고 있는 형편이다. 이런 상황은 중소형 교회에게는 사역자 청빙조차도 큰 어려움으로 다가오게 하고 있다. 이에 일산의 한 대형 교회는 개척교회, 미자립교회의 사역자 청빙의 어려움을 해소하고, 다음세대를 세우기 위한 목적으로 2022년부터 다음세대 선교사 파송 사역을 시작했다고 한다. 대형 교회가 직접 사역자를 청빙해 도움이 필요한 교회에 파송하는 형태다. 청빙을 받는 사역자의 사례는 파송하는 교회가 감당하고, 지원받는 교회는 양질의 사역자에게 사역을 맡기는 '윈윈 전략'인 것이다. 이런 사역이야말로 신학생 감소라는 현상과 재정적 어려움을 겪는 중소형 교회의 상황을 관찰하고 선제적으로 해결을 모색한 창의적 사역이라고 할 수 있지 않을까? 이러한 사역이 가능했던 이유는 교회의 사이즈를 넘어 상생을 위해 신뢰를 구축해야 함을 통찰했기 때문이다. 창의성은 통찰에서 나온다.

창의성은 섬김에서

2019년, 창업한 지 4년 동안 단 5%의 시장점유율을 기록했던 업체가 있다. 시장의 선두 업체는 67%의 점유율로 압도적인 1위를 기록하고 있었다. 그런데 불과 1년 만인 2020년, 3등이었던 이 업체의 시장

점유율은 43% 포인트 수직 상승해 48%를 차지했고 1위였던 업체는 35%의 점유율로 내려앉았다. 그것도 팬데믹이 막 시작되었던 때 일어난 일이다. 2021년 8월, 이 업체는 기업가치를 무려 3조 원으로 인정받아 1,800억 원의 투자유치에 성공한다. 기업가치 3조 원은 신세계를 앞서는 것이며 롯데와 비슷한 규모다. 이는 서비스를 출시한 지 불과 6년여 만의 일이었다. 이것은 빠른 시간에 국민 앱 자리로 등극한 당근마켓의 스토리다.

당근마켓은 2015년 판교장터라는 서비스로 시작했다. 판교에 위치한 직장인을 대상으로 중고 직거래를 제공하는 서비스였다. 그러면서 직거래 전문 플랫폼으로 큰 호응을 얻었고, 얼마 지나지 않아 근처의 주민들도 사용하며 이용자는 크게 늘었다. 당시엔 판교에 위치한 회사 이메일로 인증을 하고, 신원 확인을 거쳤다. 그렇게 신뢰도를 끌어올렸다. 이후 플랫폼이 성장하며 '당신 근처에 있는 장터'라는 뜻으로 당근마켓으로 이름을 바꿔 서비스를 시작했다. 전국에 있는 권역을 하나하나 나눴고 권역마다 거래 범위를 6km로 제한하며, 지역을 기반으로 하는 로컬 중고거래 플랫폼으로 자리 잡았다. 이 서비스가 나타나기 전 중고거래 시장은 중고나라, 번개장터라는 큰 경쟁자가 있었다. 그런데 늦게 진입한 서비스가 어떻게 5년 만에 1위로 발돋움할 수 있었을까? 당근마켓은 기존 중고거래 업체에는 없는 것을 가지고 있었다. 바로 '신뢰'다. 위치기반으로 중고 물품의 거래 당사자들이 연결되자 사기 거래에 대한 불안감이 줄어들었다. 근처에 있는 사람들하고만 거래를 할 수 있다 보니, 신뢰가 생긴 것이다. 그뿐만 아니라 중고거래에 대한 선호도와 인식 자체도 개선되기 시작하며 점차 시장이 열리기 시작했다. 그래서 당근마켓은 창업 후 불과 6년 만에 소위 유니콘[181] 기업이 되었다. 그 핵심 요인은 중고거래의 고질적 문제인 '신뢰'를 얻게 된 데 있다. 그렇게 당근마켓은 소비자들의 애로사항을 해결해 주는 섬김으로 독보적인 중고거래 업체가 된 것이다.

서울에는 '따릉이'라고 불리는 공공자전거 서비스가 있다. 저렴한 비용으로 근거리를 자유롭게 이동할 수 있도록 돕는 이 서비스는 2017년부터 2019년까지 3년 연속 서울시 우수정책 1위로 꼽힐 정도로 시민 반응이 좋다. 이 서비스 역시 시민들의 이동 편의에 관심을 두었기 때문에 시작된 창의적 정책이다. 서울과 같이 교통 체증이 심하고 복잡한 도시에서 자전거를 활용한 이동은 이동 편의성뿐 아니라 건강에도 도움이 되고 탄소배출도 줄이는 매우 창의적인 방법이다. 또한 서울의 지하철역 주위로는 전동 킥보드가 인기다. 특히 강남 지역에서 이 서비스는 발전하기 시작했다. 강남은 상습 교통 체증 지역으로 1km를 이동하는 데 30분씩 소요되는 고질적인 문제가 있었다. 그런데 전동 킥보드가 이를 해결해 준 것이다. 전동 킥보드라는 창의적인 서비스 역시 모두 사람들의 어려움과 힘든 상황을 해결해 주려는 섬김에서 나온 것이다.

교회 사역 역시 지역사회를 섬기려는 마음으로 주변을 살피면 반드시 창의적으로 지역사회와 성도들을 섬기는 사역이 생겨날 수 있다. 한동대학교에서 VIC Vision In Christ 초중등교육지원센터장으로 섬기는 제양규 교수는 "교회에는 전통적 패러다임에서 벗어나 사회의 필요를 채우는 플랫폼 변화가 필요하다"라고 제안한다. 그러면서 그 대안으로 성경적 세계관에 기초한 '처치 스쿨링'을 제시한다. 그의 문제의식은 현재 한국의 교육이 진화론, 젠더 이데올로기, 문화 막시즘과 같은 반기독교적인 내용으로 가득 차 있다는 것에서 출발한다. 여기에 더해 사립학교법 개정으로 기독교학교에서도 종교 교육이 제한돼 기독교적 정체성을 갖기도 어려운 상황이다. 현재 기독교의 대표적 대안교육은 홈스쿨링과 대안학교다. 그러나 이런 대안교육 시스템을 모든 크리스천 학생들에게 적용하기는 현실적으로 불가능하다. 한편 정부는 학부모들이 비영리 민간 단체를 구성해 스스로 자기 자녀를 돌볼 수 있는 프로그램을 장려하고 있다. 이에 따라 각 지방자치단체는 '아이돌봄 지원 조례'를 제정하고 있다. 한동대학교 VIC센터는 이런 정책의 틈새를 활용해 초등방과후 돌봄 프로그램을 개발해 지역 교회를 통해 운영 중이다. 학부모들이 자발적으로 돌봄공동체를 구성해 품앗이 형태로 자녀를 돌보는 형태다. 제양규 교수는 이에 대해 이렇게 말한다.

"다음세대의 회복은 교회 프로그램 하나 개설하는 것으로 되지 않습니다. 교회 플랫폼 자체를 바꿔야 합니다. 사회가 아파하고 힘들어하는 것이 무엇인지, 청소년들에게 필요한 것은 무엇인지, 무엇을 좋아하는지, 그들의 생활 속으로 다가가는 새로운 모델을 보여줘야 합니다."

어떻게 다음세대를 섬겨야 할지 고민할 때 이런 창의적인, 그리고 너무나 긴요한 사역이 세워지는 것이다. 창의성은 역시 섬김에서 나온다.

시대를 이끌어 가던 교회에서 이젠 도저히 시대의 변화를 따라가지 못하는 교회로의 추락은 이미 모두가 인정하는 사실이다. 추락하는 것에는 날개가 없다고 했던가? 그렇다고 추락의 바닥을 가슴 졸이며 확인할 필요는 없다. 교회는 다시 날아오를 것이기 때문이다. 일론 머스크는 "실패하지 않는다면 충분히 혁신적이지 않다는 것"이라고 말했다. 맞다. 지금까지의 추락은 혁신을 위한 과정이라고 받아들이자. 그리고 다시 시작하자. 교회는, 또 목회는 충분히 창의적일 수 있다. 창의성의 본질인 연결, 관심, 통찰, 섬김 등은 교회와 목회의 전공과목이다. 주님이 주시는 믿음과 확신을 가지고 두 손을 모으자. 우리는 하나님과의 연결이라는 회심의 카드가 있지 않은가? 2024년, 육중한 철문 뒤에 숨겨졌다가 이제 대면하게 될 것이 무엇이든 우리의 교회와 목회는 창의적 목회와 사역으로 담대하게 맞설 것이다.

에필로그

정직한 교회의 원년으로

2024년 한국교회가 나아갈 방향은 정직 正直/honesty 이다. 국어사전에서는 정직을 '마음에 거짓이나 꾸밈이 없이 바르고 곧음'이라고 정의한다. 팬데믹을 거치며 한국교회는 신뢰를 잃었다. 신뢰를 잃게 된 동기는 하나님께 정직하지 못한 데 있다. 그리고 세상에 정직하지 못한 데 있다. 세상에서 정직하지 못하니 세상도 교회를 노골적으로 싫어한다. 팬데믹이 끝난 시점에 한국교회는 질문해야 한다. 교회는 하나님 앞에 정직한가? 그리고 세상 앞에 정직한가? 목회자는 정직하게 목회하고 있는가? 교인은 정직하기에 세상에서 부끄러움 없는 삶을 살고 있는가? 이 질문에 'No!'가 아니라 'Yes!'라고 대답할 수 있어야 한다. 어떤 누구도 정직한 사람을 나무라지 않는다. 정직하지 않으면 나무란다. 하나님도 정직을 좋아하신다. 하나님의 심판의 잣대는 정직이다 시9:8. 그리고 하나님의 복을 받는 사람도 정직한 자이다 신6:18-19. 그렇다면 교회는 2024년 정직한 교회, 정직한 목회, 정직한 그리스도인을 추구해야 한다.

뇌 MRI 진단전문가인 가토 토시노리가 쓴 책 제목이 「뇌 1%만 바꿔도 인생이 달라진다」이다. 교회가 정직으로 1%만 바꿔도 교회의 앞날이 달라질 것이라고 확신한다. 정직하지 못한 교회가 정직해지면 세상이 달라진다. 하나님은 세상을 바꾸기 위해 오셨다. 하나님은 교회를 세상을 변화시키라고 세우셨다. 하지만 교회가 부패의 온상이 되었다. 2024년 교회는 정직의 온상이 돼야 한다. 빌립보교회 원로 목사이자 전 미주 코스타 공동대표인 송영선 목사는 「머슴교회」에서 정직이 그리스도인의 상표가 되어야 한다고 말한다. '정직과 신실함이 그리스도인의 상표가 되어야 한다.'[182] 2024년 교회가 정직을 상표로 삼으면, 2025년부터 교회의 미래는 밝다. 세상이 교회를 다시 보기 시작할 것이기 때문이다. 교회의 정직이 무너지면 다 무너진다. 한국교회는 2024년을 '정직'의 원년으로 삼아야 한다. 교회의 브랜드는 '정직'이 돼야 한다. 정직한 교회가 되면 '백 명이 알고 있는 브랜드, 열 명이 좋아하는 브랜드, 한 명이 사랑하는 브랜드'[183] 가 된다.

품격 있는 교회로

정직한 교회는 품격 있는 교회의 표상이 된다. 팬데믹 이후 교회에 출구가 보이지 않는다고 한다. 출구가 보이지 않을 때 교회가 보여줄 것은 품격 있는 교회의 모습이다. 교회가 품격을 갖추려면 먼저 세상을 존중 Respect 해야 한다. 교회는 세상에서 존중받고자 한다. 세상으로부터 존중받고자 하는 만큼 교회는 세상을 존중해야 한다. 교회가 먼저 할 일은 시민사회의 존중이다. 교회가 시민공동체를 존중한다면 세상을 무시하고 죄의 덩어리라고만 말할 것이 아니라, 세상과 협력할 것은 협력해야 한다. 러시아의 문호 톨스토이는 '사람은 사랑으로 산다'고 했다. 교회는 세상을 존중하는 것으로 존재 가치가 있다. 그럼 교회는 품격 있게 된다.

한양대학교 유영만 교수는 「체인지」에서 품격을 강조한다. '품격을 높이려거든 자격을 얻어야 하고, 자격을 얻으려면 자질을 개발해야 하며, 자질을 개발하기 위해서는 우선 자세를 가다듬어야 한다. 기본기를 연마해서 자세를 바로잡을수록, 자격을 인정받고 자질이 쌓여, 어느 순간 품격이 완성된다'라고 말이다.

교회를 상징하는 목회자는 세상에서 인정받는 품격 있는 사람이어야 한다. 다른 사람들보다 품격의 우등생이어야 한다. 이것이 2024년 목회자의 삶에 지표여야 한다.

품격 있는 교회는 세상과 대화가 된다

세상은 교회가 세상과 소통할 준비가 되어 있지 않다고 한다. 품격 있는 교회라면 세상과 대화를 해도 잘한다. 품격 있다는 것은 대화가 된다는 말이기 때문이다. 사람들이 종종 하는 말이 있다. "대화가 되는 사람이 별로 없다." 세상은 교회에 대해 이렇게 말할 것 같다. "교회는 대화가 되지 않는다." 교회는 세상의 문제를 논하자고 하면 하나님 이야기만 한다. 그러니 세상 입장에서는 커뮤니케이션이 되지 않는다. 잭 트라우트는 그의 저서 「포지셔닝」을 통해 마케팅에서 커뮤니케이션이 안 되자 이렇게 탄식한다. '커뮤니케이션만 원활하게 이루어졌어도….'[184]

교회가 세상과 커뮤니케이션만 원활하게 이루어졌어도 팬데믹 이후 이렇게 고전하지 않았을 것이라고 생각한다. 잭 트라우트는 '커뮤니케이션만 원활하게 이루어졌어도'라는 탄식은 진부한 탄식이라고 말한다. 이런 말은 사람들이 문제가 발생했을 때 사람들이 가장 흔하게, 그러면서도 거의 유일하게 내세우는 이유이기 때문이다. 교회가 어려움을 겪는 이유는 세상과의 커뮤니케이션에 실패한 것도 한몫한다. 품격 있는 사람은 남의 말을 듣는 것에 남다름이 있다. 품격 없는 사람은 자기 말만 한없이 늘어놓는 사람이다. 교회는 교회가 할 말만 세상에 한없이 늘어놓지는 않는가? 2024년부터 교회는 세상의 말을 귀담아듣는 품격 있는 교회가 되어야 한다. 품격 있는 교회는 세상과 소통을 잘한다. 그러면 세상의 문제를 내 문제로 받아들이게 된다. 그럴 때 교회는 없던 품격도 갖추게 된다.

트러블 슈팅해야 한다

2023년 교회는 2024년을 준비하면서 '트러블 슈팅' Trouble shooting 해야 한다. 트러블 슈팅이란 작업을 진행하는 도중에 문제가 발생하였을 때 이것을 진단하고 해결하는 일이다. 트러블 슈팅은 문제 해결의 한 방법이다. 트러블 슈팅은 망가진 제품, 또는 기계 시스템의 망가진 프로세스를 수리하는 일에 주로 적용된다. 2024년 한국교회는 팬데믹 이후 현재의 교회 상황을 진단하고 해결하는 트러블 슈팅을 해야 한다. 트러블 슈팅하지 않으면 더 큰 수렁으로 빠질 수 있다.

아인슈타인은 "모든 아이 안에는 천재가 숨어 있다"라고 했다. 한국교회 안에는 천재 중 천재가 숨어 있다. 하나님의 말씀은 천재 중 천재이다. 말씀을 활용하면 트러블 슈팅이 그다지 어렵지 않다.

하나님은 에스겔에게 "나 여호와가 말하였으니 내가 이루리라"고 말씀하셨다 겔 22:14. 하나님께서는 하신 말씀을 이루신다. 하나님은 교회를 통해 세상에 하나님 나라를 이루고자 하신다. 그렇다면 우리가 지금 상태를 하나님의 말씀으로 트러블 슈팅해야 한다. 버지니아대학교에서 공학과, 건축학과, 경영학과에 동시에 소속된 교수인 라이드 클로츠는 「빼기의 기술」에서 세상을 바꾸려면 빼기를 해야 한다고 말한다. 본질에 집중하려면 빼기가 필요하다.

　한국교회는 더하기를 통해 발전해 왔다. 팬데믹 상황에서 빼기를 안하다가 세상으로부터 지탄을 받았다. 2024년에는 빼기를 해야 한다. 라이드 클로츠는 이렇게 말한다. "세상을 바꾸려면 빼기를 해야 한다"[185]라고. 한국교회는 본질만 남기고 뺄 것은 빼야 한다. 노자도 이렇게 말한다. "지식을 얻으려면 날마다 하나씩 보태고, 지혜를 얻으려면 날마다 하나씩 빼라." '문명은 더하기 논리 위에서 발전했다'[186] 고 한다. 한국교회도 더하기를 통해 부흥했다면 이젠 본질만 남기고 뺄 것은 빼야 한다.

　교회가 빼기를 한다면, 집중할 것에 집중할 수 있다. 교회는 하나님께 집중해야 한다. 동시에 세상에 집중해야 한다. 교회는 예전보다 더 많이 세상에게 집중해야 한다. 강재상은 「당신의 제품과 서비스가 팔리지 않는 이유」에서 사업이나 마케팅의 시작점은 무조건 '고객'임을 강조하며 '사업이나 마케팅이 실패하는 유일한 이유도 고객이며, 성공하는 유일한 이유도 고객이다'[187] 라고 한다. 하지만 '고객이 관심 있는 제품과 구매하는 제품은 다르다'[188] 며 더욱 모든 출발점을 고객 파악에 두라[189] 고 한다. 그는 이때 한 가지 주의할 사항으로 고객 파악에 출발점을 두되, 자신의 경험을 조심하라며 '당신의 경험의 폭이 고객 이해의 발목을 잡는다'[190] 고 경고한다.

교회의 존재 목적은 세상을 구원하는 데 있다. 그렇다면 교회는 무
조건 세상에 집중해야 한다. 교회는 하나님을 위해 존재한다. 이에 교회
는 그 존재 목적을 하나님께 두는 것에는 탁월하다. 하지만 세상에 두는
것은 아마추어와 같다. 2024년 교회는 세상에 집중하는 데 탁월해야 한
다. 그럴지라도 지금까지 해 온 경험을 바탕으로 하면 안 된다. 이제 새
롭게 분석, 연구해 그에 맞게 집중해야 한다.

주

1 유 모 씨는 교회를 "정신적 안정을 주는 대가로 헌금을 받는 서비스업"이라고 했고 김 모 씨는 "돈 내고 평안과 소망을 사는 서비스업"이라고 말했다. 반기독교적 정서를 부추기는 의도를 의심받는 막말이었다. 이 책에서 말하는 서비스는 올바른 섬김의 필요성을 강조하는 차원에서 사용된다.

2 잭 트리우트, 「포지셔닝」(서울: 을유문화사, 2021), p. 332.

3 개리 머커스, 「클루지」(서울: 갤리온, 2023), p. 12.

4 같은 책, 21.

5 프랭크 리처드 스톡턴, 신찬범 역 「여왕의 박물관」(서울: 북스트릿, 2021), p.153-165.

6 Will Douglas Heaven, "The inside story of how ChatGPT was built from the people who made it," MIT Technology Review, March 15, 2023.

7 전상훈, 최서연, 「챗GPT, 질문이 돈이 되는 세상」(서울: 미디어숲, 2023), p.25.

8 세계적 투자은행 골드만삭스는 2023년 3월 29일 인공지능이 앞으로 정규직 일자리 3억 개를 대체할 수도 있다는 내용의 보고서를 발표했다. 이를 증명이라도 하듯 요즘 대부분의 식당에는 키오스크와 서빙 로봇이 인건비를 절약해 주며 맹활약하고 있다. 산업계에서도 말할 것 없이 로봇에 의한 산업 자동화 부문에서 세계를 선도하고 있다. 이에 힘입어 우리나라는 2022년도에도 인구 1만 명당 가동 중인 산업용 로봇의 수가 1000대로 로봇 밀도에서 압도적으로 세계 1위를 차지하고 있다.

9 독일 출신 사진작가 보리스 엘다크젠은 '2023 소니 월드 포토그래피 어워드'(SWPA) 크리에이티브 오픈 카테고리 부문에서 1위를 차지했다. 소니 월드 포토그래피 어워

드(SWPA)는 소니가 후원하고 세계사진협회(WPO)가 후원하는 세계 최대 사진 대회 중 하나로 알려져 있다.

10 토비아스 휘터, 배명자 역 「불확실성의 시대」(서울: 흐름출판, 2023), p.353.

11 김도인 외, 「목회트렌드 2023」(서울: 목회트렌드연구소, 2022), p.28-35.

12 22년 10월에 발간된 <시사저널>(1722호)에 따르면 2022년 10월 기준, 아파트의 경우 이전 최고가 기준으로 30% 이상 하락한 곳이 다수 등장했다고 한다. 그나마 거래가 된다면 다행이라고 여길 정도도. 규제를 피해 폭발적인 인기를 모았던 지식산업센터나 오피스텔, 꼬마빌딩 등 수익형 부동산도 최근 대폭적인 하락세를 면하지 못하고 있다. 주식시장의 경우, 몇 차례 반등이 있었지만 달러를 기준으로 평가해 보면 종합주가지수의 하락 폭은 연초 대비 41%에 이른다. 안정적으로 여겨지던 채권시장 역시 역대급 손실을 기록 중이다.

13 <이코노미스트>(2023년 4월 3일, 1679호)의 보도에 따르면 인천 미추홀구 일대에서 약 2700가구에게 전세 피해를 입힌 주범인 '건축왕'으로 불리는 건축업자를 비롯해 공인중개사, 중개보조원 등은 사기와 공인중개사법 위반 혐의로 현재 재판에 넘겨졌다. 이들의 주요 타깃은 2030세대, 신혼부부 등 주로 자본금이 적은 사회 초년생이었다.

14 최용식, 「경제파국으로 치닫는 금융위기」(서울: 새빛, 2023), p.158.

15 홍석철, 「세븐 웨이브」(서울: 21세기북스, 2022), p.212.

16 김은정, "한국 가계 부채, GDP보다 많아," 「시사저널」, 2023년 6월 17일.

17 최윤식 외, 「앞으로 5년, 한국교회 미래 시나리오」(서울: 생명의말씀사, 2020), p.58-60.

18 시사경제용어사전에는 바이럴 마케팅(viral marketing)을 이렇게 설명한다. 네티즌들이 이메일이나 다른 전파 가능한 매체를 통해 자발적으로 어떤 기업이나 기업의 제품을 홍보할 수 있도록 제작하여 널리 퍼지는 마케팅 기법으로, 컴퓨터 바이러스처럼 확산된다고 해서 이러한 이름이 붙었다.

19 인플루언서가 특정 업체로부터 대가를 받고 유튜브 등에 업로드할 콘텐츠를 제작한 후 유료광고임을 표기하지 않는 것을 말한다. 유튜버들은 뒷광고를 받고도 마치 자신이 구매한 물건인 것처럼 콘텐츠를 제작해 해당 상품을 광고하면서 물의를 빚었다. 이에 공정거래위원회가 2020년 9월 1일부터 '추천·보증 등에 관한 표시·광고 심사지침' 개정안을 시행하면서 뒷광고가 전면 금지됐다.

20 김준모, 「작지만 강한 나노 브랜드」(서울: 넥서스BIZ 2015), p.25.

21 '각자 각(各), 스스로 자(自), 꾀할 도(圖), 살 생(生)', '각자가 스스로 제 살길을 찾는다'는 뜻의 한자성어다. 이는 조선시대 때 대기근이나 전쟁 등 어려운 상황에 놓였을 때 백성들이 스스로 알아서 살아남아야 한다는 절박함에서 유래된 말이다.

22 김난도 외, 「트렌드 코리아 2023」(서울: 미래의 창, 2022), p. 217.

23 이승윤 「구글처럼 생각하라」(서울: 넥서스BIZ, 2016), pp. 22-26.

24 박영호, 「시대를 읽다, 성경을 살다」(서울: 복있는사람, 2023), p. 291.

25 같은 책, p. 294.

26 같은 책, p. 293.

27 최윤식 외, 「빅체인지 한국교회」(서울: 생명의 말씀사, 2021), p. 349.

28 매트 리들리, 「혁신에 대한 모든 것」(서울: 청림출판, 2023), p. 231.

29 황창규, 「황의 법칙」(서울: 시공사, 2023), p. 35.

30 같은 책, p. 110.

31 매트 리들리, 「혁신에 대한 모든 것」(서울: 청림출판, 2023), p. 131.

32 김도인 외, 「목회트렌드 2023」(서울: 글과길, 2022). p. 198.

33 레슬리 뉴비긴, 「다원주의 사회에서의 복음」(서울: IVP, 2001), pp. 388-389.

34 임종령, 「베테랑의 공부」(서울: 콘택트, 2023), p. 29.

35 강재상, 「당신의 제품과 서비스가 팔리지 않는 이유」(서울: 세이코리아, 2023), p. 23.

36 같은 책, p. 19.

37   다카하시 데루유키, 「부스팅」(서울: 파지트, 2023), p. 47.

38   오데드 갤로어, 「인류의 여정」(서울:시공사, 2023), pp. 111-112.

39   칩 히스, 댄 히스, 안진환 역, 「스위치」(서울: 웅진지식하우스, 2010), p. 248.

40   사이먼 사이넥, 이영민 역, 「나는 왜 이 일을 하는가?」(서울: 타임비즈, 2013), pp. 138-140.

41   데이비드 매컬로, 박중서 역, 「라이트 형제」(서울:승산, 2017), pp. 172-173.

42   같은 책, pp. 162-163.

43   전인수, 「문화 마케팅」(서울: 학현사, 2020), pp. 32-33.

44   옥성호, 「마케팅에 물든 부족한 기독교」(서울:부흥과개혁사, 2007), p. 23.

45   전세훈, "경영학에 물든 기독교 (1): 교회 마케팅", <뉴스앤조이>, 2015년 1월 26일,
      https://www.newsnjoy.or.kr/news/articleView.html?idxno=198332 (2023년 6월
      30일 접속)

46   조지 바나, 김광점 역, 「마케팅이 뛰어난 교회가 더 성장한다」(서울: 베다니출판사,
      1996), p. 34..

47   '너희는 그 은혜에 의하여 믿음으로 말미암아 구원을 받았으니 이것은 너희에게서
      난 것이 아니요 하나님의 선물이라'(엡 2:8).

48   '영접하는 자 곧 그 이름을 믿는 자들에게는 하나님의 자녀가 되는 권세를 주셨으
      니'(요 1:12).

49   '하나님이 죄를 알지도 못하신 이를 우리를 대신하여 죄로 삼으신 것은 우리로 하여
      금 그 안에서 하나님의 의가 되게 하려 하심이라'(고후 5:21).

50   게리 길리, 김성웅 역, 「마케팅 교회 무엇이 문제인가」(서울: 부흥과개혁사, 2010), p.54.

51   데이비드 웰스, 윤석인 역, 「거룩하신 하나님」(서울: 부흥과개혁사, 2007), p. 111.

52   헤로도토스, 천병희 역, 「역사」,(서울: 숲, 2009), p. 492.

53   염승선, 「애플은 왜 제품이 아니라 브랜드텔링에 집중했을까?」(서울: 책들의 정원,
      2018), p. 13.

54 에르메스 마구상에선 안장에 사용되는 암소 가죽을 참나무 껍질과 함께 구덩이에 가득 넣고 약 9개월여에 걸쳐 무두질을 했다. 그래야만 오랫동안 사용해도 갈라지지 않았기에 에르메스는 오래 걸리더라도 정성을 다해 이 과정을 꼭 지켰다. 게다가 가죽과 가죽을 연결할 때는 꼭 새들 스티치(Saddle Stitch) 방법을 이용했다. 새들 스티치는 양손으로 바늘 두 개를 잡고 같은 구멍을 통과시켜 견고하게 바느질하는 방식이다. 기계가 손쉽게 만들어 내는 스티치는 한 곳이 끊어지면 전체가 쉽게 풀어지지만, 새들 스티치 방식은 한 곳이 끊어져도 교차된 실이 하나하나 조여져 있기에 풀어지지 않아 견고하다.

55 전우성, 「그래서 브랜딩이 필요합니다」,(경기: 책읽는수요일, 2021), pp. 12-17.

56 민혜련, 「서정과 서사로 읽는 브랜드 인문학」(서울 : 의미와재미, 2020), pp. 6-7.

57 김대연, 「간추린 한국교회사」(서울: CLC, 2021), p. 157.

58 홍성태, 「모든 비즈니스는 브랜딩이다」(서울: 쌤앤파커스, 2012), p. 27.

59 전우성, 「그래서 브랜딩이 필요합니다」(서울: 책읽는 수요일, 2021), p. 18.

60 같은 책, p. 307.

61 박지현, 「하나부터 열까지 신경 쓸 게 너무 많은 브랜딩」(서울: 텍스트칼로리, 2022), p. 257.

62 임태수, 「날마다, 브랜드」(서울: 안그라픽스, 2016), p. 21.

63 같은 책, p. 39.

64 호소야 마사토, 「계속 팔리는 브랜드 경험의 법칙」,(서울: 유엑스리뷰, 2023), p. 29.

65 전우성, 「그래서 브랜딩이 필요합니다」(서울: 책읽는수요일, 2021), p. 19.

66 김도영, 「브랜드로부터 배웁니다」(서울: 위즈덤하우스, 2023).

67 김병규, 「호모 아딕투스」(서울: 다산북스, 2022), p. 350.

68 최인아, 「내가 가진 것을 세상이 원하게 하라」(서울: 해냄, 2023), p. 101.

69 전우성, 「그래서 브랜딩이 필요합니다」(서울: 책읽는수요일, 2021), p. 53.

70 김도영, 「브랜드로부터 배웁니다」(서울: 위즈덤하우스, 2023), p. 49.

71 최인아, 「내가 가진 것을 세상이 원하게 하라」(서울: 해냄, 2023), p. 119.

72 전우성, 「마음을 움직이는 일」(서울: 북스톤, 2023).

73 같은 책, p. 111.

74 김병규, 「호모 아딕투스」(서울: 다산북스, 2022), pp. 353-354.

75 라이언 홀리데이, 「라이팅 유니버스」(서울: 흐름출판, 2023). p. 16.

76 지형은 외, 「격차의 시대, 정이 있는 교회와 목회」(서울: 글과길, 2022), p. 17.

77 노가영, 김봉제, 이상협, 「2023 콘텐츠가 전부다」(서울: 미래의창, 2022), pp. 72-74.

78 노가영, 김봉제, 이상협, 「2023 콘텐츠가 전부다 - 광고 품은 OTT부터 K-예능과 웹툰, 소셜 메타버스의 세계까지 최신 콘텐츠 트렌드 완전정복」(서울: 미래의창, 2022), pp 72-74.

79 이세훈, 「챗GPT 시대 글쓰기」(서울: 매일경제신문사, 2023), pp. 26-28.

80 노가영, 김봉제, 이상협, 「2023 콘텐츠가 전부다 」(서울: 미래의창, 2022), p. 65.

81 같은 책, p. 67.

82 같은 책, p. 8.

83 김도인 외, 「목회트렌드 2023」(서울: 목회트렌드연구소, 2022), p. 40.

84 노가영, 김봉제, 이상협, 「2023 콘텐츠가 전부다」(서울: 미래의창, 2022), p. 10.

85 잭 트라우트, 「포지셔닝」(서울: 을유문화사, 2021), p. 336.

86 노가영, 김봉제, 이상협, 「2023 콘텐츠가 전부다」(서울: 미래의창, 2022), p. 31.

87 노가영, 김정현 외, 「콘텐츠가 전부다 2」(서울: 미래의창, 2021), p. 9.

88 잭 트라우트, 「포지셔닝」(서울: 을유문화사, 2021), p. 350.

89 같은 책, p. 302.

90 윤서아 외, 「나도 AI 콘텐츠 제작으로 돈 벌어볼까?」(서울: 재노북스, 2023), p. 12.

91 같은 책, p. 34.

92 같은 책, p. 51.

93 김병규, 「호모 아딕투스」(서울: 다산북스, 2022), p. 350

94   같은 책, p. 351.

95   김용규, 김유림, 「은유가 바꾸는 세상」(서울: 천년의상상, 2023), p. 12.

96   같은 책, pp. 22-23

97   라이언 홀리데이, 「라이팅 유니버스」(서울: 흐름출판, 2023), p. 37.

98   유영만, 「폼 잡지 말고 플랫폼 잡아라」(서울: 모루, 2022), pp. 232-233.

99   같은 책, pp. 252-253.

100   같은 책, p. 303.

101   같은 책, pp. 303-304.

102   다니엘 핑크, 김명철 역, 「새로운 미래가 온다」(서울: 한국경제신문, 2006), p. 29.

103   같은 책, p. 57.

104   히가시노 게이고, 양윤옥 역, 「나미야 잡화점의 기적」(서울: 현대문학, 2015), p. 167.

105   피터 거버, 김동규 역, 「스토리의 기술」(경기: 라이팅하우스, 2021), p. 186.

106   짐 와일더, 「달라스 윌라드와의 마지막 영성 수업」(서울: 두란노서원, 2020), p. 55

107   유영만, 박용후, 「언어를 디자인하라」(서울:쌤앤파커스, 2022), p. 213

108   최재천, 「생태적 전환, 슬기로운 지구 생활을 위하여」(경기: 김영사, 2021년), p. 65
      에서 재인용.

109   짐 와일더, 「달라스 윌라드와의 마지막 영성수업」(서울: 두란노서원, 2020), p. 43

110   <한국기독공보>, 기윤실, '2023 한국교회의 사회적 신뢰도 여론조사 결과 발표',
      2023년 2월 19일.

111   브렛 맥크라켄, 「지혜 피라미드」(서울: (사)한국성서유니온선교회, 2022), p. 116.

112   프랭크 런츠, 「먹히는 말」(서울: 쌤앤파커스, 2007).

113   이동진, 「밤은 책이다」(서울: 위즈덤하우스, 2011).

114   Charles Spurgeon. Spurgeon's Sermons. Hendrickson Publishers, 2011.

115   박태웅, 「박태웅의 AI 강의」(서울: 한빛비즈, 2023), pp. 33-35.

116   같은 책, pp. 31-32.

117   헨리 키신저, 에릭 슈밋, 대니얼 허튼로커, 「AI 이후의 세계」(서울: 월북, 2023), p. 251.

118   최종원, 「수도회, 길을 묻다」(서울: 비아토르, 2023), p. 221.

119   성신형, 목광수 외 5인, 「정의로운 기독시민」(서울: 기윤실, 2023), p. 225.

120   송재식, 「다시 수직적 교회로」(서울: 예영커뮤니케이션, 2023), p. 23.

121   같은 책, p. 27.

122   같은 책, p. 37.

123   박영호, 「시대를 읽다, 성경을 살다」(서울: 복있는사람, 2023). pp. 293-294.

124   목회데이터연구소, <목회데이터연구소 주간리포트> '2021 한국교회에 대한 국민 인식', p. 9.

125   김병규, 「호모 아딕투스」(서울: 다산북스, 2022), pp. 64-65.

126   임종령, 「베테랑의 공부」(서울: 콘택트, 2023), p. 8.

127   에이미 E. 허먼. 「예술가의 해법」(서울: 청림출판, 2023), p. 31.

128   손창남, 「풀뿌리 선교」(서울: 죠이북스, 2023), p. 195.

129   에이미 E. 허먼, 「예술가의 해법」(서울: 청림출판, 2023), pp. 45-46.

130   김도인 외, 「목회트렌드 2023」(서울: 목회트렌드연구소, 2022), pp. 328-331.

131   성신형, 목광수 외, 「정의로운 기독시민」(서울: 기윤실, 2023), p. 68.

132   같은 책, p. 68.

133   황창규, 「황의 법칙」(서울: 시공사, 2023), p. 273.

134   강상중, 「고민하는 힘」(서울: 사계절, 2009), p. 67.

135   박윤성, 「포스트 코로나 시대의 리더십, 정의로운 교회」(서울: 글과길, 2022), p. 137.

136   팀 켈러, 「팀 켈러의 일과 영성」(서울: 두란노서원, 2013), p. 254.

137   프래드 크래독, 「크래독의 설교 레슨」(서울: 대서, 2007년), pp, 40-41.

138   A.W 토저, 「하나님의 길에 우연은 없다」(서울: 규장, 2017), p. 51

139   같은 책, p. 54.

140   최재붕, 「포노 사피엔스」(서울: 쌤앤파커스, 2019), p. 70.

141   옥한흠 목사의 설교 "당신은 좁은 길을 걸어가고 있는가?" 중에서. 2001년 6월 17일 주일설교.

142   애덤 그랜트, 「오리지널스」(서울: 한국경제신문, 2016), p. 35-36.

143   Joseph Needham. Science and Civilisation in China(총 7권). Cambridge University Press. 이것은 시리즈이며 출간연도는 책마다 다르다. 책이 너무 방대해서 이 책의 번역서는 없으며 대신 축약본이 까치에서 출간되었으나 지금은 절판되었다.

144   조너선 스펜스, 「왕 여인의 죽음」(서울: 이산, 2002).

145   스티븐 그린블랫, 「1417, 근대의 탄생」(서울: 까치, 2013).

146   스티븐 킹, 「스탠 바이 미」(서울: 황금가지, 2021).

147   근본주의란 본질적인 것의 절대적 진리를 강조하는 종교운동으로 기독교의 성서나 이슬람교의 코란과 같은 성스러운 문헌에 근거한 신앙의 근본적인 측면을 강조한다.

148   최종원, 「수도회, 길을 묻다」(서울: 비아토르, 2023), p. 321.

149   '축의 시대'는 대략 기원전 900년부터 기원전 200년 사이의 시기다.

150   다른 사람과 역으로 생각하며, 그 반대의 생각을 실천에 옮기는 사람들이다. 그렇게 남들이 가는 방향과는 다르게 반대로(contrary) 가는 사람들을 말한다.

151   알베르토 사보이아, 「아이디어 불패의 법칙」(서울: 인플루엔셜, 2020), pp. 280-281.

152   제프리 빌브로, 「리딩 더 타임스」(서울:IVP, 2023), p. 46.

153   라이언 홀리데이, 「라이팅 유니버스」(서울: 흐름출판, 2023), pp. 172-173.

154   같은 책, p. 176.

155   시편 33편 4절.

156   잠언 14장 2절.

157   김형익, 「답 없이 살아가기, 답 없이 사랑하기」(서울: 생명의말씀사, 2021), p. 136.

158 　2021년 5월에 일간지를 통해 소개된 이 보도는 보건복지부 발표 자료를 인용한 것으로 보건복지부가 1만 6403개 종교시설 현장조사 결과, 16%에 해당하는 2693개 교회가 코로나 사태를 지나며 예배를 드리지 않았다는 근거를 가지고 추정한 것이다. 즉 한국교회를 6만여 개로 추정한다면, 1만여 교회가 사실상 문을 닫은 것이라고 보도한 것이다. 따라서 정확히는 1만 개의 교회가 예배를 드리지 못하고 있을 것으로 추정할 수 있다는 것이지 실제로 1만 개 교회가 문을 닫았다고 단정할 수는 없다.

159 　'이는 이방인들이 복음으로 말미암아 그리스도 예수 안에서 함께 상속자가 되고 함께 지체가 되고 함께 약속에 참여하는 자가 됨이라 이 복음을 위하여 그의 능력이 역사하시는 대로 내게 주신 하나님의 은혜의 선물을 따라 내가 일꾼이 되었노라 모든 성도 중에 지극히 작은 자보다 더 작은 나에게 이 은혜를 주신 것은 측량할 수 없는 그리스도의 풍성함을 이방인에게 전하게 하시고 영원부터 만물을 창조하신 하나님 속에 감추어졌던 비밀의 경륜이 어떠한 것을 드러내게 하려 하심이라 이는 이제 교회로 말미암아 하늘에 있는 통치자들과 권세들에게 하나님의 각종 지혜를 알게 하려 하심이니'(엡 3:6-10).

160 　'예수께서 대답하여 이르시되 너희가 이 성전을 헐라 내가 사흘 동안에 일으키리라'(요 2:19).

161 　'여호와께서 모세에게 이르시되 바로에게 들어가서 그에게 이르라 히브리 사람의 하나님 여호와께서 말씀하시기를 내 백성을 보내라 그들이 나를 섬길 것이니라'(출 9:1).

162 　'이튿날에 그들이 일찍이 일어나 번제를 드리며 화목제를 드리고 백성이 앉아서 먹고 마시며 일어나서 뛰놀더라'(출 32:6).

163 　'너는 이스라엘 자손의 온 회중에게 말하여 이르라 너희는 거룩하라 이는 나 여호와 너희 하나님이 거룩함이니라'(레 19:2).

164 　'복음에는 하나님의 의가 나타나서 믿음으로 믿음에 이르게 하나니 기록된 바 오직 의인은 믿음으로 말미암아 살리라 함과 같으니라'(롬1:17).

165 '그러므로 무엇이든지 남에게 대접을 받고자 하는 대로 너희도 남을 대접하라 이것
이 율법이요 선지자니라'(마 7:12).

166 '이에 예수께서 제자들에게 이르시되 누구든지 나를 따라오려거든 자기를 부인하고
자기 십자가를 지고 나를 따를 것이니라'(마 16:24).

167 이정일, 「나는 문학의 숲에서 하나님을 만난다」(서울: 예책, 2022), pp.179-180.

168 한근태, 「인생은 역설의 역설이다」(서울: 클라우드나인, 2023), pp.102-103.

169 크리스 파커, 「처음 만나는 기독교 세계관」(인천: 템북, 2022), pp.39-41.

170 박종하, 「다르게 생각하는 연습」(서울: 새로운제안, 2016), 5강 생각을 뒤집으며 아
이디어를 만들어라_생각의 공식 4.

171 박종하, 「다르게 생각하는 연습」(서울: 새로운제안, 2016), 1강 정답이 아닌 자신의
답을 만들어라_창의성에 대한 오해와 진실.

172 김정운, 「에디톨로지」(경기: 21세기북스, 2015), pp. 24-26.

173 같은 책, p.35.

174 박종하, 「다르게 생각하기 연습」(서울: 새로운제안, 2016), 5강 생각을 뒤집으며 아
이디어를 만들어라_생각의 공식 4.

175 한근태, 「인생은 역설의 역설이다」(서울: 클라우드나인, 2023), pp.191-194.

176 김용규, 김유림, 「은유란 무엇인가?」(경기: 천년의상상, 2023), I. 은유의 두 얼굴.

177 김용규, 김유림, 「은유란 무엇인가?」(경기: 천년의상상, 2023), IV. 은유는 어떻게
학습하나.

178 이동조, 「선을 넘는 창의력」(서울: 시대인, 2022), p. 34.

179 재레드 다이아몬드, 「총 균 쇠」(서울: 김영사, 2023), p. 343.

180 최연호, 「통찰지능」(서울: 글항아리, 2022), p. 37.

181 '유니콘'(Unicorn)은 기업가치 10억 달러($1 billion) 이상, 설립한 지 10년 이하의
스타트업을 뜻한다. 원래는 스타트업이 상장하기도 전에 기업가치가 1조 원 이상되

는 것이 유니콘처럼 상상 속에서나 존재할 수 있다는 의미로 사용됐다. 2013년 여성 벤처 투자자인 '에일린 리'가 처음 사용했다.

182   송영선, 「머슴교회」(서울: 두란노서원, 2018), p. 234.

183   임태수, 「날마다, 브랜드」(서울: 안그라픽스, 2016), p. 29.

184   잭 트라우트, 「포지셔닝」(서울: 을유문화사, 2021), p. 19.

185   라이드 클로츠, 「빼기의 기술」(서울: 청림출판, 2023), p. 11.

186   같은 책, p. 100.

187   강재상, 「당신의 제품과 서비스가 팔리지 않는 이유」,(서울: 세이코리아, 2023), p. 19.

188   같은 책, p. 204.

189   같은 책, p. 73.

190   같은 책, p. 37.

저자
소개

김도인 목사

아트설교연구원 대표이자 출판사 글과길 대표이다. 지천명 때 독서를 시작해 10년 만에 5,000여권의 책을 읽었다.

총신대학교 신학대학원에서 신학을, 서강대학교 공공정책 대학원에서 사회복지를 공부했다. 매주 설교자들을 대상으로 독서 강의, 설교 글쓰기 강의, 책 쓰기 코칭 등을 10여 차례 이상 한다. 저서로는 「설교는 글쓰기다」(CLC, 2019년), 「나만의 설교를 만드는 글쓰기 특강」(꿈미, 2021년), 「설교자와 묵상」(CLC, 2021년), 「설교는 인문학이다」(두란노), 「언택트와 교회」(글과길, 2021년), 「인문학, 설교에 어떻게 활용할 것인가」(글과길, 2021년), 「독서꽝에서 독서광으로」(목양, 2020년), 「목회트렌드 2023」(글과길, 2022년) 등 17권의 저서가 있다.

이경석 목사

문학(BA)과 경영학(MBA)을 공부한 후 증권사, 대학, IT 기업, 출판사 등에서 다양한 직업을 경험했다. 햇불트리니티신학대학원대학교에서 신학(MDiv, Th.M.)을 그리고 미국 트리니티복음주의신학대학원(TEDS)에서 박사학위(D.Min.)를 받았다. 온누리교회와 (재)기독교선교햇불재단을 거쳐, 주 안에서 사랑받고 존경받는 사람들의 공동체인 바실교회(BASIL Church)를 담임하고 있다. 또한 한국교회와 목회 사역의 새로운 부흥을 꿈꾸며 「목회트렌드연구소」의 소장으로 섬기고 있다. 「격차의 시대, 격이 있는 교회와 목회」(글과길, 2022년), 「목회트렌드 2023」(글과길, 2022년)을 공저했다.

박윤성 목사

총신대신학대학원을 졸업하고 미국 탈봇신학대학원에서 신약학(Th.M)을 공부했고 풀러신학대학원에서 김세윤 교수의 지도하에 목회학 박사학위(DMin)를 받았다. 부산 수영로교회에서 목회를 배우고 현재 익산 기쁨의 교회 담임목사로 사역 중이다. 지성과 영성을 겸비한 목회자가 되기 위해 자기 훈련을 게을리하지 않고 있으며, 지역 교회를 돕는 일에도 열심이다. 「요한계시록 어떻게 가르칠까」, 「히브리서 어떻게 가르칠까」(기독신문출판부, 2004년), 「수영로교회 소그룹 이야기」, 「톡톡 요한계시록1, 2」(글과 길, 2021년), 「포스트 코로나시대의 리더십, 정의로운 교회》(글과길, 2022년), 「목회트렌드 2023」(글과길, 2022년) 등의 저서가 있다.

이정일 목사

미국Southwestern Baptist Theological Seminary에서 공부했다. 신학을 하기 전에 영문학을 공부하여 문학 박사를 받은 후 뉴욕주립대 영문과에서 미국 현대시를, 세계문학연구소에서 제3세계 작가들을 연구했다. 2020년 출간한 「문학은 어떻게 신앙을 더 깊게 만드는가」는 국민일보 '올해 최고의 책' 상을 수상했다. 기윤실 좋은나무, 묵상과 설교 등에 글을 연재하고 있으며 전방부대 교회에서 군 선교사로 섬기고 있다. 「나는 문학의 숲에서 하나님을 만난다」(예책, 2020년), 「문학은 어떻게 신앙을 더 깊게 만드는가」(예책, 2022년), 「목회트렌드 2023」(글과길, 2022년) 등의 저서가 있다.

박양규 목사

총신대학교와 동대학원에서 신학을, 고려대학교 서양사학과에서 석사 과정을 마쳤다. 영국 애버딘대학교에서 중간사 분야로 박사 과정을 수료했으며, 삼일교회에서 교회 학교를 총괄했다. 아신대학교 외래교수, 소명중고등학교 성경교사로 왕성한 교육 활동을 이어가고 있다. 「교회교육연구소〉를 운영하며 성경교육을 인문학과 접목한 콘텐츠를 제작하고 있으며, 교회교육에 관해서는 '통계와 분석'이 아닌 대안을 제시하는 데에 집중하고 있다. 「유럽비전트립」 1, 2권(두란노), 「중세교회의 뒷골목 풍경」(예책), 동화 속 성경이야기」(큐리북), 「청소년을 위한 하이델베르크 교리문답」(새물결플러스), 「인문학은 성경을 어떻게 만나는가」(샘솟는기쁨), 「목회트렌드 2023」(글과길, 2022년), 「셜록 홈즈와 떠나는 십계명 여행」(글과길, 2023) 등을 저술했다.

박혜정 선교사

대한예수교장로회 웨신총회의 한서노회 소속, GMP 알바니아 선교사이다. 상하이화동사범대학 중문과를 졸업했으며 상하이 한인연합교회에서 캠퍼스 사역을 했다. 2009년 장기선교사로 태국으로 파송 되었다. 태국과 본국 사역을 거쳐 2019년부터 알바니아로 사역지를 옮겨 현지인들에게 한국어 강의를 하면서 복음을 전하고 있다. 2023년부터 GMP개발연구위원으로 섬기면서 선교사들의 글쓰기를 통한 자기 개발을 돕고 있다. 공저로 「목회트렌드 2023」(글과길, 2022)이 있다. 음 사역을 준비하고 있다.

김근중 목사

'교회만이 세상을 이기고, 교회만이 세상을 변화시키며, 교회만이 세상의 희망이다.' 김근중 목사는 구약학을 전공하고 늘푸른교회를 개척하여 38년 동안 한 우물을 파는 깊은 호흡을 가진 교회론(敎會論)자다. 그는 예수께서 십자가의 죽음과 부활을 통하여 세우신 주님의 몸인 그리스도의 교회(마16:18)를 세워 가정과 일터에 하나님의 나라를 실현하는 걸어 다니는 성전, 움직이는 교회를 세우는 처치 플랜터(Church Planter)다. 사람들은 김근중 목사를 "흙의 사람. 흙의 기도, 흙의 성전을 세우는 흙의 신학"을 가지고 맛과 멋을 추구하는 흙의 사람이라고 부른다.

김지겸 목사

김지겸 목사는 감리교신학대학교와 대학원을 졸업하였다. 1995년에 양천구에서 개척한 살림교회를 시작으로 경기도 수지 목양교회와 광화문에 위치한 종교교회에서 12년간 부목사로 사역하였으며, 2011년부터는 뉴질랜드 오클랜드감리교회에서 담임목회를 하고 있다. 개척교회에서, 신도시에서, 전통 있는 교회에서 그리고 이민교회 등 다양한 형태의 목회적 도전과 성과를 이뤘고 이를 통해 목회자로서의 경험과 지식을 나누고 있다.

박종순 목사

박종순 목사는 2011년 제자들교회를 개척한 이후 건강한 공동체를 세우기 위해 성경본문 중심의 설교, 선교 공동체, 상식이 통하는 목회, 공부하는 목회자로 미국에서 이민 교회 사역을 감당하고 있다. 목회자는 신학자이며, 설교자이며, '글쓰는' 이라는 것을 강조하며 배우기를 늘 강조하는 목회자다. 복음주의 교단인 남침례교단의 목사로 게이트웨이 신학교(구 골든게이트)에서 목회학 박사 과정 중에 있다. 저서로는「열혈독서」(나침반출판사, 2021년), 「메타팅킹」(강건, 2022년)이 있다.

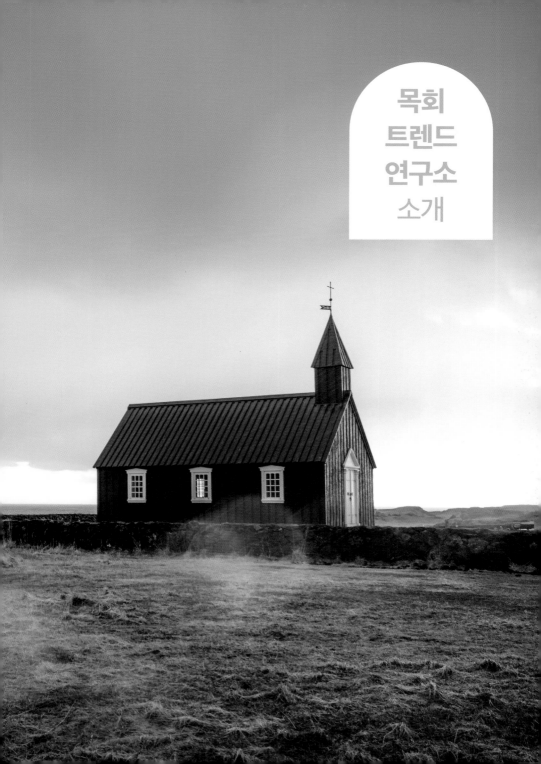

목회
트렌드
연구소
소개

'목회트렌드연구소' 소개

　'목회트렌드연구소'는 목회자가 바뀌면 세상이 바뀐다고 생각하는 사람들의 모임입니다. 적절한 답이 없어 답답해 하고 명확한 대안이 없어 세미나 유랑민이라도 되어야 하는 현장 목회자의 처지를 잘 이해합니다. 그리고 급격한 변화를 선도하며 앞서가는 세상 앞에서 격차의 현실을 느끼며 좌절하는 동역자들의 심정에 깊이 공감합니다. 이렇게 동역자들의 처지와 생각을 이해하고 공감하는 것으로부터 우리는 부르심을 발견했습니다. 시대와 세상의 유행이 아니라 변화의 흐름을 통찰해 한국교회와 나누기 원합니다. 변화의 흐름만 정확히 알아도 목회자들의 출발선은 달라질 것이라 생각하기 때문입니다.

'목회트렌드연구소'는 목회자의 목회에 직접적인 도움을 주고자 합니다. 지금의 목회는 물론 미래의 목회와 목회 환경, 목회 방법에 대한 대안을 찾으려고 합니다. 이를 위해 본 연구소는 두 가지 일에 집중할 것입니다. 하나는 매년 목회트렌드에 대한 책을 출간하는 것입니다. 그리고 다른 하나는 매년 목회의 한 분야를 집중적으로 연구하는 것입니다. 두 가지 일에 집중하기 위해 분과 모임과 지역 모임을 통해 분석, 연구, 대안을 동역자들에게 제공하려고 합니다.

　'목회트렌드연구소'는 균형잡힌 섬김을 위해 세 가지를 추구합니다.

첫째, 철저하게 성경에 바탕을 둡니다.
둘째, 시대 흐름을 주시합니다.
셋째, 급변하는 상황 속에 목회의 대안을 모색합니다.

　'목회트렌드연구소'가 앞으로 하나님의 인도하심 속에 맡겨진 사명을 잘 감당하도록 중보의 손을 모아주시길 요청드립니다.

목회트렌드연구소 카페

Pastoral Ministry Trends Lab.

이 카페는 목회 현장의 대안을 찾아다니는 목회자들을 위한 오아시스 같은 곳이 되고 싶습니다. 또한 부담 없이 왔다 가는 사랑방 역할도 하고 싶습니다. 목회 현장에서 고민하고 기도하는 것을 나누고 함께 대안을 모색하는 열린 공간이기 때문입니다.

이곳에서 필진들과 여러 훌륭한 선후배 목회자들과 함께 다양하고 깊이 있게 소통하길 소망합니다. 그런 소통과 나눔의 결과물들은 매년 발간되는 『목회트렌드』에서 구체적으로 다뤄질 것입니다. 목회트렌드연구소 카페는 목회자들의 집단지성이 모여 한국교회 목회자들을 돕는 선순환을 만들어 가는 공간이 될 것입니다. 많은 목회자님들의 참여를 기다립니다. 감사합니다.

https://cafe.naver.com/pmtl2k

PASTORAL MINISTRY TRENDS LAB.

PASTORAL

MINISTRY

TREND

2024